古典文獻研究輯刊

三四編

潘美月・杜潔祥 主編

第38冊

肩水金關漢簡分類校注
（第一冊）

王錦城 著

國家圖書館出版品預行編目資料

肩水金關漢簡分類校注（第一冊）／王錦城 著 -- 初版 -- 新
北市：花木蘭文化事業有限公司，2022〔民 111〕
序 4+ 目 10+228 面；19×26 公分
（古典文獻研究輯刊 三四編；第 38 冊）
ISBN 978-986-518-893-1（精裝）
1.CST：居延漢簡 2.CST：簡牘文字
011.08　　　　　　　　　　　　　　110022688

ISBN-978-986-518-893-1

古典文獻研究輯刊
三四編　第三八冊　　　　　ISBN：978-986-518-893-1

肩水金關漢簡分類校注（第一冊）

作　　　者　王錦城
主　　　編　潘美月、杜潔祥
總　編　輯　杜潔祥
副總編輯　楊嘉樂
編輯主任　許郁翎
編　　　輯　張雅淋、潘玟靜、劉子瑄　美術編輯　陳逸婷
出　　　版　花木蘭文化事業有限公司
發　行　人　高小娟
聯絡地址　235 新北市中和區中安街七二號十三樓
　　　　　　電話：02-2923-1455 ／傳真：02-2923-1452
網　　　址　http://www.huamulan.tw 信箱 service@huamulans.com
印　　　刷　普羅文化出版廣告事業
初　　　版　2022 年 3 月
定　　　價　三四編 51 冊（精裝）台幣 130,000 元　　版權所有・請勿翻印

肩水金關漢簡分類校注
（第一冊）

王錦城 著

作者簡介

王錦城，1988 年生，甘肅定西人。華東師範大學文學博士。曾任浙江理工大學中文系講師，現為中山大學中國語言文學系博士後。主要從事出土文獻與古文字學的研究，在《文獻》《古漢語研究》《古代文明》等刊物發表論文十餘篇。

提　　要

　　本書是對肩水金關漢簡的分類校注。以甘肅簡牘保護研究中心等主編、於 2011～2016 年出版的《肩水金關漢簡》為對象，參照簡牘文書的分類方法，將肩水金關漢簡分為了書檄、簿籍、律令科品、錄案刺課、符券、檢楬、藝文七大類。

　　在分類的基礎上，對肩水金關漢簡作了校釋和集注。具體包括標點斷句、釋文校訂、斷簡綴合、簡冊遍連、字詞注解等。在充分吸收已有相關研究成果的基礎上，校釋簡文 2100 餘條，綴合斷簡 450 餘枚，編連散簡 80 餘個，集釋注解常用語詞 1300 餘個。

序

白於藍

　　居延故址分佈在今內蒙古自治區阿拉善盟額濟納旗和甘肅省酒泉市金塔縣境內。據《史記·匈奴列傳》記載，漢武帝元狩二年（公元前 121 年）春，始運兵西北，「使驃騎將軍去病將萬騎出隴西，過焉支山千餘里，擊匈奴」，配合常年坐鎮朔方、定襄一帶的大將軍衛青對北方匈奴展開鉗形攻勢，並獲得了巨大成功，「得胡首虜騎萬八千餘級，破得休屠王祭天金人」。同年夏，「驃騎將軍復與合騎侯數萬騎出隴西、北地二千里，擊匈奴。過居延，攻祁連山，得胡首虜三萬餘人，裨小王以下七十餘人」。這是「居延」這一地理名稱在正史當中的首次出現，同時也是其戰略地位的首次體現。此後，在武帝一朝征討匈奴的過程中，地名「居延」在兩漢史料中屢見不鮮。如武帝曾命李廣之孫李陵「將八百騎，嘗深入匈奴二千餘里，過居延視地形，無所見虜而還」（《史記·李將軍列傳》）。太初元年（公元前 104 年）武帝「益發戍甲卒十八萬酒泉、張掖北，置居延、休屠以衛酒泉」（《史記·大宛列傳》），太初三年（公元前 102 年）又命「強弩都尉路博德築居延澤上」（《史記·匈奴列傳》），使居延正式成為屯兵設防的重鎮。天漢二年（公元前 99 年）秋，「貳師將軍李廣利將三萬騎擊匈奴右賢王祁連天山，而使陵將其射士步兵五千人出居延北可千餘里，欲以分匈奴兵，毋令專走貳師也」（《史記·李將軍列傳》）。「武帝末年，悔征伐之事，乃封丞相為富民侯……令命家田三輔公田，又教邊郡及居延城」（《漢書·食貨志》）。居延戰略地位之重要，於此可見。

　　據《漢書·地理志》記載，居延隸屬張掖郡，而張掖本為匈奴昆邪王故地。漢武帝元鼎六年（公元前 111 年）「乃分武威、酒泉地置張掖、敦煌郡，

徙民以實之」(《漢書・武帝紀》),可見張掖在此時即已歸漢置郡。居延之置縣隸屬張掖,蓋即前太初元年(公元前 104 年)漢武帝「益發戍甲卒十八萬酒泉、張掖北,置居延、休屠以衛酒泉」之時,而太初三年(公元前 102 年)命「強弩都尉路博德築居延澤上」,則是在軍事上進一步加以鞏固。武帝之後,直到東漢初年,居延一帶一直是漢家抗擊北方匈奴的戰略要衝。因此,在此地發掘出土大量各類漢代簡牘文書也就不足為奇了。

居延一帶自古就有竹簡出土,如唐人李德裕在《玄怪錄》一書中記載,北周靜帝宇文闡時(公元 579～581 年),居延部落主勃都骨低在一古宅的基址中得一大木檻,「檻中得竹簡書,文字磨滅,不可識。唯隱隱似有三數字,若是『陵』字」。居延漢簡的正式發掘始於 1930 年,北平中國學術協會和瑞典的斯文赫定組成的科學考察團在今內蒙古自治區額濟納旗居延地區進行考察,瑞典人貝格曼在 29 處遺址發掘出土了 11000 餘枚漢代簡牘,其中在肩水金關遺址出簡 850 餘枚。這批漢簡後被統稱為「居延漢簡」,著錄於《居延漢簡》一書中。1973 年,甘肅省博物館在內的多家單位組成的居延考古隊對該地區進行了更為深入的調查發掘,在甲渠候官、甲渠第四燧以及肩水金關三處遺址共發掘出土漢簡 19000 餘枚,其中肩水金關遺址獨獲漢簡 11577 枚,著錄於《肩水金關漢簡》一書中。加上 1930 年出土的 850 餘枚,肩水金關共出土有 12427 枚以上簡牘。出土漢簡之多,占居延漢簡總數的三分之一強。

2015 年,王錦城考入華東師範大學中文系,跟隨我攻讀博士學位。入學不久,他就提出想對肩水金關漢簡進行全面系統的整理研究。講老實話,我本人雖長期從事戰國秦漢簡帛古書通假字的整理研究,但僅限於古書類簡帛,而對於非古書類的秦漢簡牘並未進行過深入研究。不過考慮到他在西南大學攻讀碩士學位期間,就已經開始對嶽麓秦簡進行過整理研究工作,已經在秦漢簡牘方面有了一定的積累和研究基礎,而且他本人就是甘肅人,對西北漢簡情有獨鐘,所以就同意了他的想法。但我本人顯然在這方面是沒有什麼具體指導能力的,只能在論文的整體框架和材料吸收等方面提供一些幫助。

就博士學位論文的寫作過程而言,他對研究成果的收集非常全面,並能對相關問題進行深入細緻的分析和思考。論文最後是分為三大部分。第一部分是對肩水金關漢簡本身以及簡牘文書分類研究等問題所做的研究綜述;第二部分是對肩水金關漢簡的分類校注。將肩水金關漢簡分為書檄、簿籍、律

令科品、錄案刺課、符券、檢楬、藝文七個大類,在此基礎上以每一類為一章進行校釋和集注,同時對簡牘綴合、簡冊編連等問題加以探討;第三部分為肩水金關漢簡相關問題研究。對肩水金關漢簡相關的字詞考釋、簡牘形制、有關制度等問題進行深入研究。就博士學位論文的完成情況來看,相關按語的評判均平實公允,相關問題的研討亦創獲很多。論文答辯時獲得了評審專家和答辯委員會的一致好評。

博士畢業後,王錦城先前是去了浙江理工大學任教(目前是在中山大學中文系從事博士後的研究工作),在承擔繁重教學任務之餘,他又對原論文做了近兩年的增補修訂,不僅對以往學術研究成果進行了大量的增補和完善,同時也增添和完善了很多個人研究心得。在簡文校釋、簡牘綴合、簡冊編連以及常用語詞集釋方面又做了大量工作,最後共校釋簡文 2100 餘條,綴合斷簡 450 餘枚,編連散簡 80 餘個,集釋注解常用語詞 1300 餘個。這使論文各方面都更為精審,內容也更為充實厚重。我相信,該書的出版,必將會對秦漢簡牘的研究起到積極的推動作用,為學界今後的研究提供很多便利。當然,可能是由於出版或其他方面的原因,本次出版,他刪掉了原畢業論文中的第三部分,同時本書的書名也由原論文題目《〈肩水金關漢簡〉分類校注及相關問題研究》改成了《肩水金關漢簡分類校注》。

2003 年春,我的博士導師林澐先生曾給我的師姐李天虹《居延漢簡簿籍分類研究》一書作序,該書也是在其博士學位論文《居延漢簡中的簿籍》的基礎上增補修訂完成的。在那篇序中,林先生寫了如下一段文字:

> 我再說一遍,直到現在我對漢簡仍沒有什麼研究,所以對本書的出版,實在寫不出多少有學術性的評論來。捧讀這本我既熟悉又感陌生的書,只感到又是一次很好的學習機會。我曾經說過,我帶過的研究生,有很多做的論文題目是我自己並沒專門研究過的。與其說是我在教他們,不如說是我為了教他們而逼著自己去學。而且隨著年齡的增大和精力的衰減,不這樣逼著自己學,恐怕就學不了什麼了。但那只是單純就做學問而言的。

如今十八年過去了,當我再次讀到這段文字的時候,內心也是深有體會。回想起來,王錦城學習十分認真刻苦,肯坐冷板凳。讀博期間,即有八篇學術論文在 CSSCI 級別刊物發表,同時還獲得過國家獎學金,畢業時還獲得了「上海市優秀畢業生」稱號。往事歷歷在目,令我十分欣慰,同時也感慨良多。

　　出土文獻和古文字學向來以難學著稱，且來不得半點投機取巧。一路走來，我想王錦城對此也應該是深有體會和感觸的吧。在此，衷心祝願王錦城能夠永葆青春活力，在學術道路上繼續發揚拼搏精神，青出於藍而勝於藍！

2021 年 9 月於上海嘉怡水岸

目

次

緒　論

第一節　肩水金關漢簡概述

一、發掘和出版

　　肩水金關漢簡發掘出土於肩水金關漢代遺址。金關是漢代張掖郡肩水都尉府所轄一處出入關卡，位於甘肅省金塔縣天倉北二十五公里、額濟納河上游谷地北口的東岸。作為進出河西腹地、北通居延都尉的咽喉門戶，拱衛著南面不遠的肩水都尉府（大灣）、肩水候官（地灣）等屯戍重地。取名金關，即含有「固若金湯」的意思。〔註1〕

　　肩水金關漢簡的大規模發掘有兩次：第一次是 1930 年貝格曼的發掘。1930 年，中瑞西北科學考察團成員、年輕的考古學家瑞典人貝格曼曾在額濟納河流域進行考古調查，在 29 處遺址發掘出土了 10000 多枚漢簡，其中在肩水金關遺址掘過 5 個「坑位」，編號 A32，出簡 850 餘枚（著錄者 724 枚）。這批一萬多枚的簡即首次發現的「居延漢簡」。

　　第二次是 1973 年居延考古隊的全面發掘。1972～1974 年間，由甘肅省文化廳文物處、甘肅省博物館文物隊、酒泉地區及當地駐軍等單位組成的居延考古隊調查和發掘了甲渠候官（破城子）、甲渠塞第四燧、肩水金關三處遺址，出土漢簡 19400 餘枚。其中前兩處所出漢簡 8400 多枚，分別於 1990 年

〔註 1〕甘肅居延考古隊《居延漢代遺址的發掘和新出土的簡冊文物》，《文物》1978 年第 1 期，第 4 頁。

和 1994 年由文物出版社、中華書局以《居延新簡——甲渠候官與第四燧》、《居延新簡——甲渠候官》為名出版了釋文簡裝本和圖文精裝本。

肩水金關遺址發掘於 1973 年，共開探方 37 個，獲簡 11577 枚（其中未編號的 1426 枚）。該批簡正式公佈出版始於 2011 年 8 月，分五卷歷時 6 年於 2016 年 7 月完成了全部金關遺址出土漢簡的整理出版。《肩水金關漢簡》由甘肅簡牘保護研究中心、甘肅省文物考古研究所（從第三卷起改由新成立的甘肅簡牘博物館牽頭）、甘肅省博物館、中國文化遺產研究院古文獻室、中國社會科學院簡帛研究中心共同主編，中西書局出版，共有五卷，每卷分上中下三冊，上冊為彩色圖版，中冊為紅外線圖版，下冊為釋文。各卷出版及收簡情況分別如下：

第一卷出版於 2011 年 8 月，收錄簡牘 2351 枚，包括 T1：1－318、T2：1－106、T3：1－118、T4：1－124、T5：1－122、T6：1－198、T7：1－215、T8：1－115、T9：1－395、T10：1－550。

第二卷出版於 2012 年 12 月，收錄簡牘 2334 枚，包括 T11：1－31、T14：1－42、T15：1－29、T21：1－501、T22：1－157、T23：1－1074、T24：1－500。

第三卷出版於 2014 年 5 月，收錄簡牘 2066 枚，包括 T24：501－1006、T25：1－248、T26：1－305、T27：1－142、T28：1－146、T29：1－135、T30：1－267、T32：1－75。其中 19 枚簡，整理綴合為 9 枚，實際收錄 2056 枚。

第四卷出版於 2015 年 11 月，收錄簡牘 2065 枚，包括 T33：1－91、T34：1－50、T35：1－16、T37：1－1590、H1：1－82、H2：1－110、F1：1－126。整理過程中綴合 29 枚，實際收錄 2036 枚。

第五卷出版於 2016 年 8 月，收錄簡牘 1969 枚，包括 73EJF2：11－49、73EJF3：1－636、73EJT4H：1－90、73EJD：1－391、72EJC：1－290、73EJC：291－680、72EDAC：1－8、72ECC：1－83、72ECNC：1、72EDIC：1－22、72EBS7C：1－5、72EBS9C：1－4。整理中綴合斷簡 100 枚，實際收簡 1869 枚。除了收錄肩水金關房址 F2、F3 和灰坑 T4H 的發掘品之外，還收錄了當年在金關及其周邊地區調查的採集品。

1930 年貝格曼在金關遺址發掘的漢簡和同時出土的其他漢簡共同著錄於《居延漢簡》一書中，這批簡一般稱作「居延漢簡」。可知所謂居延漢簡

中包括有一部分在肩水金關遺址發掘的簡牘。本書則以新出《肩水金關漢簡》一書公佈的 1973 年金關遺址出土及在金關等地採集的所有漢簡為研究對象。

二、所屬時代及斷代分期

從簡文所記來看，肩水金關漢簡中年代最早的為西漢武帝太初五年簡（73EJT4：107），最晚的為東漢光武建武三年簡（73EJF1：25）。史載西漢武帝太初三年（前 102），強弩都尉路博德筑居延。《史記·匈奴列傳》：「是歲太初三年也。呴犁湖單于立，漢使光祿徐自為出五原塞數百里，遠者千餘里，築城郭列亭至盧朐，而使游擊將軍韓說、長平侯衛伉屯其旁，使彊弩都尉路博德築居延澤上。」從此古居延澤附近的屯戍活動逐漸興起。至宣、元、成帝時，屯戍活動達到全盛，其後走向衰落，東漢建武初年基本結束。肩水金關漢簡正是這一段屯戍歷史的真實記錄，因此其所屬年代也當在這段時間以內。

黃艷萍統計金關漢簡前四卷中可知紀年的簡牘 1033 枚，大致將金關漢簡的紀年範圍確定在了漢武帝太初五年（簡 73EJT4：107）至東漢建武三年（簡 73EJF1：25）之間。且指出金關漢簡中漢宣帝時期的紀年簡最多，約占紀年簡總數的 39.9%。元帝、成帝、哀帝時期的紀年簡數量次之。金關漢簡的紀年簡集中在西漢中晚期、新莽時期，東漢初期亦有少量簡。〔註 2〕

史兆利根據金關漢簡中 1200 餘枚紀年簡反映的歷史信息，將全部簡文分為了五期：

第一期：西漢武帝時期（太初、天漢、太始、征和），公元前 100 年至公元前 89 年，凡 12 年。

第二期：西漢昭帝（始元、元鳳、元平）至宣帝（本始、地節、元康、神爵、五鳳、甘露、黃龍），公元前 86 年至公元前 49 年，凡 38 年。

第三期：西漢元帝（初元、永光、建昭、竟寧）至成帝（建始、河平、陽朔、鴻嘉、永始、元延、綏和），公元前 48 年至公元前 8 年，凡 41 年。

第四期：西漢哀帝（建平、元壽）至孺子嬰（平帝元始、子嬰居攝、初始），公元前 6 年至公元 8 年，凡 14 年。

〔註 2〕黃艷萍《〈肩水金關漢簡（壹～肆）〉異體字研究》，華東師範大學博士學位論文，2016 年，第 75 頁。

第五期：新王莽（始建國、天鳳、地皇）、淮陽王（更始）至東漢光武帝（建武四年），〔註3〕公元9至28年，凡20年。

且指出這五期中，第一期和第五期光武帝時期的簡較少，大部分簡文屬於第二至第四期，包括王莽時期。〔註4〕

此外，胡永鵬還對整個西北漢簡的時代作了概述，指出西北漢簡中所見最早的紀年簡為金關漢簡73EJT4：107，紀年為太初五年（前100），最晚的紀年簡為敦煌漢簡1447，年代為東漢桓帝元嘉二年（152）。但光武帝建武八年（32）之後的紀年簡數量非常少。〔註5〕

可知金關漢簡所屬時代和整個西北漢簡的時代基本一致，簡文所見紀年符合史籍所載西北邊塞屯戍的年代，其中又以屯戍活動興盛的西漢中晚期和王莽時期的簡為最多。

第二節　簡牘文書分類研究綜述

肩水金關漢簡的內容主要以各類文書為主，為簡牘文書中的一部分材料。簡牘文書是中國古代紙張尚未發明及普遍使用前寫在竹木材料上的公、私文書，和簡牘典籍屬於本質不同的文獻。其主要以西北出土的屯戍漢簡為主，近年來則有里耶秦簡和走馬樓吳簡的大量發現。

簡牘文書內容龐雜，種類繁多，因此對其進行分類整理顯得至關重要。一百多年以來，許多學者對其進行了探討和研究，取得了很大的成績。而關於簡牘文書分類研究的歷程，亦有學者進行過論述，如永田英正、李天虹、李均明、何立民、劉釗等。〔註6〕本節即在前人研究成果的基礎上，分四個時期對一百多年來簡牘文書的分類研究作一簡要述評。

〔註3〕金關漢簡未見有建武四年簡，最晚為建武三年，疑此處有誤。

〔註4〕史兆利《金關遺址與金關漢簡》，《絲綢之路》2011年10期，第13頁。

〔註5〕胡永鵬《西北邊塞漢簡編年》，福建人民出版社，2017年，第13頁。

〔註6〕〔日〕永田英正著，張學鋒譯《居延漢簡研究》，廣西師範大學出版社，2007年；李天虹《居延漢簡簿籍分類研究》，科學出版社，2003年；李均明、劉軍《簡牘文書學》，廣西教育出版社，1999年；李均明《秦漢簡牘文書分類輯解》，文物出版社，2009年；李均明等《當代中國簡帛學研究（1949～2009）》，中國社會科學出版社，2011年；何立民「簡牘古文書學」研究的扛鼎之作——讀日本學者永田英正氏〈居延漢簡研究〉》，《南方文物》2011年第3期；劉釗《漢簡所見官文書研究》，吉林大學博士學位論文，2015年。本文於各位學者後均未加「先生」二字，此只為行文方便，非示不敬，祈望諸位先生見諒。

一、以簡文內容為主的分類時期

1914 年羅振玉、王國維著《流沙墜簡》，按簡牘的內容和性質，選取斯坦因第二次中亞考古所獲漢文文獻 585 件，〔註7〕分為三大類。第一大類是小學術數方技書，收入了字書、曆譜、九九術、占書、醫方等內容的簡牘，涉及多種典籍。其中小學類有字書《蒼頡篇》和《急就篇》。術數類有《力牧》、《元康三年曆譜》、《神爵三年曆譜》、《五鳳元年八月曆譜》、《永光五年曆譜》、《永光六年曆譜》、《永興元年曆譜》、《干支譜》、九九術、吉凶宜忌殘簡、占書、相馬法等。方技類為醫方。第二大類是屯戍叢殘，其下又按內容分為簿書、烽燧、戍役、稟給、器物、雜事等六項。第三類是簡牘遺文，匯集各式書信。〔註8〕其中第一、三類由羅振玉完成，第二類為王國維撰作。

《流沙墜簡》首次對簡牘文書進行分類考釋，三大類的區分無疑有合理之處。小學術數方技書屬典籍文獻，和屯戍實錄的文書檔案有本質的區別，當首先分出。至於簡牘遺文，大多為私人書信，也可自成一類，但總的來說，其也屬於文書檔案之一種。因此，簡牘遺文和其他兩類並不在一個層面。

作為最主要的屯戍叢殘一類，王國維分作六項。其中簿書主要收各種官文書，也收入一些發文記錄和功勞名籍、郵書刺等；烽燧類多收記錄有烽燧名稱的封檢以及郵書刺等，也收入部分出現烽燧名稱的文書和簿籍；戍役類主要收日作簿；稟給類主要收各種有關糧食的出入簿；器物類主要收守禦器簿、被兵簿等，也收有記錄器物名稱的檢楬。

可以看出，《流沙墜簡》的分類，主要依據簡文的內容作出，尚未考慮到簡牘的書寫格式和形制等，因此屯戍叢殘的分類多有混淆之處。但即使如此，《流沙墜簡》根據簡牘內容進行分類考證，開簡牘文書分類研究之先河，且能作出初具眉目的分類，因此其也是具有重大意義的。

《流沙墜簡》據以分類的簡牘文書共 585 枚，而 1930 年發現的居延漢簡則多達一萬餘枚。此後，於居延漢簡研究作出卓著貢獻的勞榦在繼承《流沙墜簡》分類方法的基礎上，對居延漢簡作了更為詳細的分類。

〔註7〕何立民《簡帛學研究的開山之作——讀〈流沙墜簡〉並論王國維先生簡帛文書研究的貢獻》，《南方文物》2010 年第 3 期，第 30 頁。

〔註8〕羅振玉、王國維《流沙墜簡》，中華書局，1993 年。

　　1943 年勞榦在四川南溪出版了《居延漢簡考釋‧釋文之部》，是書為親筆書寫原稿的石印本，由南溪小石印館印刷出版，共四冊。其將居延漢簡釋文分為文書、簿錄、信札、經籍、雜類五大類，又於文書、簿錄、經籍之下細分小類。

　　具體來說，文書分書檄、封檢、符券、刑訟爰書；簿錄分烽燧、戍役、疾病死喪、錢穀、器物、車馬、酒食、名籍、資績、簿檢、計簿、雜簿。經籍分曆譜、小學、六藝諸子、律令、醫方、術數。而雜類也分有年號者和無年號者，有年號者收錄僅剩紀年的斷簡，無年號者則是各類殘斷過甚不可辨別年代的文書和簿籍等。〔註9〕

　　此後，該《居延漢簡考釋‧釋文之部》又作為中研院史語所專刊之二十一，於 1949 年由商務印書館出版了鉛字印刷本二冊。這個版本所分類目的名稱和順序同於上述 1943 石印本正文中的記載。〔註10〕

　　關於該書的分類方法，勞榦在《居延漢簡考釋自序》中說：

　　　　這個設計是變通王國維設計的《流沙墜簡》分類而成。墜簡的分類是：（一）小學術數方技術，（二）屯戍叢殘，（三）簡牘遺文。只在屯戍叢殘下再分為簿書、烽燧、戍役、廩給、器物及雜事各類。照這個分類法，屯戍叢殘一類包括太廣了。並且在屯戍叢殘一目之下，簿書是按簡牘的「種類」分，烽燧以下四類，又按着「性質」分。所以在排比上不免有無所適從之處。所以現在將屯戍叢殘所包括的，分為文書和簿籍，改小學術數方技術為經籍，改簡牘遺文為

<hr>

〔註 9〕勞榦《居延漢簡考釋‧釋文之部》，四川南溪小石印館，1943 年，《漢簡文獻研究四種》影印，北京圖書館出版社，2007 年。所分類目的名稱和次序，目錄和正文不盡一致，此以正文為準。其中「簿錄」目錄中作「簿籍」，「封檢」目錄中作「封檢（附郵驛記載）」，「刑訟爰書」目錄中作「爰書」，「疾病死喪」目錄中作「疾病死亡」，「律令」則目錄中不存在。

〔註10〕勞榦《居延漢簡考釋‧釋文之部》，商務印書館，1949 年。1943 年石印本之「刑訟爰書類」該書作「刑訟類」，「疾病死喪類」該書正文中同石印本，目錄卻作「疾病死傷類」。關於這個版本，大庭脩曾說「勞榦氏來日時，在發言中否定了自己與該版本的關係，有可能是大陸學者以勞榦的名義刊行的。」參看〔日〕大庭脩著，徐世虹譯《漢簡研究》，廣西師範大學出版社，2001 年。森鹿三也說「鉛印本則是根據勞榦的改訂稿印的，但據說勞榦根本沒有校訂過（據 1955 年 7 月 8 日勞榦談）。」參看〔日〕森鹿三著，姜鎮慶譯《關於令史弘的文書》，中國社會科學院歷史研究所戰國秦漢史研究室編《簡牘研究譯叢》第一輯，中國社會科學出版社，1983 年，第 31 頁。

　　信札，改雜事為雜類，使得以上的五篇完全依簡牘的「種類」分，

　　然後再按「性質」每篇分為幾個小類。〔註11〕

　　可知勞榦認為《流沙墜簡》的問題在於屯戍叢殘一類包括太廣，且屯戍叢殘下面分類所用標準不一，其中簿書是按簡牘的「種類」分，剩餘四類又按「性質」分。因此其將屯戍叢殘先按「種類」分為了文書和簿籍。永田英正指出其所謂「種類」，是根據簡牘的書寫格式而進行的分類，「種類」一詞，其實就是「書式」或「樣式」的意思。與「種類」一詞相對，所謂「性質」，是指簡牘所記載的內容。〔註12〕

　　因此，勞榦對《流沙墜簡》分類方法所作的變通，即將居延漢簡中最主要的部分按書寫格式先分為文書和簿籍，無疑是是合理的。至於其文書和簿籍之下又按簡文內容分出的小類，似乎依然存在淆亂之處。

　　文書和簿籍之下的小類所收簡文，具體來說，其中封檢亦收入發文記錄、收文記錄及郵書刺；符券亦收入貰賣名籍；烽燧類主要是表火課、被兵簿、折傷兵名籍等；戍役類主要是作簿等；疾病死喪類為病名籍等；錢穀類為錢出入簿、穀出入簿和稟名籍等；器物類收錄封檢、簽牌、被兵簿、守禦器簿、衣物名籍、被兵名籍等；車馬類為出入名籍、車夫名籍等；酒食類為鹽出入簿、出入名籍等；名籍類為卒名籍、吏名籍、騎士名籍等；貲積類為日迹簿、功勞名籍、吏貲直簿等；簿檢類為簽牌、各類名籍的標題簡等；計簿和雜簿則是雜入各種簿籍。

　　可知文書類下面的封檢和符券中雜入了其他的文簿，而簿籍下的器物類和簿檢類亦收入了封檢、簽牌等，且同一種簿籍常常分入兩類。因此勞榦並未更多考慮到簡牘的書寫格式和形制，「種類」的標準執行並不徹底，其分類最主要還是以簡牘的內容為基準。

　　關於羅王和勞榦分類的不足，大庭脩曾指出：「然而細察這些分類，將用途特殊的封檢、符券和書檄、刑訟等常用簡牘同歸入文書類，應當是沒有考慮到簡牘的形狀，即簡牘的使用方法與目的的使然。其結果就是，這種分類不得不說僅僅是從簡牘記載的內容上進行分類。

〔註11〕勞榦《居延漢簡考釋·釋文之部》，四川南溪小石印館，1943 年，《漢簡文獻研究四種》影印，北京圖書館出版社，2007 年，第 2 頁。

〔註12〕〔日〕永田英正著，張學鋒譯《居延漢簡研究》，廣西師範大學出版社，2007 年，第 34 頁。

　　即使原封不動地按勞榦的分類，在各種分類中也有很多簡是屬於誤分的，必須歸到其他類別中去。羅、王、勞各式所嘗試的按內容分類，雖然具有一定意義，但對研究初級階段出現的誤解、誤分類，以後並未訂正。

　　其次是在嘗試按內容分類時，並未充分注意到各簡牘的出土地。」〔註13〕

　　永田英正也對勞榦分類的缺陷作了論述：「勞榦在對居延漢簡進行分類時，對《流沙墜簡》的分類方法作了改良，並在此基礎上加以了運用。勞榦所採用的方法，原則是先根據樣式進行大的分類，然後再根據內容作了小分類。

　　以書寫格式為基準的大分類法，嚴格地說來並不是沒有問題的。特別是在小分類的基準選擇上，重視簡牘的內容而輕視簡牘的書寫格式，這樣一來，好不容易根據書寫格式建立起來大分類的特徵也就失去了。這種作法，缺乏整體上的系統性，使得整體的分類法變得曖昧不清。

　　所以，勞榦釋文的分類基準，從整體上來說，內容比書寫格式更顯得重要。」〔註14〕

　　大庭脩和永田英正都明確指出了勞榦分類的缺陷和不足。就西北漢簡中的文書來說，簡牘的形制和內容之間具有一定的相關性，比如書檄和私信等常常寫在較寬的牘及兩行上，簿籍則常寫在單條的木簡上，符券往往有刻齒，而封檢簽牌也均具有特殊的形制。此外，每一類簡文也都有各自書寫的固定格式，漢簡中常見一些用以參照書寫的文書格式簡，何雙全、邢義田和張俊民等都曾有過輯錄和研究。〔註15〕

　　因此簡牘文書的分類，首先應當結合簡牘形制、書寫格式及簡文內容加以嚴格區分，在不同形制和書寫格式的簡牘完全分開的基礎上，最後才可根據簡文內容在每一大類下分出細目。不然一開始就以內容為標準，則容易將不同類別的簡混在一起。羅王和勞榦的分類雖然考慮到了簡牘的形制和書寫格式等，但最終還是以內容為主要參照，因此必然出現上述諸問題。

〔註13〕〔日〕大庭脩著，徐世虹譯《漢簡研究》，廣西師範大學出版社，2001年，第8～9頁。

〔註14〕〔日〕永田英正著，張學鋒譯《居延漢簡研究》，廣西師範大學出版社，2007年，34～35頁。

〔註15〕何雙全《居延甲渠候官簡牘文書分類與文檔制度》，西北師範大學歷史系、甘肅省文物考古研究所編《簡牘學研究》第一輯，甘肅人民出版社，1997年；邢義田《從簡牘看漢代的行政文書範本——「式」》，李學勤、謝桂華主編《簡帛研究》第三輯，廣西教育出版社，1998年；張俊民《懸泉漢簡所見文書格式簡》，卜憲群、楊振紅主編《簡帛研究二〇〇九》，廣西師範大學出版社，2011年。

　　勞榦 1943 年出版《居延漢簡考釋・釋文之部》以後，緊接著於 1944 年
又在四川南溪小石印館石印出版了《居延漢簡考釋・考證之部》二冊。該書
即以《釋文之部》所作釋文的葉數為順序來進行考證。〔註16〕《居延漢簡考
釋》分釋文和考證兩部，釋文部分是分類排列，考證部分則按釋文的頁碼排
次。這種情況在後來重新出版的《居延漢簡・考釋之部》中又作了改變。

　　1957 年勞榦出版了《居延漢簡・圖版之部》三冊，依然作為中研院史語
所專刊之二十一，這是第一次公佈居延漢簡的圖版。圖版編號和 1949 年的鉛
字版釋文編號相同，書前有《居延漢簡圖版之部序》和《居延漢簡考釋序目》。
〔註17〕

　　1960 年勞榦《居延漢簡・考釋之部》又作為中研院史語所專刊之四十出
版，其中包括居延漢簡釋文、敦煌漢簡校文、居延漢簡考證三部分。書前有
《重訂居延漢簡考釋序》，另外居延漢簡考證部分之前則有《居延漢簡考證
序》。在這兩篇序中，勞榦對居延漢簡釋文和考證的編排方式予以了說明，其
中釋文部分「為著和圖版可以照應，完全按著圖版的次序，為便於檢查，加
上了一個總號」，而考證部分則是「排列方面過去係按照舊有釋文的前後，中
間並無分類的意思在內，因而檢閱起來，頗不方便。這一次新的增訂本也改
為就性質分類，並且加上了標題。不過就內容來說，還是大致以過去考證的
範圍為範圍。」〔註18〕

　　可知釋文部分一改過去的做法，不再分類，只是按照圖版的順序著錄。
而考證部分則予以分類，其分為簡牘之制、公文形式與一般制度、有關史事
文件舉例、有關四郡問題、邊塞制度、邊郡生活、書牘與文字幾大類進行。這
主要是就簡牘具體內容所揭示的相關制度和歷史史實進行考證時的分類，和
釋文的分類不同。

　　綜上，自 1914 年羅振玉、王國維《流沙墜簡》首創簡牘文書的分類之後，
1943 年勞榦《居延漢簡考釋・釋文之部》在繼承羅王分類的基礎上，進一步
對一萬餘枚居延漢簡作了更為詳細的分類。他們共同的特點是以簡文的內容
為基準進行分類，隨著勞榦 1957 年居延漢簡圖版的公佈，以及 1960 年《居

〔註16〕勞榦《居延漢簡考釋・考證之部》，四川南溪小石印館，1944 年，《漢簡文獻
　　　　研究四種》影印，北京圖書館出版社，2007 年。
〔註17〕勞榦《居延漢簡・圖版之部》，中研院史語所專刊之二十一，1957 年。
〔註18〕勞榦《居延漢簡・考釋之部》，中研院史語所專刊之四十，1960 年。該書 1986
　　　　年再版，書前增加《居延漢簡考釋重訂再版序》。

延漢簡·考釋之部》不再對釋文進行分類，可以說這個以內容為主要標準進行分類的時期結束了。

二、「簡牘古文書學」的分類時期〔註19〕

　　1957年勞榦《居延漢簡·圖版之部》出版後不久，1959年中國科學院考古研究所編的《居延漢簡甲編》出版，該書除發表2500餘枚簡的圖版之外，還公佈了部分簡牘的出土地點。〔註20〕這兩部公佈居延漢簡圖版的書傳到日本之後，日本學者開創了以集成復原簡冊為主的漢簡古文書學研究方法，開始真正地將漢簡作為古文書來進行系統的研究。

　　關於簡牘古文書學研究，永田英正曾說：「依據簡牘的樣式對斷簡零墨進行集成，將之復原到原來冊書的樣子，或儘可能使之接近於原來冊書的樣子，從樣式這個角度來使簡牘組化、體系化，在把握了簡牘固有性格的基礎上再對其內容進行研究。這可以說是簡牘的古文書學研究。」〔註21〕

　　其後也有學者對「簡牘古文書學」的含義作出了總結，認為所謂「簡牘古文書學」，即研究者從簡牘本身入手，從古文書而非單純史學角度，從記載樣式（書式）、出土地點（包括原簡編號順序）、書法筆迹、書寫材料、木簡形狀、簡牘內容等多個角度入手，把綴合、復原、集成簡牘作為最基礎的工作，在此基礎上，盡力恢復漢代文書的真實面貌。〔註22〕

　　其中提到簡牘集成復原的標準包括書式、出土地點、筆迹、簡牘形制、簡文內容等，可以說這些標準基本涵蓋了簡牘文書的絕大部分信息，簡牘古文書學的分類也是利用這些標準來進行的。

　　利用簡牘古文書學的方法進行簡冊集成和復原的首先是森鹿三和大庭脩。早在《居延漢簡·圖版之部》發表之前，森鹿三即已經通過簡文內容來檢索列舉相關簡文，將一些內容相關的簡文集中起來進行考證。這方面文章有

〔註19〕有關「簡牘古文書學」的分類研究，永田英正所述較詳，本文多所參考。參看〔日〕永田英正著，張學鋒譯《居延漢簡研究》，廣西師範大學出版社，2007年。

〔註20〕中國科學院考古研究所編《居延漢簡甲編》，科學出版社，1959年。

〔註21〕〔日〕永田英正著，張學鋒譯《居延漢簡研究》，廣西師範大學出版社，2007年，第30頁。

〔註22〕何立民《「簡牘古文書學」研究的扛鼎之作——讀日本學者永田英正氏〈居延漢簡研究〉》，《南方文物》2011年第3期，第8頁。

1953 年的《關嗇夫王光》，〔註 23〕有學者稱其首創並闡發了以人名為線索集成木簡的方法論。〔註 24〕此外，1955 年《關於令史弘的文書》則在列舉居延漢簡中出現令史弘名字的封檢的基礎上，進一步將有關令史弘的其他類型簡全部揀選出來作了研究。〔註 25〕

在未有圖版可以參照的情況下，森鹿三即以人名為線索進行了初步的集成和研究。其後 1959 年森鹿三《居延漢簡集成──特別是關於第二亭食簿》一文開始真正利用古文書學進行簡牘集成和簡冊復原，該文從第二亭長郵這個人出發，根據簡牘的記載樣式、筆迹等，對有關的簡牘進行了集成，嘗試復原了「第二亭食簿」這個簿冊。〔註 26〕和前面單純以人名為線索檢索簡文不同，在該文中，圖版的公佈使得簡牘的形制、書寫格式和筆迹等成為簡冊集成復原的重要參考。

1960 森鹿三《論居延出土的卒家屬廩名籍》列舉了從居延出土的一萬支漢簡中挑選出來的 24 支簡，認為這些簡是有關配給隧卒家屬穀物的文書斷片。從而復原了一冊卒家屬廩名籍。〔註 27〕此外，森鹿三 1961 年《居延漢簡──特別是地灣出土的簡》，還以出土地點為中心對簡牘進行了集成。〔註 28〕

大庭脩 1961 年發表的《關於居延出土的詔書冊及詔書斷簡》，復原了《元康五年詔書》簡冊。〔註 29〕其後來又提出簡冊復原的四個基本條件為「出土地點同一」「筆迹同一」「材料同一」「內容關聯」。〔註 30〕

〔註 23〕〔日〕森鹿三《關嗇夫王光》，《東洋史研究》第十二卷第三號，1953 年。

〔註 24〕趙汝清《日本學者簡牘研究述評》，西北師範大學歷史系、甘肅省文物考古研究所編《簡牘學研究》第一輯，甘肅人民出版社，1997 年，第 30 頁。

〔註 25〕〔日〕森鹿三著，姜鎮慶譯《關於令史弘的文書》，中國社會科學院歷史研究所戰國秦漢史研究室編《簡牘研究譯叢》第一輯，中國社會科學出版社，1983 年。

〔註 26〕〔日〕森鹿三《居延漢簡集成──特別是關於第二亭食簿》，《東方學報》二十九，1959 年。

〔註 27〕〔日〕森鹿三著，金立新譯《論居延出土的卒家屬廩名籍》，中國社會科學院歷史研究所戰國秦漢史研究室編《簡牘研究譯叢》第一輯，中國社會科學出版社，1983 年。

〔註 28〕〔日〕森鹿三《居延漢簡──特別是地灣出土的簡》，《史林》第四十四卷第三號，1961 年。

〔註 29〕〔日〕大庭脩著，姜鎮慶譯《關於居延出土的詔書冊及詔書斷簡》，中國社會科學院歷史研究所戰國秦漢史研究室編《簡牘研究譯叢》第二輯，中國社會科學出版社，1987 年。

〔註 30〕〔日〕大庭脩著，徐世虹譯《漢簡研究》，廣西師範大學出版社，2001 年，第 10～11 頁。

　　從森鹿三和大庭脩的研究可以看出，簡牘古文書學的方法最初是以簡冊復原為目的的。這種方法以簡牘的出土地點、形制、書寫格式、筆迹、內容等為考察對象，將上述幾個條件均相同的簡揀選出來集中一起，使之恢復到簡冊的原始狀態。正如永田英正所指出：「以森鹿三的研究為例，他在對第二亭食簿以及卒家屬廩名籍的研究中，採取的方法是，以某一種特定樣式的簡牘為對象，將同一種類的簡牘進行集成使之成為一組，然後再對其內容進行考證。」〔註 31〕

　　將散亂的簡牘全部集成復原為原始狀態的冊書，自然能夠達到分類的目的，問題在於能夠復原的簡冊畢竟有限，事實上是大部分簡牘只可判明類別而無法復原成冊書。這一點森鹿三在集成「第二亭食簿」時也已指出：「居延漢簡雖多達一萬枚以上，但基本上都是斷簡零墨，要想將這麼多的斷簡一枚一枚拼接起來恢復成原來的冊書，這幾乎是不可能的」〔註 32〕而我們也看到，森鹿三和大庭脩，一個以簿籍為主要復原對象，一個則集中在文書上，總計起來，復原的冊書數量也非常有限。

　　森鹿三和大庭脩只是單獨進行某一類簡牘的集成復原，其後綜合性地運用簡牘古文書學的方法大量集成復原出簡冊的是英國學者魯惟一。

　　1967 年，魯惟一發表《漢代行政記錄》，一下集成了 43 份冊書。〔註 33〕其集成或復原時採用的標準有出土地點、書寫形式、簡牘形制、筆迹等。魯惟一把出土地點分成破城子、地灣、大灣、瓦因托尼及出土地點不明五塊，將居延漢簡中的 710 枚簡，分別排在所嘗試集成復原的 43 份文書或文書記錄的標題之下。分類集成了破城子 19 種，地灣 9 種，大灣 10 種，瓦因托尼 3 種，其他 2 種。這 43 種冊書的性質和內容具體如下：

　　　　MD1：發出信件登記簿；MD2、MD3：處理途徑郵件的登記簿；
　　MD4：可能是士卒名籍；MD5：隧長名籍片斷；MD6：接受測試的
　　軍官個人的成績記錄等；MD7：向小軍事單位發放裝備的表格記錄
　　的片斷；MD8、MD9 與 MD10：穀物分配記錄；MD11：關於從特

〔註 31〕〔日〕永田英正著，張學鋒譯《居延漢簡研究》，廣西師範大學出版社，
　　　　2007 年，第 30 頁。
〔註 32〕〔日〕森鹿三《居延漢簡集成——特別是關於第二亭食簿》，《東方學報》二
　　　　十九，1959 年。
〔註 33〕〔英〕邁克爾・魯惟一著，于振波、車今花譯《漢代行政記錄》，廣西師範大
　　　　學出版社，2005 年。

定來源或為特定目的而收入或支出現錢的記錄；MD12：軍官每月薪水支付的記錄；MD13：獲准通過軍事防線的記錄；MD14、MD15：士卒在不從事軍事勤務時所作工作的記錄；MD16：某個分隊若干成員從事勤務的記錄；MD17：軍官與戍卒日常巡邏的記錄；MD18：戍卒持有武器登記簿；MD19：具體的燧所佔據地點情況的報告。UD1、UD2：官員業績的匯報；UD3：向戍卒個人發放儲備物或裝備情況的名籍；UD4：向士卒發放穀物的記錄；UD5：對平民及其他旅行者的記錄；UD6：信號觀察的匯報；UD7：某個燧日常信號的傳遞交換記錄；UD8：詔令片斷及法令文；UD9：詔令片斷。TD1、TD2：大灣地區處理途徑郵件的登記簿片斷；TD3：服裝清單片斷；TD4：按月保持的穀物收支記錄；TD5：薪俸尚未支付而需要補足的清單；TD6：賦稅徵收的記錄；TD7：以實物的形式徵收租稅的記錄；TD8：關於平民獲准通過交通線上某個關卡的記錄片斷；TD9：關於牛的描述性登記簿的片斷；TD10：曆譜。W1：不同單位分得或消費庫存物品情況的記錄；W2：穀物發放情況的記錄，包括穀物支出具體用途的詳細說明；W3：提交給司法官員的匯報。X1：傳遞郵件的記錄；X2：賞賜爵位的記錄。

這 43 組集成或復原的文書記錄，涉及的主題內容大概有以下 12 類：郵件的處理、吏卒名籍、穀物和設備的發放、經費、檢查站通行管理、戍卒的活動、儲備物登記、烽燧巡視、事變報告、信號日誌、皇帝詔書和公文、曆譜。

可知其所集成或復原的冊書還是以簿籍為主，簿籍以外只有包括詔書在內的文書類 4 種和曆譜 1 種。在這些復原的冊書中，有很多是相同類別的，如 MD2 和 MD3、UD1 和 UD2 等，他們的區別主要在於筆迹，這是就同一出土地點而言。不同的地點中可見更多相同的類別，如 MD2、MD3 和 TD1、TD2，均是處理郵件的登記簿，只不過前者屬破城子而後者屬大灣。這樣把不同地點同類的冊書合併到一起，則只有上述 12 個類別。

因此魯惟一的集成主要還是復原冊書，這些冊書可以歸併為不同的類別。其後永田英正突破同一筆迹的限制，實現了冊書復原到分類集成的轉變。永田英正認為：「突破是否同一筆迹這一束縛，以記載樣式為基準對簡牘進行集成，也就是說，以出土地點為單位，根據記載樣式進行分類，將同一種類的

簡牘集成在一起，這種方法是非常必要的。」〔註 34〕至此，始於森鹿三、經
魯惟一繼承和發展起來的按出土地點、書寫格式進行集成復原的方法，得到
了進一步發展。

1974 年永田英正發表了《居延漢簡集成》的第一部和第二部（《東方學
報》第 46 冊和 47 冊），對破城子即甲渠候官出土的簡牘進行了集成。1979 年
《居延漢簡集成》第三部又在《東方學報》51 冊發表，其將地灣、博羅松治、
瓦因托尼、大灣，即肩水、卅井、殄北各候官和肩水都尉府各遺址出土的簡
牘進行了集成。〔註 35〕

其所集成的類別如下、以破城子出土的簡牘為例：

一、簿籍標題類

（一）標題

　　　　吏卒：吏卒名籍、病卒名籍、卒家屬名籍；

　　　　勤務：日迹簿、郵件傳遞記錄簿、作簿；

　　　　器物：守禦器簿、戍卒被兵簿；

　　　　現錢：錢出入簿、吏受奉名籍；

　　　　食糧：穀出入簿、吏卒廩名籍、卒家屬廩名籍、其他。

（二）標題以外的部分

　　　　楬；

　　　　「●右」類；

　　　　「●凡」類。

二、簿籍正文類

　　　　吏卒：吏卒名籍、病卒名籍；

　　　　勤務：日迹簿、書信郵件傳遞記錄簿、信號傳遞記錄簿、作簿；

　　　　器物：守禦器簿、戍卒被兵簿；

　　　　現錢：錢出入簿、吏受奉名籍；

　　　　食糧：穀出入簿、吏卒廩名籍、卒家屬廩名籍、與食糧有關的

　　　　　　　其他簡牘、其他。

〔註34〕〔日〕永田英正著，張學鋒譯《居延漢簡研究》，廣西師範大學出版社，2007
　　　年，第 38～39 頁。

〔註35〕〔日〕永田英正著，張學鋒譯《居延漢簡研究》，廣西師範大學出版社，2007
　　　年。

　　永田英正不再考慮是不是同一筆迹，也沒有在集成的基礎上復原冊書，而是主要以出土地點、書寫格式和內容為主，進行大量的分類。雖然其集成分類只涉及到簿籍，但是所集成的類別均按照簡文本身的題名來區別，可以說最能接近簡冊的原始狀態。

　　以上自居延漢簡圖版傳入日本之後，由日本學者開創和發展的「簡牘古文書學」的分類方法，至 1979 年永田英正大規模實現集成分類為止，取得了很大的成功，影響深遠。此後國內學者也在借鑒這一方法的基礎上，對簡牘文書展開了全面的分類研究。

三、以簡牘自身特徵和功能為主的分類時期

　　這一時期有 1999 年汪桂海《漢代官文書制度》和 2003 年李天虹《居延漢簡簿籍分類研究》，兩書分別在官文書和簿籍方面作了較為深入的分類研究。汪桂海將官文書分為四大類，第一類詔令文書，包括策書、制書、詔書、戒敕。第二類章奏文書，包括章、奏、表、議。第三類官府往來文書，包括奏記與牋記、記（下行）與教、舉書、檄、傳、除書與遣書。第四類司法文書，包括爰書、劾狀及其呈文、奏讞書。〔註 36〕

　　李天虹在永田英正《居延漢簡集成》的基礎上，對已發表的居延漢簡（包括舊簡和新簡）中的簿籍進行分類整理輯錄，先按內容分為吏卒及其他人員，俸祿、現錢，廩食、穀物，兵物，日常工作，貰賣（買）、債務，功勞，牛馬車，出入關，其他共 10 類，每類下再按文書特徵分類，共輯錄簿籍 135 種。〔註 37〕

　　而根據簡文本身的題名，全面統計簡牘文書的類別方面，何雙全最早作了簡單的嘗試。1997 年《居延甲渠候官簡牘文書分類與文檔制度》一文，根據簡文本身的題名統計，將甲渠候官出土的簡牘分為書、官府公文、簿、籍、課、案、條、卷刺、科品令、錄、算、劾狀、記、計、奏、符、過所、致、文書程、信札、古文獻、律等。〔註 38〕這種輯錄簡牘文書自身題名的還有薛英群《居延漢簡通論》和吳昌廉《居延漢簡所見之簿籍述略》。〔註 39〕

〔註 36〕汪桂海《漢代官文書制度》，廣西教育出版社，1999 年。

〔註 37〕李天虹《居延漢簡簿籍分類研究》，科學出版社，2003 年。

〔註 38〕何雙全《居延甲渠候官簡牘文書分類與文檔制度》，西北師範大學歷史系、甘肅省文物考古研究所編《簡牘學研究》第一輯，甘肅人民出版社，1997 年。

〔註 39〕薛英群《居延漢簡通論》，甘肅教育出版社，1991 年；吳昌廉《居延漢簡所見之簿籍述略》，《簡牘學報》，簡牘學會，1980 年。

　　此後，這種尋找簡牘文書的自身規律，根據各類文書自身的特徵和功能之差異，在簡牘文書分類方面集大成的是李均明。其分類方法體現在 1999 年出版的《簡牘文書學》和 2009 年出版的《秦漢簡牘文書分類輯解》中。〔註40〕李先生不局限於某一批或某一類材料，對秦漢簡牘文書進行全面分類，分秦漢簡牘文書為六大類，具體如下：

　　一、書檄類

　　　書檄類的重要特徵是自身可運行，亦能搭載同類別或其他類別的文書運行，其作用猶今之通行文種，常見者有書、檄、記、教、傳、致等。

　　二、律令類

　　　律令類通常以條款形式見存，適用期長，屬專用文種，常見者有律、令、科、品、約、式、程等。

　　三、簿籍類

　　　簿籍類含各式賬簿和名冊，通常分欄書寫，內容與會計、統計相關，屬專用文種，常見稱謂有簿、籍、算、計、校等。

　　四、錄課類

　　　錄課類屬實錄文書，是對客觀事物與言行的記錄，常見者有案、錄、刺、課、志等。

　　五、符券類

　　　符券類屬契約、信用憑證之類，通常為一式多份，當事各方分持其一以備查，常見者有符、券、傳別等。

　　六、檢楬類

　　　檢楬類是各種函封及標籤，通常用以封緘及做標識。

　　對同一大類文書所含之各式文種，李先生又提出諸多劃分方式，如書檄類之文種主要按發文者和事類劃分，簿籍類則多按事類、物質類別、人員身份及狀況劃分。

　　其中書檄類之書分為皇（王）室文書、章奏文書、官府往來書、司法文書，和汪桂海官文書的分類基本相同。李先生六大分類方法，以所有秦漢簡牘文書為對象，根據各類文書自身的特徵，既注意到文書的性質和內容，又

〔註40〕李均明、劉軍《簡牘文書學》，廣西教育出版社，1999 年；李均明《秦漢簡牘文書分類輯解》，文物出版社，2009 年。

兼顧到文書的形態和書式，因此是非常科學的。這種分類和「簡牘古文書學」
的分類實質上相同，均以恢復簡牘文書原有的形態為根本目的。此後簡牘文
書的分類基本按照李先生的方法來進行。

四、簡牘文書分類的基本成熟及其展望

　　自李均明秦漢簡牘文書六大分類法之後，簡牘文書的分類基本定型，2011
年李均明、劉國忠、劉光勝、鄔文玲《當代中國簡帛學研究（1949～2009）》
一書，對簡牘文書的分類依然採用上述六大分類法。〔註41〕駢宇騫、段書安
《二十世紀出土簡帛綜述》和駢宇騫《簡帛文獻綱要》兩書中文書的分類完
全按李均明六大類劃分，只不過多出遣策與告地書一類。〔註42〕

　　另外，還有白軍鵬《〈敦煌漢簡〉整理與研究》，對敦煌漢簡進行了全面
的分類研究，其主要分為藝文、書檄與記、簿籍、律令科品、刺課符錄及其他
五個大類。〔註43〕姚登君《里耶秦簡〔壹〕文書分類》，是對里耶秦簡的分類，
也是借鑒採用李均明六大分類法，分為書傳、律令、簿籍、錄課、符券、檢楬
六大類。〔註44〕

　　需要注意的是，這個時期還是有一些不同的分類法，如何雙全《敦煌漢
簡研究》對敦煌漢簡中的 600 餘枚簡進行了分類，其分為詔書類、司法類、
官府文件類、屯戍簿籍類、財政收支類、後勤給養類六項。〔註45〕張顯成《簡
帛文獻學通論》依據文書的內容、性質和用途，將簡牘文書分為十類：簿籍
類、信函類、報告類、政令類、司法類、契約類、案錄類、符傳類、檢楬類、
其他。其他類包括名刺、遺囑、冥間文書等。〔註46〕其中信函、報告、政令、
司法類文書即李均明所分書檄類，只不過是將其和簿籍、案錄等放到了同一
個層面。因此其分類方法也大致同於李均明。

〔註41〕李均明等《當代中國簡帛學研究（1949～2009）》，中國社會科學出版社，2011
　　　　年。
〔註42〕駢宇騫、段書安《二十世紀出土簡帛綜述》，文物出版社，2006 年；駢宇騫
　　　　《簡帛文獻綱要》，北京大學出版社，2015 年。
〔註43〕白軍鵬《〈敦煌漢簡〉整理與研究》，吉林大學博士學位論文，2014 年。
〔註44〕姚登君《里耶秦簡〔壹〕文書分類》，中國石油大學碩士學位論文，2014
　　　　年。
〔註45〕何雙全《敦煌漢簡研究》，《雙玉蘭堂文集》，蘭臺出版社，2001 年。
〔註46〕張顯成《簡帛文獻學通論》，中華書局，2004 年。

綜上所述，在李均明將簡牘文書分為書檄、律令、簿籍、錄課、符券、檢楬六大類之後，秦漢簡牘文書的分類基本定型成熟。這一方法對簡牘文書的分類具有指導作用，其後新出簡牘文書的分類基本是在借鑒和遵循此方法的基礎上進行。未來簡牘文書的分類研究上，可以在六大類之下細分的小類上進行深入的研究，探討在不同標準下分類的不同，利用簡牘自身題名，結合書寫格式、形制、內容等，將簡文中出現的每一類名稱都科學而合理地進行分類歸併。

第三節　研究的意義和思路

一、研究的意義

整理出版的《肩水金關漢簡》公佈了簡牘的圖版和釋文，圖版不僅有彩色圖版，而且還有紅外線圖版。釋文除附於圖版旁邊可供對讀之外，還單獨輯出另成一冊。因此總體上來看，《肩水金關漢簡》的整理出版質量是非常高的。其為學界無疑提供了絕好的研究材料，不過這只是原始材料的刊佈，利用起來還存在著諸多不便。

首先準確的釋文是一切研究的基礎，以錯誤的釋文為據則必然得出錯誤的結論。雖然整理者已經作出了很好的釋文，但是其中還存在著許多釋讀錯誤或未能釋出的地方。其次金關漢簡出土的時候大多已為斷簡零篇，這使得這批材料的利用價值得到了極大的限制。雖然整理者在整理過程中綴合了數百枚斷簡，但是還有許多可以綴合或編連復原成冊的簡牘沒有得到綴合或編連。再次原整理者沒有對釋文進行標點斷句和注釋，這也使學界利用這批材料時還有極大的不便，有些學者在未能正確理解文意的情況下使用材料，也可能得出錯誤的結論。

就上述幾個問題來說，釋文校正和斷簡綴合方面已有大量成果產生，但散見於網絡期刊，搜尋極其不易。因此彙集這方面已有相關研究成果，將其全部吸收進來並加以甄別，可對原釋文作出全面的校改和綴合。標點斷句和注釋方面，目前未見有對整個肩水金關漢簡釋文加以標點和注釋的。因此在標點釋文的基礎上，對其中的字詞章句等進行注解集釋，疏通文意，意義重大。

此外，作為簡牘文書類材料，肩水金關漢簡的分類也是一個十分重要的問題。因此利用簡牘文書的分類方法，首先將金關漢簡分成不同的類別，然後根據每一類不同的特點加以斷句注解，可以更好地理解簡文的內容，也可為學界利用這批材料提供更加便利的條件。

綜上所述，充分吸收當前已有相關研究成果，對肩水金關漢簡全部釋文進行全面的校訂、綴合及編連復原，並且在分類的基礎上進行注釋集解，可以為學界提供一個相對比較完善的可資利用的釋文文本。

二、研究的思路

本文擬對肩水金關漢簡作出釋文校訂、斷簡綴合、標點斷句、注解集釋、簡文分類等幾方面的工作。具體來說，首先根據簡牘文書的分類方法，結合金關漢簡自身的特點，將簡文分為書檄、簿籍、律令、刺課、符券、檢楬、藝文七大類。〔註47〕其次在充分吸收已有相關研究成果的基礎上，全面校訂和綴合釋文並編連復原簡冊。再次對釋文加以標點斷句，然後進行注解集釋。由於西北所出簡牘文書的內容大多相似，因此在對金關漢簡進行集釋時，儘可能地也採用以前幾批簡如居延、敦煌等漢簡的相關考釋成果。

〔註47〕有些殘損過甚無法明確判定類別的簡，按照其大致情況分在了書檄和簿籍兩類中。

凡　例

1. 釋文均為按原簡格式錄寫，有少數為方便排版，分作了上、下兩欄，並在其後以（上）、（下）字樣標示。

2. 釋文在盡量保持原簡圖版的書寫格式之外，原簡文字之間空白的地方，不論大小，一律作空兩格。

3. 原簡中的合文符號及重文符號一般按文義徑改作了相應文字，但有少數文義不明的保留了原符號。

4. 簡牘殘斷處，以「☒」符號表示；無法釋讀的文字，以「□」符號表示，一字一「□」，無法釋讀又不能確定字數者，用「……」表示。

5. 簽牌上方的網狀標記以「⬨」標示，封泥槽用「▢」標示。其他符號如「／」「△」「・」「■」「└」「ᒥ」等隨文錄出。

6. 校注分為「校釋」和「集注」兩部分。校釋部分主要是校訂釋文、綴合斷簡、編連簡冊以及補充說明簡牘的形制等；集注部分主要是解釋字詞、疏通文義等，在匯集諸家觀點的基礎上，以「今按」的方式提出自己的看法。

7. 對於認定釋文錯誤的地方，一般直接改動底本有誤的釋文，在「校釋」中加以說明；認為釋文不能十分肯定的部分則不對底本作出改動，只在「校釋」中提出不同意見。

8. 所引諸家觀點，均照錄原文，除個別明顯錯誤的文字外，盡量保持原貌。為論述方便，各位學者名字後略去「先生」二字，非示不敬，敬祈見諒。

第一章　書檄類

肩水金關 T1

甘露二年五月己丑朔甲辰朔〔1〕，丞相少史充〔2〕、御史守少史仁〔3〕，以請詔
有逐驗〔4〕大逆無道〔5〕故廣陵王胥御者寋同

產弟、故長公主第卿大婢外人，移郡大守〔6〕。逐得。試知〔7〕外人者，故長
公主大奴千秋等〔8〕曰：外人，一名麗戎，字中夫，前大子守觀

奴嬰齊妻。前死〔9〕。麗戎從母捐之字子文，私男弟偃，居主馬市里第〔10〕。
捐之姊子，故安道侯奴林，取不審縣里男子字游為麗戎

聟〔11〕，以牛車就載藉田倉為事〔12〕。始元二年中，主女孫為河間王后，與捐
之偕之國〔13〕。後麗戎、游從居主机棻第，養男孫丁子沱〔14〕。元鳳元年

中，主死，絕戶，奴婢沒入諸官〔15〕。麗戎、游俱亡，麗戎脫籍〔16〕，疑變更
名字，匿走絕迹，更為人妻，介罪民閒，若死，毋從知〔17〕。麗戎亡

時年可廿三、四歲，至今年可六十所〔18〕。為人中壯，黃色，小頭，黑髮，隋
面，拘頤〔19〕，常戚額如頻狀，身小長，詐庱少言〔20〕。書到，二千石遣毋害
都吏〔21〕　　　　　　　　　　　　　　　　　　　　　　　　73EJT1：1

【校釋】

　　　第一行「甲辰朔」的「朔」字諸家均認為是衍文。今按，說是，當為原簡書寫
誤衍。

　　　第二行「寋」原作「惠」，該字圖版作![寋]，當為「寋」字。「寋」字見於敦煌漢
簡，在簡文中用作人名「卑爰寋」的「寋」，其形體作、、![寋]

（486）等。可以看出，該簡中原釋作「惠」的字和敦煌漢簡中的「寠」字寫法相同，因此其亦當作「寠」。

第三行「第」字原作「蓋」，裘錫圭（1981A，105頁）、鄔文玲（2012A，47頁）釋作「苐（第）」，趙寵亮（2012B，267頁）作「苐（弟）」。今按，該字在金關漢簡中一般釋作「第」而不作「苐」，又由於漢簡中「第」「弟」的使用常存在混同的情況，因此金關漢簡中對於「第」「弟」二字，都是直接據文義進行釋讀。該簡鄔文玲（2012A，50頁）指出從文義來看，此處即當為第，居延漢簡中亦見以「第卿」為女子之名者。其說當是，為體例統一，此徑直作「第」。

又「郡」字趙寵亮（2012B，267頁）作「陼（郡）」。今按，該字圖版作 形，據字形嚴格隸定即為「陼」，但其為「郡」字異體，徑釋「郡」亦可。

第五行「私」字鄔文玲（2012A，51頁）認為從圖版看，此字寫法似與「私」字有別，需再斟酌。劉倩倩（2015A）、（2015B，20頁）認為似應隸定為「秙」，意義且存疑。今按，鄔說是，該字圖版作 形，應非「私」字，暫存疑待考。又「里第」的「第」原作「弟」，據體例和文義改。「男弟」的「弟」黃艷萍（2016B，123頁）、（2018，136頁）作「第」。今按，據文義當為「弟」。

第六行「林」作原作「材」，裘錫圭（1981A，105頁）、趙寵亮（2012B，267頁）釋。

第七行「偕」字楊媚（2004，247頁）曾作「偕」，裘錫圭（1981A，105頁）曾作「偕」，裘錫圭（1987，100頁）又認為有可能應釋為「階」，「階」仍可讀為「偕」。今按，此字為「偕」字不誤。

第八行「從」趙寵亮（2012B，267頁）作「徙」。今按，該字和前面第五行「從」字寫法全同，當為「從」無疑，釋「徙」非。

第九行「諸」原作「詣」，裘錫圭（1981A，105頁）、趙寵亮（2012B，267頁）釋。「匿」趙寵亮（2012B，267頁）、鄔文玲（2012A，47頁）作「遠」。今按，該字圖版作 ，似非「遠」，暫從整理者釋。

第十行「亡」字原作「此」，趙寵亮（2012B，267頁）釋作「亡」。今按，該字圖版作 形，模糊不清，結合字形和文義來看，釋「亡」可信從。

第十二行「拘」字裘錫圭（1981A，105頁）、鄔文玲（2012A，47頁）作「枸（鉤）」。今按，該字圖版作 形，從字形來看，似當作「拘」形，此從整理者釋。又「頿如」原作「頿胷」，裘錫圭（1981A，105頁）、趙寵亮（2012B，267頁）釋，其中「如」字鄔文玲（2012A，47頁）亦釋。

嚴教屬縣官，令以下嗇夫、吏、正、父老〔22〕，襍驗問鄉里吏民，賞取婢及免婢以為妻，年五十以上，刑狀類麗戎者〔23〕，問父母昆弟，本誰生子，務得請實，發生從迹，毋督聚煩擾民〔24〕。大逆同產當坐，重事，推迹未窮，毋令居部界中不覺〔25〕。得者書言白報，以郵亭行，詣長安傳舍。重事，當奏聞，必謹密之，毋留，如律令〔26〕。

六月，張掖大守毋適、丞勳，敢告部都尉卒人，謂縣，寫移，書到，趣報，如御史書律令。敢告卒人〔27〕。／掾佷、守卒史禹、置佐財〔28〕。

73EJT1：2

【校釋】

　　第一行「父」楊媚（2004，245 頁）作「匕」，趙寵亮（2012B，267 頁）作「匕（比？）」。今按，該字圖版作[字形]，為「父」字無疑，釋「匕」不確。

　　第二行「昆弟」的「弟」黃艷萍（2016B，123 頁）、（2018，136 頁）作「第」。今按，據文義當為「弟」。

　　第三行「未」鄔文玲（2012，56 頁）釋作「求」。今按，該字圖版作[字形]，據字形來看，似非「求」，暫從整理者釋。又「督」字圖版作[字形]形，釋「督」似有疑問，或當存疑待考。

　　第五行「密」字楊媚（2004，249 頁）釋「審」。今按，該字圖版作[字形]，似非「審」字，整理者釋讀或不誤。

七月壬辰，張掖肩水司馬陽以秩次兼行都尉事，謂候、城尉，寫移，書到，廋索部界中毋有，以書言，會廿日〔29〕。如律令。／掾遂、守屬況〔30〕。

七月乙未，肩水候福，謂候長廣宗□，寫移□□，廋索界中毋有，以書言，會月十五日須報府〔31〕，毋□□，如律令。／令史□。

73EJT1：3

【校釋】

　　第三行未釋字鄔文玲（2012A，48 頁）分別補釋作「等」「書到」。又「宗□」趙寵亮（2012B，268 頁）作「候史」。今按，據殘存字形及文義來看，鄔文玲補釋可從，但所補簡文大多已完全磨滅，不能確知，暫從整理者釋。

　　第四行「毋□□」鄔文玲（2012A，48 頁）補作「毋失期」。今按，補釋可從，但簡文已磨滅不能辨識，當從整理者釋。

　　以上三簡屬同一簡冊文書。關於該文書的內容，張小鋒（2000，25 頁）曾謂：「實際上，這一文書反映的是漢宣帝即位後，徹底平反其祖父戾太子冤獄，並為在

—25—

這一冤案中被牽連的奴婢麗戎等人昭雪的情況。」孫樹山（2015，50頁）則認為：「本篇簡文並不是宣帝徹底昭雪其祖父的舉措，而應該就是宣帝時期追捕『麗戎』的法律文書。」張小鋒說顯屬臆說，孫樹山已加以辨正，此不贅述。

關於該文書的性質和名稱，初仕賓（1980）將其稱作「甘露二年丞相御史律令」，裘錫圭（1981A，107～108頁）則認為「如律令」是漢代文書結尾的常用語，意謂按照律令行事。漢簡所見文書以「如律令」收尾者，數不勝數。不能因此就把這些文書看作律令。張掖太守將這份文書寫移給都尉府的時候，加了一段公文套語，其中有「寫移書到，趣報，如御史書律令」之語。這只能說明這份文書可以稱為「御史書」，並不說明這份文書是「律令」。裘錫圭所說極是，此文書明顯不能稱之為律令。

【集注】

〔1〕甘露二年五月己丑朔甲辰：甘露，漢宣帝劉詢年號。據徐錫祺（1997，1579頁），甘露二年五月甲辰即公曆公元前52年6月30日。

〔2〕丞相少史充：伍德煦（1979，20頁）：丞相少史即丞相府的屬官少吏，《漢書·百官公卿表》：「秩四百石至二百石是為長吏，百石以下，有斗食佐史之秩，是為少吏」。充為少史人名。

初仕賓（1980，180頁）：丞相、御史府，為當時中央的兩個最高的行政權力機構，俗稱「兩府」或「大府」。此令由兩府署名，但冊書中單稱「御史書」。漢時御史大夫位列三公，專司執法授令、糾察吏民，號稱「掌副丞相」。這裏的丞相府可能是虛領其銜。

朱紹侯（1982）：丞相少史是丞相府的吏員，秩四百石，地位較低，漢武帝時才增置的小吏。

鄔文玲（2012A，48頁）：「丞相少史」，丞相府吏員，《漢書·昭帝紀》如淳注：「武帝又置丞相少史，秩四百石。」「充」，人名。

今按，丞相少史當為丞相府秩四百石的書記官。《漢書·昭帝紀》：「丞相少史王壽誘將安入府門。」注引如淳曰：「《漢儀注》丞相、太尉、大將軍史秩四百石。武帝又置丞相少史，秩四百石。」四百石為長吏，伍說其為少吏不確。

〔3〕御史守少史仁：伍德煦（1979，20頁）：御史守少史即御史府初除的屬官。「守少史」，漢制，吏初除為守，滿歲為真。

朱紹侯（1982）：御史少史是御史大夫屬吏，秩六百石，地位較低，即所謂「少史、曹史之下者也」。

　　林劍鳴（1983，12頁）：其轉發程序並非一律，蓋視詔書內容、性質而定。然而有二點可以肯定：（1）凡丞相和御史大夫共同列名者，均為丞相在前、御史大夫在後；（2）凡經御史和丞相下發者，均由御史大夫（或御史）發丞相，而決無丞相發御史大夫者。

　　大庭脩（1991，132頁）：日期後面的發信人是丞相少史充、御史守少史仁。守少史是指守丞相少史，因而，仁是御史兼任丞相少史，與御史府、丞相府兩府有關。因此，倒不如說是丞相府的色彩更濃的文書。

　　金慶浩（2008，189～190頁）：這個簡冊是丞相少史和御史守少史聯名簽署的詔書。但是「張掖太守移書令」裏只有「如御史律令」的記載，而沒有「如丞相律令」的記載。這也許是因為御史大夫直接負責皇帝詔書的執行，以防止詔書的內容在中央傳遞到地方的過程中被歪曲，並以此貫徹國家的權力。而且曾任御史大夫的人往往後任丞相這一點可以說明，擔當着皇帝的文書行政的御史大夫還負責丞相府……在宮內和皇帝關係密切的御史大夫除了監督刺史外，作為處理公卿上奏的官員，雖然俸祿比丞相低，但在文書行政方面卻下達詔書，起著中樞作用。

　　鄔文玲（2012A，48頁）：「御史少史」，御史屬吏，《漢書·蕭望之傳》注引蘇林曰：「少史，曹史之下者也。」「守」，試用。《漢書·平帝紀》注引如淳曰：「諸官初除皆試守，一歲乃為真，食全俸。」「御史守少史」即試用的御史少史。「仁」，人名。

　　今按，諸說多是。《漢官六種·漢官舊儀》：「御史少史行事如御史，少史有所為，即少史屬得守御史，行事如少史。少史秩比六百石。」則御史少史為御史府秩六百石的書記官。又「守」，通常認為是試用，但從漢簡來看，其主要還是指暫時代理的意思。又關於文書簽署的問題，大庭脩說仁是御史兼任丞相少史，顯然不確。該文書由丞相和御史兩府共同簽署發出，其應如林劍鳴和金慶浩所說，雖然丞相位列御史之前，但文書在兩府聯名簽發之前是由御史大夫下發丞相府的，御史大夫在皇帝詔書的下發中起著中樞作用，因此後面簡文只說「如御史書律令」。

〔4〕以請詔有逐驗：伍德煦（1979，20～21頁）：「以請」，請，告也……詔，上告其下曰詔，詔亦指詔書……簡文的「逐驗」有追查案驗之意，因為此檄文的內容是追查通緝於武帝末、昭帝初年犯大逆無道罪的逃犯，逃犯流亡至甘露二年已有三十餘年的時間了。

初仕賓（1980，180頁）：以請，多指報告、請求，是下對上的用辭，出現在下行文書中，是說此事已聞於上並得到批准。詔有逐驗，是說先前已有詔書追查、案驗某某，現奉詔行事，這是發佈此令的事由。

裘錫圭（1981A，106頁）：請詔應該是請求詔許或經皇帝批准的意思。

初仕賓、伍德煦（1984，75頁）：漢時中央政府詔令，尤其是詔書這種形式，其形成大概，有的先是由丞相、御史大夫諸公卿臣下奏請，經皇帝批准（「制曰：可」），再頒布下達。有的是皇帝提出問題，群臣奏議，再定著為詔令文件，有的直由皇帝下令，稱「制詔」某某云云。我們認為請詔屬於上述第一種詔令，它包括奏請和詔許兩個步驟、內容。

許青松（1986，21頁）：「有」為「所」的譌字。

薛英群、何雙全、李永良（1988，101頁）：以請，是指報告、請示等意的下級對上級的習慣用語。詔有逐驗，詔，指詔書、詔令，意即以天子名義發佈的命令。逐驗，指追查、案驗。

楊媚（2004，246頁）：由於該文書是下行文書，因此解釋為「請求」「報告」似乎不妥，而解釋為「經皇帝批准要求追查××」則更為合理，因而依裘文。另外，此處的「有」字在破城子殘牘中為「所」字，不知孰是，但可以肯定兩者必有一處為筆誤。

趙寵亮（2012B，268頁）：似應為「所」。史籍和漢簡多見「詔所名捕」，「詔所逐驗」構詞與此相同。「以請詔所逐驗」，以請詔的形式下令搜捕驗問。

鄔文玲（2012A，49頁）：「有」，在破城子 EPT43：92 號殘牘中作「所」……「逐驗」，追查驗問。

今按，居延新簡 EPT43：92 號簡釋文如下：

☑所逐驗大逆無道故廣陵王胥御者惠同產弟、故長公主苐卿☑

☑字中夫，前為故大子守觀奴嬰齊妻。嬰齊前病死，麗戎從母捐☑

☑男子字游為麗戎絜，以牛車就載藉田倉為事。始元☑

比較可知，其當是和該甘露二年文書相同內容的不同抄本，但僅殘存一小部分內容。「詔有逐驗」在該簡中當寫作「詔所逐驗」。上引諸家認為似為「所」字，正確可從。「詔所逐驗」類似的說法見於史籍，如《漢書·平帝紀》：「家非坐不道，詔所名捕，它皆無得繫。」注引張晏曰：「名捕，謂下詔特所捕也。」至於其含義，上述諸家已指出，此不贅。

〔5〕大逆無道：伍德煦（1979，21 頁）：大逆不道，謂罪惡重大，多指謀反封建帝
　　　王而言。

　　　　初仕賓（1980，180 頁）：大逆無道，並非罪大惡極等形容詞，而是漢代
　　最嚴重的罪名，亦即漢律「謀反」「大逆」「不道」「不敬」「誹謗政治」「訞惡
　　言」「祝詛上」「誣罔主上」等政治重罪的概稱。或又作「大逆亡道」「大逆毋
　　道」「大逆不道」「逆亂不道」等，統指反上作亂，危傾政權、陰謀政治及誹謗
　　罔欺朝廷之類。漢律，「大逆無道要斬」「父母妻子同產，無少長皆棄市」，甚
　　至「夷三族」。犯此罪的，主要指廣陵王和長公主，外人等是參與其罪的從犯。

　　　　楊媚（2004，246 頁）：「大逆無道」為廣陵王劉胥的罪名，指謀反。

　　　　鄔文玲（2012A，49 頁）：犯上作亂等重大罪行。

　　　　劉倩倩（2015A）、（2015B，17 頁）：封建時代稱犯上作亂等重大罪行。

　　　　今按，諸說是，大逆無道為重大罪行。但初仕賓和楊媚認為該簡「大逆無
　　道」是指廣陵王和長公主等，則明顯有誤。

〔6〕故廣陵王胥御者寏同產弟、故長公主第卿大婢外人，移郡大守：伍德煦
　　　（1979，21 頁）：御者，駕馭車馬之人……依據簡文的上下時間和有關內容推
　　計，此簡文所稱長公主似指信陽長公主為宜……大婢，居延漢簡中，凡是年十
　　五以上稱為大男大女。大婢或即指十五歲以上的奴婢，又或言漢代二十歲以上
　　的女婢稱為大婢。「外人」為大婢名。

　　　　初仕賓（1980，180～181 頁）：廣陵王胥，即武帝第四子劉胥，元狩六年
　　封王……御者，車夫，惠為車夫之名……居延簡的「大奴」「大婢」，指年十五
　　歲以上的奴婢。外人，為大婢之名……御者惠、大婢外人，是詔書所要追查
　　的……另一大逆無道罪者「故長公主弟卿」，當即昭帝之姊鄂邑長公主。弟卿，
　　為其名字，但史書不載……又大婢外人曾為其撫養男孫姓丁名子沱等情，足證
　　此長公主弟卿必為鄂邑蓋主無疑。

　　　　裘錫圭（1981A，106～108 頁）：簡文自「丞相少史充」至「移郡太守」
　　為一句，意思是說：丞相少史充、御史守少史仁為了已得到皇帝批准加以逐捕
　　追查的犯大逆無道罪的故廣陵王御者惠的胞妹，故長公主茀卿大婢外人的事，
　　移文給各郡太守……簡文開頭一段裏，「大逆無道故廣陵王胥御者惠」是「同
　　產弟」的定語，「故長公主茀卿大婢外人」是「同產弟」的同位語。只要跟下
　　文的「大逆同產」對照一下，就可以明白。但是初文卻在「御者惠」後面加頓
　　號，把「御者惠」和「大婢外人」二者看成是並列的，並認為「大逆無道」、

「主要是指廣陵王和長公主，外人等是參與其罪的從犯」……應該承認，外人胞兄惠的大逆無道罪很可能跟廣陵王胥的事件有關。但是，外人的被追捕卻並非由於她與廣陵王有任何關係，而僅僅由於她是惠的同產。外人作為蓋主的大婢，在蓋主身死戶絕之時本應沒入官家，但她卻跟丈夫一起潛逃民間，這也是有罪的。不過，這也並不等於她參與了蓋主的陰謀。相反，從這份文書裏一點也看不出官方有認為外人參與了蓋主陰謀的意思。所以，把外人看作參與蓋主、廣陵王罪行的從犯，顯然是不妥當的。至於認為這份文書說明宣帝於事隔三十年後，還在嚴厲追查蓋主謀反之事，就與事實離得更遠了。

朱紹侯（1982）：初仕賓同志在「惠同」之間加一頓號（、），這樣就使被追查的對象變成兩個人，即故廣陵王胥的御者（車父）惠和故長公主弟卿大婢外人。實際追查的只是一個人，即廣陵王劉胥的車父御者惠的妹妹（同產弟）長公主弟卿的大婢外人（麗戎）。

于豪亮（1983，87～88頁）：「御者」在古籍中常見，一種是駕馬人的意思。另一種御是侍御的意思，因此「御者」是侍御之人的意思……「廣陵王御者惠」，根據《漢書・廣陵王傳》同廣陵王胥一同作案的多是女性，這個御者可能為女性。

初師賓、伍德煦（1984，78頁）：請詔中的「惠」，可能是廣陵王劉胥的近侍親幸者。

許青松（1986，21頁）：甘露二年五月己丑朔，甲辰日（即十六日），丞相少史充和御史少史仁請得詔許，追查一個名叫外人的人，為此移書各郡太守，而外人是犯有「大逆無道」罪的名字叫惠的胞妹，是故長公主第卿的大婢。其兄惠則是故廣陵王胥的御者。

裘錫圭（1987，103頁）：由於把御者惠看作廣陵王胥的車夫，拙文曾稱之為外人的「胞兄」。其實把「御者」理解為御車者，不如理解為侍御之人妥當。

鄔文玲（2012A，49～50頁）：「廣陵王胥」，廣陵屬王劉胥，漢武帝之子，生母李姬……從文義來看，兩種解釋皆可通。只是如解作侍御之人，則其性別難以確定。「惠」，人名……「同產弟」，此處指同產女弟，即胞妹。關於「同產」，傳統認為包括同父同母、同父異母和同母異父所生的兄弟姐妹。孫聞博指出「同產」更強調父系，不包括同母異父者……「長公主第卿」，鄂邑長公主，漢武帝之女，因嫁給蓋侯，又稱蓋公主、蓋長公主……「大婢」，成年婢

女。漢代十五歲以上者稱為「大」，如大男、大女等。「外人」，人名。以「外人」為名者，又如蓋長公主的私夫丁外人……「移」，移送文書。舊說認為多用於平級機構和不相統屬的機構之間的文書往來。漢簡資料表明，也可用於上下級機構之間的文書往來。

郋文玲（2012A，60頁）：「請詔所逐驗大逆無道故廣陵王胥御者惠同產弟故長公主第卿大婢外人」這句話雖然很長，修飾語較多，但是結構清楚，「逐驗」是謂語，「外人」是賓語，即逐驗的對象。其中「故廣陵王胥御者惠」是「同產弟」的定語，「故長公主第卿大婢外人」是「同產弟」的同位語。而「故廣陵王胥御者」則是「惠」的同位語，因此「大逆無道」是指「故廣陵王胥御者惠」而言的，「請詔所逐驗」的只是外人（即麗戎）一個人。外人之所以被追查，是由於她的胞兄或者胞姊惠犯了大逆無道之罪，按照當時的法律規定，犯有大逆無道罪行者，父母、妻子、同產都要受到連坐，而外人作為惠的同產女弟，按律應該連坐，並不是她本人犯有重罪。文書後文強調「大逆，同產當坐，重事」云云，正與此相應。

劉倩倩（2015A）、（2015B，17～18頁）：外人，漢簡及《漢書》中多見，多用於人名，或者表示一種身份，類似「客」。這句話連起來釋讀可知，詔書「逐驗」的是惠和他的胞妹「大婢外人」，即後文的麗戎。

今按，該簡涉及多個人物，但所追捕的當如裘錫圭、朱紹侯和郋文玲所說，僅有「外人」一人，而其追捕的原因是她的同產「憲」犯了大逆無道之罪。

〔7〕逐得。試知外人者：伍德煦（1979，21頁）：「試知」即事未徵實，而預為考驗刺探得知之意。

初仕賓（1980，180頁）：逐得試知，為已經初步查明。逐，追逐；試知，試證得知。

裘錫圭（1981A，106頁）：「試」「識」皆之部字，古音極近，所以「試」可借為「識」……下文「故長公主大奴千□等」即「識知外人者」。初文把「逐得試知」作為一句，是不正確的。

初師賓、伍德煦（1984，76頁）：本冊書名「逐得試知外人者」，是一種強調、限定性的說明，暗示請詔追查的不只麗戎一人。

許青松（1986，22頁）：裘說「試知」讀為「識知」，是毋庸置疑的。

裘錫圭（1987，100頁）：讀「試」為「識」不但有音韻學上的根據，而且還有馬王堆帛書的實例為證，似乎可以成立。

楊媚（2004，246頁）：「試知」，即「識知」，考察之意。

趙寵亮（2012B，269頁）：「試知」，即「識知」，為認識熟悉意。

鄔文玲（2012A，50頁）：「試知」，即「識知」……此處「識知」是知道、認識的意思……從圖版來看，字迹比較潦草，所謂「試」字，很可能是「識」字的草寫，或可徑釋作「識」。

劉倩倩（2015A）、（2015B，18～19頁）：逐得試知，追捕知道了。

今按，「逐得」即令郡太守等追逐捕得。「試」裘錫圭讀作「識」，為各家所認同，其說當是。

〔8〕故長公主大奴千秋等：楊媚（2004，246頁）：「千秋」乃當時御史大夫車千秋，因為他曾「復訟太子冤」，因而對當時的內情應頗為了解，也只有他能夠提供詳細的材料。「故長公主大奴」應是「外人」的修飾語，這裏是先明確所追查對象的身份，然後再對其作更詳細的介紹。

趙寵亮（2012B，269頁）：這是表明千秋的身份，其為「故長公主大奴」，因此他屬於「試（識）知外人者」。

鄔文玲（2012A，50頁）：「大奴」，成年奴隸。「千秋」，人名……千秋並非指御史大夫車千秋，應是故長公主大奴的名字。

劉倩倩（2015A）、（2015B，19頁）：千秋，當時的御史大夫車千秋。敘述了外人的名字叫做麗戎等信息。

今按，楊媚、劉倩倩說法有誤。「千秋」為漢人常用名字，簡文明確顯示「千秋」為故長公主大奴，其和當時御史大夫車千秋沒有關係。

〔9〕一名麗戎，字中夫，前大子守觀奴嬰齊妻。前死：伍德煦（1979，22頁）：前太子當指武帝衛皇后生戾太子劉據……「守觀奴」，觀即宮殿中之臺觀建築，為封建帝王家族居住或祭祀之所……簡文言「前太子守觀奴」，可能就是指守護戾太子望思臺觀的男奴。「嬰齊」為守觀奴人名。「前死」，似指守觀奴嬰齊早在宣帝甘露二年以前已死亡。

初仕賓（1980，181頁）：宣帝時期「前太子」，當指武帝的戾太子劉據而言……觀，即闕，見《爾雅》釋闕。漢時府第門前的雙闕，是禮儀、守望之所，守觀奴就是守門奴。

裘錫圭（1981A，106頁）：破城子新出同文殘牘，此句作「嬰齊前病死」。金關出土的這份抄本刪去「嬰齊」「病」三字，遂致文義不明。

楊媚（2004，246 頁）：指戾太子劉據，《漢書・宣帝紀》稱「故皇太子」……據破城子殘牘可知是「嬰齊前病死」。

鄔文玲（2012A，51 頁）：「麗戎」，外人的另一個名字。「前太子」，即戾太子劉據，漢武帝長子，生母衛子夫，又稱衛太子……「前太子守觀奴」的表述與前文「故廣陵王胥御者」相類，意思是已故戾太子生前的守觀奴。「嬰齊」，人名。「前死」，破城子所發現的 EPT43：92 號殘牘此句作「嬰齊前病死」。

劉倩倩（2015A）、（2015B，19 頁）：前大子，即前太子，武帝衛皇后所生戾太子劉據，後在武帝晚期宮廷的巫蠱之禍中冤死……武帝後來為了懷念戾太子，建造了「歸來望思臺」，嬰齊可能就是此處的守門人。

今按，外人又叫麗戎，為前太子守觀奴嬰齊妻。對於前太子，諸家皆認為是武帝戾太子劉據，當是。

〔10〕麗戎從母捐之字子文、私男弟偃，居主馬市里第：伍德煦（1979，22 頁）：指故長公主大婢麗戎在其前夫嬰齊死後，則跟隨其母親。「從」，跟隨也……私者，男女不婚而姦謂之私。「男弟」，指年齡小於麗戎且有兄弟關係者……「偃」，止息也，偃居即居息，棲止之意。

初仕賓（1980，181 頁）：「前死」以下，是說嬰齊早就亡故了，麗戎歸從其母（名捐之，字子文），並與姨母之子、「故安道侯」的家奴名偃的私通，住在蓋主府第所在的「焉市里」地方。

裘錫圭（1981A，106 頁）：漢隸「艸」頭、「竹」頭往往不分，「苐」其實就是「第」的簡寫。「居主馬市里第」與下文「居主柧（？）莽（？）第」文例相同。第指長公主的府第。馬市里和「柧（？）莽（？）」是府第的所在地。

初師賓、伍德煦（1984，77 頁）：「從」應作動詞，指麗戎丈夫死後，歸從其母。私，亦作動詞，謂「私通」，即非正式的兩性關係……「私男弟偃」當指與男弟名偃者有私情。漢律稱亂倫非禮為「亂」「姦」「淫亂」。與男弟有私，是亂倫行為，在律條應受毗譴，故下文需對男弟身世等加以說明。此種補述句型亦見於班書，《外戚傳》孝元馮昭儀傳：「後，徵定陶王為太子，封中山舅參為宜鄉侯。參，馮太后少弟也」。因此，此句之男弟偃與安道侯奴實為一人，即麗戎姨母之子。

楊媚（2004，246～247 頁）：從，指隨從、跟隨之意……「子文」為麗戎母捐之之字。「私」即私通，指麗戎與其表弟偃有私通關係。而何文認為姊妹

互稱夫謂之「私」，「私男弟偃」這句話是以麗戎母親捐之的口吻說的，因而「私」即表明了偃與麗戎的姨表關係。筆者認為該冊中有關麗戎的資料是千秋等人所提供，而這句話若以麗戎母親的口吻來說則略顯突兀，因而將「私」仍解釋為「私通」。「居」即「居住」，何文將「居主」解釋為「居住」，但在古漢語中，「居住」之意用「居」即可表達，所以「主」可能為「主人家」之意。

趙寵亮（2012B，269頁）：此句說明麗戎與其母私男弟的住處。「里第」，里中的宅第。

鄔文玲（2012A，51～52頁）：「從」，跟從，跟隨。「捐之」，人名……如果確是「私」字，或即小之意。《方言》第二：「私，小也。自關而西，秦晉之郊，梁益之間，凡物小者謂之私。」如此，則「私男弟」即小男弟之意。「偃」，人名。「居」，「居住」。「主」，指長公主。「馬市里第」，長公主的府第，馬市里為府第所在地。這句話的意思是說麗戎跟隨母親和男弟一起居住在位於馬市里的長公主府第之中。

劉倩倩（2015A）、（2015B，20頁）：從母，姨母。麗戎及姨母，姨母的弟弟「偃」一起居於主馬市里弟這個地方……男弟，即弟弟，古時亦稱妹妹為弟，稱弟弟為男弟以示區別。《史記·衛將軍驃騎列傳》：「後子夫男弟步、廣，皆冒衛氏。」「偃」是男弟的名字。馬市里弟，應為長公主的府第。

今按，「私」字既識讀有誤，則通姦說實無依據。又「從母」之「從」，當作「跟從」解，若此處「從母」解作姨母，則此句話的主語變成了麗戎姨母。劉說不確。

〔11〕捐之姊子，故安道侯奴林，取不審縣里男子字游為麗戎智：初仕賓（1980，182頁）：安道侯，即《武帝紀》的按道侯韓說，征和二年，奉詔與江充共治衛皇后、戾太子的所謂「巫蠱」案，發生兵亂被殺。

初仕賓（1980，182頁）：智，婿之俗字，見《禮儀·皆義》：「婿執雁入」，《釋文》：「壻，本作智」。即偃陰與麗戎私相來往，卻陽為麗戎假取另一縣里的名字叫游的男子為夫。

裘錫圭（1981A，106頁）：「不審」是漢人常用語，意為不知道、不清楚。不審縣里男子即籍貫不明的男子。

朱紹侯（1982）：其實「捐之姊子故安道侯奴杜」應該連讀，「杜」之後應加逗號。這句話的意思是：捐之的姐姐的兒子故安道侯奴叫作杜的人，給麗戎找了一個不同縣里的人「游」作夫婿。

楊媚（2004，247頁）：「安道侯」即安道侯韓說，曾與「使者江充等掘蠱太子宮」……「聟」通「婿」。此句意為傴為麗戎選擇了一個不明確籍貫的男子為麗戎的丈夫。

鄔文玲（2012A，52頁）：「安道侯」，即按道侯韓說，漢武帝寵臣韓嫣之弟，亦為佞幸，曾奉命與江充等掘蠱太子宮。後被太子派人殺死。「材」，人名……「取」，求取、選取之意……「聟」，同「婿」。

趙海龍（2014A）：《漢書》中所見安道侯有二，分別為長沙定王子侯恢，封於武帝元朔五年，國除於元鼎五年；功臣侯揭陽定，封於武帝元鼎六年，國除於武帝征和四年。此簡文所稱安道侯者，當為揭陽定。

劉倩倩（2015A）、（2015B，20頁）：安道侯：即按道侯韓說，征和二年巫蠱之亂中被殺。《漢書·衛將軍驃騎列傳》：「將軍韓說，弓高侯庶孫也。以校尉從大將軍有功，為龍額侯，坐酎金失侯。元鼎六年，以待詔為橫海將軍，擊東越有功，為按道侯。以太初三年為游擊將軍，屯於五原外列城。為光祿勳，掘蠱太子宮，衛太子殺之。」

今按，諸說多是。安道侯無疑指按道侯韓說，趙海龍認為是功臣侯揭陽定。其說顯然不妥。揭陽定封地處南越，其和京城尚有一定距離。

〔12〕以牛車就載藉田倉為事：初仕賓（1980，182頁）：是說洧靠牛車為農田、官倉拉貨運腳為業。

許青松（1986，23頁）：「藉田倉」即天子藉田之倉廩。漢文帝曾下詔董開藉田，要親躬帥耕，「以給宗廟粢盛」，藉田所收穫的糧食自然要有糧倉儲存，特別是這些糧食必須留存，這種倉庫就稱「藉田倉」。

楊媚（2004，247頁）：籍田，古代天子、諸侯徵用民力的田稱籍田。《史記·孝文本紀》：「上曰：『農，天下之本，其開籍田，朕親率耕，以給宗廟粢盛』。」裴駰《集解》：「韋昭曰：『籍，借也。借民力以治之，以奉宗廟，且以勸率天下，使務農也。』」此處指官田。本句意為洧以牛車為官倉運貨為業。

鄔文玲（2012A，52頁）：「就載」，「就」同「僦」，僱傭之意。僦載，僱車船載送。這裏指以牛車受雇，給藉田倉運輸為業。

劉倩倩（2015A）、（2015B，21頁）：載籍田倉：（麗戎夫婦）名載於穀倉。載籍，古指書籍、典籍；此處應釋為「載於籍」。籍，名籍……以牛車就，載籍田倉，指麗戎夫婦以牛車受雇於穀倉，運輸糧食為生。

今按，「藉田倉」當如許青松所說，為天子藉田之倉。《漢官六種·漢官舊儀》：「乃置藉田倉，置令丞，以給祭天地宗廟，以為粢盛。」劉倩倩以「載籍田倉」為名載於穀倉，顯誤。

〔13〕始元二年中，主女孫為河間王后，與捐之偕之國：伍德煦（1979，23 頁）：「河間王」，可能當指河間孝王。

初仕賓（1980，182 頁）：查《景十三王傳》《諸侯王表》，此時為河間王的。是孝王劉慶……指麗戎二人與母共隨蓋主女孫去河間國。漢河間國，今河北省獻縣一帶。

鄔文玲（2012A，52～53 頁）：「主」，蓋長公主。「女孫」，孫女……始元二年在位的應為河間孝王劉慶。「偕」……即俱、同之意，意思是長公主的孫女出嫁河間王時，麗戎和母親捐之隨同一起到了河間國。

今按，諸說是。始元，漢昭帝劉弗陵年號，始元二年為公元前 85 年。始元二年中，麗戎與其母捐之到了河間國。

〔14〕後麗戎、游從居主杬菜弟，養男孫丁子沱：初仕賓（1980，182 頁）：後又返回，跟隨蓋主住在「杬〔菜〕第」，為蓋主撫育男孫丁子沱。杬〔菜〕第，中間一字不清，末字作弟，假為第。即府邸，疑是蓋主府第名，在長安。據前引《外戚傳》，蓋主、丁外人的私幸關係，已經公開、合法，所以，丁子沱顯然就是丁外人之孫。

楊媚（2004，247 頁）：漢簡中「竹」字頭皆寫作「廿」，「杬菜弟」即「杬菜第」。第，府第，「杬菜」當為蓋主府第的名稱。

鄔文玲（2012A，53 頁）：「從居」，即一同居住……「杬菜第」，長公主的府第。「居主杬菜弟」與「居主馬市里第」文例相同，杬菜是長公主府第的所在地。「男孫」，孫子。「丁子沱」，人名，應是長公主和丁外人之孫。

劉倩倩（2015A）、（2015B，22 頁）：丁子沱：長公主男寵丁外人之孫……長公主蓋與丁外人有私幸關係，且已公開合法，丁子沱是丁外人之孫。即麗戎、游後來從河間國回到「杬菜弟」，照顧「丁子沱」。

今按，諸說多是。唯「杬菜」應為長公主府第的所在地，非府第的名稱，楊媚說不確。

〔15〕元鳳元年中，主死，絕戶，奴婢沒入諸官：裘錫圭（1981A，107 頁）：《史記·封禪書》：「其沒入奴婢分諸苑養狗馬禽獸，及與諸官。」可見「奴婢沒入諸官」是漢代慣例。初文釋「諸官」為「詣官」，非是。

　　楊媚（2004，248 頁）：詣官，指交付官府。漢時奴婢犯罪或因罪牽連，常被交付官府罰服勞役。

　　鄔文玲（2012A，53 頁）：「主死」，指長公主因謀反事發自殺而死。「絕戶」，全家被誅殺，戶籍被註銷。「諸官」……應以《裘文》作「諸官」為是。「沒入」一詞即表示沒入官府之意，不必再贅「詣官」。沒入的奴婢會被分配到各個相應的官府從事勞作，《漢書·貢禹傳》中談到「諸官奴婢十萬餘人戲游亡事」的現象，亦可為證。

　　今按，元鳳，漢昭帝劉弗陵年號，元鳳元年為公元前 80 年。「諸官」楊媚作「詣官」非是。該句是說元鳳元年中，麗戎主長公主死亡並絕戶，其奴婢被沒入諸官。

〔16〕麗戎、游俱亡，麗戎脫籍：伍德煦（1979，23 頁）：「脫籍」，即脫離於傅籍，漢時編民戶於冊籍。

　　初仕賓（1980，182 頁）：與《昭帝紀》元鳳元年就九月蓋主、燕王謀反伏誅的記載吻合。「絕戶」以下，謂蓋主自殺，因罪削奪宗室籍，倖存者免為庶人，財產奴婢沒收入官。於是，二人一起逃亡，麗戎從此「脫藉」，即奴婢簿籍雖載其名而人已失亡。

　　今按，初說是。此句是說麗戎和游均逃亡，麗戎從其名籍脫離。

〔17〕匿走絕迹，更為人妻，介罪民閒，若死，毌從知：裘錫圭（1981A，107 頁）：「罪」上一字從字形看是「介」，但「介罪」不好講。這份文書的抄寫人文化水平不高，可能「介」是「兆」的誤寫……「兆罪」讀為「逃罪」。

　　裘錫圭（1987，101 頁）：這個字究竟是不是誤字，如果不是誤字應該當什麼意思講，這些問題還可以進一步研究。但它絕不會是「斃」的古文，則是毫無疑問的。

　　許青松（1986，23 頁）：「介」當讀為「忦」，《說文》：「忦，憂也。」《廣雅·釋詁二》：「忦，懼也。」《集韻》：「忦，憂懼也。」如是，「介罪民閒」即「懼罪於民閒」或「畏罪在民閒」。

　　楊媚（2004，248 頁）：《字彙·人部》：「介，繫也。」「介罪民閒」指帶罪藏匿於民閒……若，意為或。此句意為或者已經死亡也未可知。

　　鄔文玲（2012A，53 頁）：「介」字本身即有間隔、隔開之意，疑「介罪民閒」意即避罪於民閒。「若死」，或者已經死去。

劉倩倩（2015A）、（2015B，23 頁）：介罪：戴罪……若按照裘文所說釋為「介」，不考慮為「逃」的誤寫，那麼「介罪民間」就是戴罪藏匿於民間的意思。介，甲也，引申為被也。《釋名·釋兵》：「甲亦曰介。」……若死：至於說到死。若，此處表示轉折的連詞，釋為「至於」「至於說到」。諸家釋為「好像」「似乎」，非也。

今按，「介罪」或如楊媚所說為繫罪之意。「若」字在該句話中意為「或」「或者」。《左轉·定公元年》：「若從踐土，若從宋，亦唯命。」此句是說麗戎藏匿逃走，沒了蹤迹。可能更為人妻，繫罪於民間，或者已經死去，無從知道。劉倩倩解「若」為「至於」，明顯不妥。

〔18〕麗戎亡時年可廿三、四歲，至今年可六十所：初仕賓（1980，182 頁）：所、可，皆約略之辭，即「左右」「相當」之類。但這裏似乎有錯。因為，元鳳元年麗戎逃亡到甘露二年僅相隔二十七年，不應當是六十歲；如以元鳳元年的廿三歲為準，上溯到戾太子死的征和二年，麗戎為太子守觀奴妻，最大也才十二歲，也很不合情理。所以，「廿」極有可能是「卅」的筆誤。

楊媚（2004，248 頁）：若釋為「亡」，則指麗戎逃亡時年齡約廿三、四歲，至甘露二年（公元前 52 年）時隔二十七年，所以麗戎在甘露二年（公元前 52 年）如果還活著，其年齡應是五十歲左右，而不是文書中所稱的六十歲，因此疑「廿」乃「卅」的筆誤，此說極有道理。

鄔文玲（2012A，54 頁）：不過從後文要求「驗問鄉里吏民，嘗取婢及免婢以為妻，年五十以上，形狀類麗戎者」來看，查問對象以五十歲為界，則此處的「廿」字應無誤，可能千秋等人並不知道麗戎的確切年齡，只能大致估算，所謂「年可廿三、四歲」，大約是說麗戎當時的年齡至少有廿三、四歲，給出了一個下限。故至甘露二年，她至少也有五十歲，因此文書要求從五十歲以上者查起。「所」，不定數詞，表示大概的數目。

今按，麗戎元鳳元年（前 80）廿三、四歲，甘露二年（前 52）則五十一、二歲。

〔19〕為人中壯，黃色，小頭，黑髮，隋面，拘頤：初仕賓（1980，182 頁）：枸，枝幹屈曲狀；或假為拘，為拘執不靈。

裘錫圭（1981A，107 頁）：鉤頤疑即尖下巴。

初仕賓、伍德煦（1984，75 頁）：拘，假為狗字。狗頤，乃以鳥獸形比喻面目特徵。

許青松（1986，23頁）：「為人中壯」是言外人中等健壯。

楊媚（2004，248頁）：「壯」通「狀」，「隋」通「橢」……釋「拘頤」似更準確，但「枸頤」應指低頭之狀。枸，彎曲。《荀子·性惡》：「故枸木必將待檃栝矯然後直，鈍金必將待礱厲然後利。」頤，指下巴。《史記·春申君列傳》：「剖腹絕腸，折頸摺頤。」

郭文玲（2012A，54～55頁）：從文義來看，仍應讀作「中狀」，即中等身材或身高。這是先描述此人的總體觀感，接下來才是膚色毛髮等從頭至腳的細節敘述……至於後文的「身小長」之「身」，應如《初文》所說是指上體，而不是整個身材，意即麗戎的上身細長。大約麗戎的身材是身長腿短型。「隋」，同「橢」，橢圓形之意……「拘頤」可讀作「鉤頤」，其意應是現今所說的鉤下巴，即下巴前伸狀。

冨谷至（2018，201）：「狀」位於身高和身體特徵的中間，是將這兩方面的記述劃分開的常用表達，為「（通緝犯的）外貌特徵……」之意。

李迎春（2019B，106頁）：「中壯」兩字是分別對身高和體格的描述，與此相對的詞是「短壯」。

今按，裘錫圭（1981A，105頁）認為「隋」讀作「橢」、「枸」讀作「鉤」。其說是，又「壯」當通「狀」。

〔20〕常戚頟如頻狀，身小長，詐庞少言：初仕賓（1980，182頁）：「身小長」，身指上體，小謂細，小長可釋為細而長。

裘錫圭（1981A，107頁）：簡文「戚」字為省變之體，讀為「蹙」。「顰」古代只作「頻」……疑「庞」當讀為「鬼」。《方言一》：「虔，儇，慧也……自關而東趙魏之間謂之黠，或謂之鬼。」

楊媚（2004，248頁）：「頻」通「顰」，皺眉之意，似更合理。「詐庞少言」，「詐」，欺騙，指麗戎說話較謹慎，少有言語外露。

郭文玲（2012A，55頁）：詐鬼，即巧詐狡黠之意。

今按，「庞」字當如裘錫圭說讀作「鬼」，為狡黠之意。此字方勇（2011）、（2012，82頁）讀為「偽」，並認為「詐偽」是形容麗戎巧詐虛偽的性格。非是。

〔21〕書到，二千石遣毋害都吏：伍德煦（1979，24頁）：「都吏」，即督郵。

初仕賓（1980，182頁）：毋害一詞，或作無害、不害、文無害等，每見於史漢諸書和居延漢簡中，但歷來的解釋紛紜不一。《漢書·文帝紀》如淳注

引律：「賢惠曉事，即為文無害都吏」，《史記索隱》引韋昭曰：「有文理，不傷害。」毋害，為律令文辭，即無傷害、違礙。漢律「矯詔」罪，有大害、害、不害之別。《漢書·終軍傳》：徐偃「矯制大害，法至死」，《功臣表》：浩侯王恢「坐使酒泉矯制害，當死，贖罪免」，《恩澤侯表》：宜春侯衛伉「坐矯制不害，免」。詐稱或私變詔制曰矯制。雖矯制而又曰不害，是說並未違傷詔制本旨。又，《唐律疏議》：「有害，謂當言勿原而言原之」，法令所不容許，卻以法為名容許之，有傷於法，故稱有害。據此，害與不害的確切定義是極清楚的。文，指法制、道德。文毋害，即官吏毋害於文。亦即曉習文法，循章守成之謂。

劉倩倩（2015A）、（2015B，25頁）：毋害，漢代公文習語，或作無害、文毋害等。文毋害的意思是官吏毋害於文，曉習文法，循章守成。指文書到了郡太守，要派辦事沒有毛病的好的官吏去辦這件事，不「矯詔」。都吏，監督之官吏。《漢書·文帝紀》：「二千石遣都吏循行，不稱者督之。」顏師古引如淳注：「律說，都吏今督郵是也。閑惠曉事，即為文無害都吏。」

今按，毋害都吏即毋疵病，無過錯的都吏。詳參簡73EJT24：661「毋害」和簡73EJT3：13A「都吏」集注。

〔22〕嚴教屬縣官，令以下嗇夫、吏、正、父老：伍德煦（1979，24頁）：「教屬」，即屬命告誡之意。

初仕賓（1980，182頁）：屬，通囑。但也可以從下句讀，作「所屬」。「嗇夫、吏正、三老」，皆鄉官，見《漢書·百官表》，但有「游徼」而無「吏正」，疑吏正即游徼之屬，掌鄉里「徼循禁盜賊」。

裘錫圭（1981A，107頁）：正指里正，父老指里父老。「吏」在嗇夫與正之間，疑指嗇夫以外的鄉吏，如鄉佐、游徼。

許青松（1986，24頁）：筆者認為「屬」連下讀，解作「所屬」為是……「嚴教」是漢文書中習用辭匯，如《漢書·宣帝紀》地節三年詔，有「嚴教吏，謹視遇，毋令失職」語；居延漢簡有「嚴教吏卒」，「嚴教受卒」等語。《說文》：「嚴，教命急也。」《玉篇》：「教，令也」。

楊媚（2004，249頁）：正，指里正。

鄔文玲（2012A，55頁）：「吏」，鄉吏。「正」，里正……縣吏與鄉吏、里正、父老等共同治事之例，又如《漢書·酷吏傳·尹賞傳》「乃部戶曹掾史，與鄉吏、亭長、里正、父老、伍人，雜舉長安中輕薄少年惡子」。

今按，「屬」字當如許青松所說，意為「所屬」。此句是說嚴教所屬縣官，讓縣官命令其下的嗇夫、鄉吏、里正、父老等。

〔23〕褖驗問鄉里吏民，賞取婢及免婢以為妻，年五十以上，刑狀類麗戎者：伍德煦（1979，24頁）：賞即賞賜，貴者給予卑者曰賞賜。「取」。通娶，取婦也……「免婢」，即免去奴婢身份為庶人之意……「刑」，通形，「刑狀」即形狀。

初仕賓（1980，182頁）：「雜驗問」謂共同、互相參與案驗訊問。

劉倩倩（2015A）、（2015B，26頁）：賞：應作「儻」，儻，表示假設的連詞，即如果、假使……免婢：脫離奴婢身份的人。免，即脫也。《十駕齋養新錄・免與脫同義》：「論語道虛篇：得免去皮膚也。免去皮膚乎。兩免字與脫同義。」

今按，「賞」和「刑」裘錫圭（1981A，105頁）讀作「嘗」「形」，正確無疑。「嘗」意為「曾經」，如《史記・陳涉世家》：「陳涉少時，嘗與人傭耕。」

〔24〕問父母昆弟，本誰生子，務得請實，發生從迹，毋督聚煩擾民：伍德煦（1979，24頁）：昆弟即兄弟。

初仕賓（1980，183頁）：從，漢簡假為蹤……聚煩，謂聚積紛亂。

楊媚（2004，249頁）：「請」通「情」，「情實」即「實情」。

許青松（1986，24頁）：於此當讀為「督趣」……「趣」「趨」不僅其義「謂促」，而且當時讀音即為促，《禮・月令》：「乃命有司趣民收斂」；《釋文》：「趣，本又作趨；音促。」以上皆可證「督聚」讀如「督促」。

楊媚（2004，249頁）：督，監視。《漢書・蕭何傳》：「及高祖起為沛公，何當為丞督軍。」顏師古注曰：「督，謂監視之也。」聚，眾。《左傳・成公十三年》：「我是以有輔氏之聚。」洪亮吉《詁》曰：「韋昭《國語》注：『聚，眾也』。」又《史記・蘇秦列傳》：「禹無百人之聚，以王諸侯。」此處指百姓。

鄔文玲（2012A，55頁）：「督趣」即「督促」，督責催促之意。

劉倩倩（2015A）、（2015B，26頁）：毋督聚煩擾民：監督，不要積聚紛亂以擾民。

今按，「請」和「從」裘錫圭（1981A，105頁）分別讀作「情」「蹤」，諸家皆同。「督聚」一詞許青松、鄔文玲認為是「督促」，楊媚解作監督百姓，劉倩倩認為是監督積聚。據文義來看，其應當就是督促一類意思。

〔25〕大逆同產當坐，重事，推迹未窮，毋令居部界中不覺：伍德煦（1979，25頁）：重事即重要而非輕率之事。

初仕賓（1980，183頁）：「重事」，大事。

裘錫圭（1981A，108頁）：這份文書追查的只是亡婢外人一個人。外人本是蓋主的大婢。昭帝元鳳元年「主死絕戶」之時，她趁機逃亡民間，一直沒有被發現。將近三十年以後，由於她的胞兄故廣陵王胥御者惠犯了大逆無道罪，她又以「大逆同產」的身份受到追捕。按照漢律，「大逆不道，父母妻子同產皆棄市」。簡文所說的「大逆同產當坐重事」，就是指此而言的。

初師賓、伍德煦（1984，76頁）：此語蓋引之於律文，或為所稱引律文的概括。漢律大逆無道罪，《漢書‧鼂錯傳》曰：「大逆無道，錯當腰斬，父母妻子同產無少長皆棄市」。《景帝紀》如淳引律曰：「大逆無道，父母妻子同產皆棄市」。又《三國志‧魏志》卷四：「科律：大逆無道，父母妻子同產皆斬」。《晉書‧刑法志》引魏律序略：「大逆無道腰斬，家屬從坐，不及祖父母孫。至於謀反大逆，臨時捕之，或污潴，或梟菹，夷其三族」。以上所引律之「同產」，俗以為指同父、母的兄弟姐妹。其實，同產的含義包括較廣。據漢書所載諸大逆罪的不完全統計，所坐之人除己父母、妻子、兄妹以外，凡祖父母、孫、姪、媳、婿、甥以及其宗族、親屬的其它成員，都屬於「同產」。《漢書‧孝成趙皇后傳》：「平安剛侯夫人謁，坐大逆，同產當坐，以蒙赦令歸郡。今昭儀所犯尤悖逆，罪重於謁，而同產親屬皆在尊貴之位」。又《許皇后傳》：「前平安剛侯夫人謁坐大逆罪，家屬幸蒙赦令歸故郡」。幾相參照，可知「同產」「親屬」「家屬」所指是一，可以互通，泛指案犯本人以外的其它所有應負法律責任的親屬。本冊之「大逆同產當坐」，即上引之「坐大逆，同產當坐」，及前引魏律之「家屬從坐」，不一定專指兄弟姐妹間的「同產」關係。又西漢承秦制，大逆罪處以酷刑，動輒夷三族，誅連甚廣。

許青松（1986，22頁）：「同產」就是同母所生之兄弟姐妹。

裘錫圭（1987，103頁）：「大逆同產當坐」只能是指外人是犯大逆罪的御者惠的同產弟這件事而言的。

鄔文玲（2012A，55頁）：「大逆」，大逆不道。以往諸家皆將「大逆」屬下連讀，於文義無礙，但不如點開意思更加明確。「大逆，同產當坐」，應是對相關律令的簡要引述……這句話實際上再次重申了追查外人的原因，是因為惠犯了大逆之罪，而她作為惠的同產女弟按律應該連坐，並不是她本人犯有重罪……「重事」，重大事件……「推迹」，根據迹象推求；追蹤尋迹……「推迹求窮」，意即追蹤尋迹、務求窮盡。「推迹求窮，毋令居部界中不覺」等語，是

該文書對負責追查麗戎之事的相關機構所提出的要求，意思是此事重大，各級機構要認真徹查，不要出現讓追查對象留居在自己轄區內卻沒有被發覺的情形。

劉倩倩（2015A）、（2015B，26 頁）：推迹未窮：推求（麗戎）蹤迹沒有結束。推，求也。《淮南子・原道》：「固其自然而推之。」高誘注：「推，求也。」

今按，諸說多是。「推迹未窮」不明，據上下文來看，其當為推求蹤迹要窮盡一類的意思。

〔26〕得者書言白報，以郵亭行，詣長安傳舍，重事，當奏聞，必謹密之，毋留，如律令：伍德煦（1979，25 頁）：「書言白報」，指文書言明上報者，「白」即告白之意，「報」亦告也。

楊媚（2004，249 頁）：白報，指報告。

鄔文玲（2012A，56～57 頁）：密有密閉、封閉之意，謹密即謹慎封閉，有保密的意圖，前文說「重事，當奏聞」，即追查結果要奏報皇帝，奏書通常要求的保密程度比較高，所以強調「謹密之」。

劉倩倩（2015A）、（2015B，27 頁）：謹密：謹慎、保密的意思。

今按，諸說是。唯「書言白報」是說用文書報告，並非文書言明上報者。

〔27〕六月，張掖大守毋適、丞勳，敢告部都尉卒人，謂縣，寫移，書到，趣報，如御史書律令，敢告卒人：初仕賓（1980，183 頁）：毋適、勳，分別是太守和太守府丞的名字，適字，即敵，毋適即無敵之意。

楊媚（2004，249～250 頁）：毋適為張掖大守名，丞為太守屬官，勳為丞之名……趣報，即促報，迅速報告。《漢書・成帝紀》：永始三年十二月「遣丞相長史、御史中丞持節督趣逐捕。」顏師古注曰：「趣，讀曰促。」

鄔文玲（2012A，57 頁）：「六月」，疑下脫日干支。「部都尉」，職官名。武帝以後，在邊郡太守之下分部設都尉，以部都尉掌兵馬，有的也管民政……「卒人」，示敬提稱語，相當於侍前、坐前、執事之類，通常用於對將軍、都尉等軍事長官的提稱……「趣報」，從速復報。「如御史書、律令」，應是「如御史書、如律令」之省。「寫移」，謄寫轉呈。以往諸家皆將其屬下讀，作「寫移書到」，通常將「寫移書」視作一個片語，理解為「寫移的文書」。根據文義來看，「寫移」與「書到」云云，實為二事：一是要求謄寫轉呈文書，二是要求收到文書之後要按照有關規定及時處理相關事務並作回復。因此，二者應斷開。從大量簡文資料來看，「寫移」的內容既包括轉發的附件，也包括主件即

上級機構簽發的下行文。如果有多層級的轉發，則每一級機構在轉發時除了謄寫附件之外，還要謄寫之前各級機構的下行文，包括末尾的題署在內。

今按，諸說是。「寫移書到」另參簡73EJT2：22注，其當如鄔文玲所說。

〔28〕掾很、守卒史禹、置佐財：裘錫圭（1981A，107頁）：置佐為一種佐史。

楊媚（2004，250頁）：掾、守卒史、置佐皆為職官名稱，以下皆同。

鄔文玲（2012A，57頁）：「很」，人名……「禹」，人名……「置佐」很可能是驛站傳置的佐，或者負責驛站傳置事務的佐。

劉倩倩（2015A）、（2015B，27頁）：掾：作為輔佐的副手官吏的統稱。很是掾的名字。守卒史、置佐：官名；禹、財乃人名。

郭偉濤（2019B，184～185頁）、（2019C，83頁）：守卒史名為「禹置」，佐名為財。

今按，諸說是。很、禹、財等人為太守府文書簽署者。另參簡73EJT3：11B「置佐」集注。

〔29〕七月壬辰，張掖肩水司馬陽以秩次兼行都尉事，謂候、城尉，寫移，書到，廋索部界中毌有，以書言，會廿日：初仕賓（1980，183頁）：司馬，軍事官吏，秩六百石或比六百石，此處為都尉屬吏。

楊媚（2004，250頁）：「廋」通「搜」，廋索即搜索、尋找。《漢書·趙廣漢傳》：「及光薨後……直突入其門，廋索私屠酤……斧斬其門關而去。」顏師古注曰：「廋讀與搜同。

今按，諸說是，陽為肩水司馬人名。

〔30〕掾遂、守屬況：遂，人名，為掾。況，人名，為守屬。此二人為肩水都尉府文書簽署人員。

〔31〕七月乙未，肩水候福，謂候長廣宗□，寫移□□，廋索界中毌有，以書言，會月十五日須報府：初仕賓（1980，183頁）：此處的候為鄣候，或稱塞候，相當於地方的縣級，鄣、塞為都尉下一級建置。主烽火候望警戒。

裘錫圭（1981A，107頁）：此處「索」上一字也應是「搜」，從殘存筆畫看似本作「廋」。《漢書·趙廣漢傳》「直突入其門，廋索私屠酤」，亦以「廋」為「搜」……「須」當等待講。「須報府」意謂等待下級的報告以向都尉府匯報。

鄔文玲（2012A，58頁）：「廣宗」為候長之名。漢簡中屢見以「廣宗」為名字者……居延舊簡中有一枚殘簡，編號為116·30，僅存文「候長廣宗

等寫移」，疑此亦可能是《甘露二年御史書》的另一份抄件的下行文……「七月乙未」，甘露二年七月八日。「須報府」，《裘文》認為「須」當等待講。「須報府」意謂等待下級的報告以向都尉府彙報。漢簡中此類用法的「須」字常見。

　　今按，諸說多是。

月卒〔1〕一旦有□校兵〔2〕者，欲何應之？　　　　　　　　　73EJT1：14A
□□□□嗇夫〔3〕　　　　　　　　　　　　　　　　　　　　73EJT1：14B

【校釋】

　　A面「校」前一字李洪財（2012）釋「武」，劉倩倩（2015B，33頁）從之；黃艷萍（2013）釋「來」，姚磊（2017E4）同。

　　今按，該字圖版作，其下部的橫筆，黃艷萍（2013）認為是書寫時的訛誤，姚磊（2017E4）則認為是右側一行的墨迹。該簡縱裂，右半殘缺，從圖版來看，姚說似更可信，但不能確知，此暫從整理者作未釋字處理。

【集注】

〔1〕月卒：黃艷萍（2013）：卒，終也。「月卒」即月底、月末。此簡意為：月底一旦有來校閱兵物的人，打算怎麼去應對呢？

　　　　劉倩倩（2015B，33頁）：卒，終也。

　　　　今按，說或是，可備一說。

〔2〕校兵：黃艷萍（2013）認為是「校閱兵物」之意。居延新簡EPT20：8號簡有「拘校兵物」一語，孫占宇（2016，476頁）認為指清點、核對兵器等物品，查看其是否與賬目對應，姚磊（2017E4）認為該簡的「校兵」，意亦可從。

　　　　今按，「校兵」或即「拘校兵物」，諸說可從。

〔3〕嗇夫：大庭脩（1983A，184頁）：根據漢器的銘文來看，嗇夫的地位大致是按照令─丞─掾─嗇夫─佐的順序來排列的，有時令史的地位在掾和嗇夫之間。這樣說來，非鄉官的嗇夫大體上分為十三種。總之，單是提到嗇夫時，並不意味著它就是鄉官之一的嗇夫，而是一個與令、長、丞、尉、掾等表示官制中的官吏等級的詞屬於同一範疇的詞。嗇夫有許多職種，而鄉里的嗇夫只是嗇夫的一種。

　　　　陳夢家（1980，112～113頁）：漢簡所見，關、廄、倉、庫、傳舍、城官、亭、縣皆有嗇夫……嗇夫之位低於卒史。《漢官》雒陽市有百石嗇夫，河南尹

有斗食嗇夫。西漢銅器、漆器銘刻所記考工、供工及蜀郡西工廣漢郡工官，嗇夫位在掾與令史之下而佐之上，漢簡文書簽署嗇夫亦在令史後。但漢簡所見月奉，令史與嗇夫俱為九百錢，則其秩次約略相等。

裘錫圭（2012A，276 頁）：秦漢的嗇夫都是某一地區或某一部門的負責人，其下通常設有輔助他的佐（如鄉嗇夫之下就有鄉佐）。嗇夫與其他官長的主要區別，大概在於他們的品秩比較低。秦漢時代的官吏有長吏、少吏之分。秩二百石以上為長吏，百石以下為少吏，除縣嗇夫外，嗇夫的品秩大體上分有秩和斗食兩等。當時以百石為正式秩祿的最下一級（斗食、佐史相當於後代的未入流），有秩是剛夠的上秩祿的意思，有秩嗇夫就是食百石祿的嗇夫。漢代縣令長不稱嗇夫。如果僅就漢代的情況來看，可以說嗇夫就是少吏中的官長。縣的官吏除令、長、丞、尉外，一般都是少吏，所以鄉的主管官吏稱嗇夫，縣屬各官之長也多稱嗇夫。

今按，諸說是。嗇夫為某一地區或某一部門的負責人，某一地區的嗇夫有縣嗇夫和鄉嗇夫，某一部門的嗇夫即各類官嗇夫。

今册餘綈〔1〕 73EJT1：17

【校釋】

「綈」原作「緯」，秦鳳鶴（2018A，88 頁）釋。

【集注】

〔1〕綈：古代一種較粗厚的絲織品。《說文·糸部》：「綈，厚繒也。」《漢書·張湯傳》：「安世尊為公侯。食邑萬戶，然身衣弋綈。」顏師古注曰：「弋，黑色也。綈，厚繒也。」

張掖〔1〕**肩水塞**〔2〕**關門關嗇夫**〔3〕**糞土臣**〔4〕 73EJT1：18

【校釋】

「關門」原作「閉門」，黃艷萍（2013）、（2016B，125 頁）、（2018，138 頁），孔德眾、張俊民（2013，95 頁），張俊民（2014B）釋。

【集注】

〔1〕張掖：黃東洋、鄔文玲（2013，134 頁）：《漢志》記載新莽時期改張掖郡為設屏郡，但饒宗頤、李均明根據簡牘資料推斷設屏郡並未取代張掖郡，而很可能

是從張掖郡分置的。這一看法應該是可信的，簡文資料表明張掖郡在始建國四年仍沿用西漢舊名。

今按，其說當是。《漢書‧地理志下》：「張掖郡，故匈奴昆邪王地。武帝太初元年開。莽曰設屏。」注引應劭曰：「張國臂掖，故曰張掖也。」

〔2〕肩水塞：陳夢家（1980，51頁）：其稱某某塞者，則指長百里的一段障塞，如《漢律》所說「近塞郡皆置尉，百里一人」，瓦因托尼簡（88‧3）曰「各塞可百里」。

今按，說是。肩水塞指肩水候官管轄的一段部塞。

〔3〕關門關嗇夫：裘錫圭（1981C，285頁）：肩水關嗇夫或兼行候事，可知是肩水候官的下屬。候官之秩略與縣令、長相當，所以肩水關只能設嗇夫，其地位與縣的官嗇夫相當。

今按，說是。該簡「關嗇夫」當為肩水金關關嗇夫。「關門」為對自己職責的謙稱，實際關嗇夫的職責遠不止關門一事。又居延漢簡19‧127有「門嗇夫」。勞榦（1960，9頁）指出門嗇夫即關門嗇夫。

〔4〕糞土臣：陳直（2009，138頁）：兩漢吏民上書，自稱糞土臣，類如《鼂錯傳》之自稱草茅臣，許沖《上說文表》自稱為草莽臣。蔡邕被收時上書自陳，首稱「議郎糞土臣邕頓首再拜上書皇帝陛下」。

謝桂華（1983，155頁）：兩漢時期，凡是吏民向皇帝上書，自稱「糞土臣」和「昧死再拜」，乃是出於尊敬皇帝而對自己的卑稱。

汪桂海（1999，97頁）：糞土乃污穢令人厭惡之物，臣下言事皇帝時，自比糞土，乃至謙之辭，猶言賤臣，表示自己極為卑賤，是君權時代，君主至上、等級嚴格的具體反映。從現有的材料看，上書稱「糞土臣」者皆有一定的官職，至少也是個小吏。而平民上書皇帝則曰「草莽臣」。

今按，諸說是。該簡「糞土臣」為關嗇夫自稱。

狀，爵簪褭〔1〕，居𣲐得〔2〕富里〔3〕，姓虞氏，年卅五歲，乃本始

73EJT1：20

【集注】

〔1〕簪褭：又寫作「簪裊」，秦漢時二十等爵位的第三級。《漢書‧百官公卿表上》：「爵：一級曰公士，二上造，三簪裊……二十徹侯。」顏師古注：「以組帶馬曰裊。簪裊者，言飾此馬也。」

〔2〕觻得：張掖郡屬縣，為郡治所在。《漢書·地理志下》：「觻得，千金渠西至樂涫

　　　入澤中。羌谷水出羌中，東北至居延入海，過郡二，行二千一百里。莽曰官式。」

〔3〕富里：里名，屬觻得。

叩頭再拜頃言　　　　　　　　　　　　　　　　　　　　73EJT1：21

酒寬小人過〔1〕章〔2〕，唯次公〔3〕察過，前足過

章金關亭〔4〕，章得廣具待次公，會莫　　　　　　　73EJT1：22A

章，幸甚幸甚

進胡　　　　　　　　　　　　　　　　　　　　　　　73EJT1：22B

【校釋】

　　A面第一行「前」字李洪財（2012）認為或為「步」。今按，該字作 形，整理者釋「前」當不誤。

　　又「酒寬」劉倩倩（2015B，35頁）疑為酒泉。今按，其說非，寬字明顯不為泉。

【集注】

〔1〕過：看望，拜訪。《史記·魏公子列傳》：「臣有客在市屠中，願枉車騎過之。」

　　　《呂氏春秋·貴直》：「狐援聞而躃往過之。」高誘注：「過，猶見也。」

〔2〕章：人名，寫信方。

〔3〕次公：人名，受信方。

〔4〕亭：羅振玉、王國維（1993，133頁）：《說文》：「隧，塞上亭。」他簡又多亭

　　　燧連文，則亭隧一也。

　　　　賀昌群（2003B，139頁）：漢時燧與亭之別，燧較亭為小，燧為守烽之所，

　　　可駐兵卒，其性質止於備邊警，防寇抄。亭之性質，則主捕盜賊，維持治安，

　　　內地皆有之，若設塞上，常與燧並置，故稱亭燧。

　　　　勞榦（1960，41～42頁）：亭可指亭隧而言，然言亭者自不限於亭隧。亭

　　　之本義為亭隧，指亭鄉者引申義也……蓋里之本義，以距離論則十里為一亭，

　　　設於道路，以司監察姦盜。以面積論，則一方里亦為一里，大率居住百家。是

　　　道路之里，以郊野為準，而居住之里，則以城市為準也。

　　　　藤枝晃（1983，160頁）：亭究竟隸屬於什麼部門，很難說。本來亭就有

　　　種種意義。鄉、亭、里之亭，是警察區劃；郵亭之亭，是郵遞機關；亭隧之亭，

　　　和隧完全同義；此外，堡壘之類的建築也稱之為亭。

　　　冨谷至（2013，193 頁）：「亭燧」並不是單就烽火臺（亭）建築物本身而言，而是指設有烽火臺的燧、即軍事防衛基地——烽燧，包含了防衛設施整體。

　　　沈剛（2017，221 頁）：邊亭是隱含在部隧這一邊地軍政體系中，也就是說並非獨立於軍政體系之外的又一套民政系統，因為邊亭數量多，在邊境線上於烽隧系統之外再單獨設置一套如內郡一樣的郵驛警察機構，這樣的方式不僅沒有必要，而且也會徒增行政成本。另外，從隸屬關係看，對亭進行管理、統計都是在候官、部這一軍政體系中。但是，這也並不意味著亭完全等於隧。

　　　今按，諸說多是。亭的意義比較複雜，西北邊塞的亭當如沈剛所言，其與隧的職能有重合，但二者並不完全相同。

☐如律令。／〔1〕掾〔2〕市客〔3〕，令史〔4〕可置〔5〕。　　　　　73EJT1：27

【校釋】

　　　「客」字姚磊（2019G3）作「宏」。今按，該字作 形，寫法上和「宏」似有不同，暫從整理者釋。

【集注】

〔1〕／：陳夢家（1980，109 頁）：屬吏文書簽署，皆在文末，在官名、人名前，往往作一斜筆／作為記號：凡同一級有二、三人同署者，往往作V以當逗號。

　　　李均明、劉軍（1999，70 頁）：漢代文書皆由秘書人員起草，而各級主管官吏為文書責任人，須對文書的內容負責，為分清二者界限，便於文書正文與起草人署名之間以／號間隔之。

　　　尚穎（2015）：夾雜在簡文中的／有兩種作用，一是漢代文書簽署時，都會在文章結尾用／做一下記號，區分一下前後文，前面多是「……如律令」，後面緊跟文書的官名、人名……二是後面為另一句的句首，表示上一段文字已完成，下面的內容與上文無關，相當於今天寫文章時開始另一段甚至另一篇。

　　　今按，諸說是。斜筆／常用於漢簡官文書中，出現在文書正文和起草人署名之間。

〔2〕掾：陳夢家（1980，110 頁）：太守與都尉的閣下、諸曹均有掾。《漢書・朱博傳》瑯邪郡有門下掾，乃是閣下掾，猶閣下書佐之或作門下書佐。

　　李均明（1992A，28頁）：掾，候官屬吏，駐候官障，主文書事……掾秩百石以下，漢簡所見文書簽署名，掾總是在令史、尉史之前……知掾之地位稍高於令史，每候官設掾1、2人。

　　胡平生、張德芳（2001，43頁）：掾，屬官之統稱。漢代三公府及郡縣皆置掾、史、屬，分曹治事。掾為曹長，史、屬為副貳。

　　今按，諸說是。《後漢書·百官志一》：「掾史屬二十四人。」劉昭注引《漢書音義》曰：「正曰掾，副曰屬。」

〔3〕市客：人名，為掾。

〔4〕令史：勞榦（1939，162頁）：令史，史之小者，《漢舊儀》所謂「丞相令史斗食」是也，其候官行文，但以令史副署。

　　陳夢家（1980，49頁）：令史是主文書的職名，兩府官僚組織中和千人、司馬及倉、庫、廄等官署中皆有此職。部和隧則無令史。

　　藤枝晃（1983，150頁）：令史和尉史是書記，令史地位比尉史高。令史不僅候官有，其他機關也有。以鄣候的名義發出的公文，其末尾或背面有令史和尉史的署名，公文大約就是令史和尉史之中的某一個寫的。

　　森鹿三（1983E，22頁）：所謂令史就是候官的書記，掌管候官公文的擬稿（因此在文書末尾署名）和發文（因此在封檢上填寫必要的事項），以及受理上級官府都尉府、太守府和下級官府候隧的來文（因此，寫了收據）。

　　吳昌廉（1985A，148頁）：令史所涉之事務，主在署文書、治簿籍、掌錢穀，兼及塞上其它業務。

　　李均明（1992A，28頁）：令史，候官屬吏，駐候官障，主文書事……令史秩斗食，月俸通常為九百錢，每候官設令史3人左右。令史，新莽時期稱造史。

　　中國簡牘集成編輯委員會（2001C，3頁）：令史，官名。縣、候官一級設令史數人，為文書書記官。月俸六百（或九百）錢。

　　中國簡牘集成編輯委員會（2001G，5頁）：候官及縣令、長的屬吏，主掌文書事，月奉九百錢，秩次較尉史、隧長為高而比士吏、候長低。

　　今按，諸說是。令史為候官一級的書記官，主文書事。

〔5〕可置：人名，為令史。

建德安平*毋官獄徵事*〔1〕，以令為取傳〔2〕，謁移〔3〕縣道河津關，毋苛留止，敢言之〔4〕。　　　　　　　　　　　　　　　　　　73EJT1：29

【集注】

〔1〕*毋官獄徵事*：陳直（2009，43頁）：謂既未入官獄，且未以犯罪見徵，等於後代身家清白之保結。

　　　李均明（1983，30頁）：通行憑證的使用不是無條件的，使用者必須是「毋官獄徵事」「更賦皆給」，即已服完更役交了賦稅又無違法行為。其中「官獄徵事」即因服役或違法而被徵召之意。

　　　高恆（1993，45頁）：意為該居民無獄訟方面的官事，不拖欠賦稅、徭役。

　　　中國簡牘集成編輯委員會（2001D，252頁）：漢代文書中常用語，毋，通無，官獄，官事與訴訟事。徵，指徭役兵役之類。

　　　李均明（2009，69頁）：「毋官獄徵事」……「更賦給」，表明申請者必須是非服勞役、兵役或刑役的人員，必須已完成勞役定額，已交納完賦稅。

　　　今按，諸說多是。「官獄」為官府之牢獄。《漢書·刑法志》：「自今以來，縣道官獄疑者，各讞所屬二千石官，二千石官以其罪名當報之。」「徵」在此處當是徵召之義，「毋官獄徵事」是說沒有官獄事和徵事，即沒有服刑和被徵召服役的情況。

〔2〕傳：李均明（1983，31頁）：《周禮·地官·掌節》「凡通達於天下者，必有節，以傳輔之」，鄭玄注：「必有節，言遠行無有不得節而出者。輔之以傳者，節為信耳，傳說所齎操及所適。」這裏，鄭玄已經把「傳」的功用與特徵說得很清楚。漢簡所見「傳」的行文中必署明目的地……又署所攜帶物品……即鄭玄所云「傳說所齎操及所適」。符與傳的關係當即鄭玄所云之節與傳的關係，故其形制亦有區別。漢簡所見「傳」長而「符」短，「傳」長為漢尺一尺上下，而符僅六寸……漢簡所示之出入符多專供某一機構所轄範圍的內部人員及其在外之家屬使用；而傳之使用者則來自全國各郡縣，範圍機廣。從這些現象看，當時的出入符與傳似乎是分別使用的……「傳」「過所」並非二物，只是由於時代不同，他們的稱謂不同罷了。

　　　薛英群（1991，140～141頁）：初，傳遞乘傳以為信使，傳有傳舍，或稱傳驛、驛舍。傳就成了信使的代名詞，秦漢時，引申為憑證，即民用通行證……庶民如需出行，一般先申請予鄉嗇夫……證明申請人無獄訟，欠稅事，然後上報縣令（長），待批准後，由掾、令史具傳交申請人，各關驗傳放行。

　　唐曉軍（1994，88頁）：一個完整的吏民通行證——「傳」須由三部分組成，首先由「職聽訟、收賦稅」的鄉嗇夫出具證明要求出入關津者「毋官獄徵事」之後方可有資格申請取「傳」；然後由鄉嗇夫報諸縣令（長）批准申請人「當得取傳」，並准允該「傳」下達的範圍、地點，即文書中「謁移……」等語，最後由經辦文書官掾、令史等簽名發放即正式生效。

　　李均明（1998B，318頁）：漢簡所見通行證「傳」大多為抄錄本，用於備查……由於通行證往往是一證過數關，不可能每過一關都留正本，所以必須逐關抄錄，以備返回時核查。

　　汪桂海（1999，61頁）：傳是漢代吏民出行時攜帶的身份個證明文書，類似今之通行證。傳又名過所。

　　中國簡牘集成編輯委員會（2001H，29頁）：傳，即通行證文書，由官府審查發給，封的官印，交本人持行，類似露布，所經之地皆可檢驗。過去或稱過所，不確。此處「過所」即所過，簡言之即所經過的地方。東漢中晚，過所才成為傳的俗名別稱。

　　李均明（2009，65～68頁）：傳，通行證，《釋名・釋書契》：「傳，轉也，轉移所在執以為信也，亦曰過所，過所到關津以示之也。」……魏晉以降，「傳」之稱謂逐漸被「過所」所取代，《周禮・司關》：「凡所達貨賄者，則以節傳出之」，鄭玄注：「商或取貨於民間，無璽節者，至關，關為之璽節及傳出之，其有璽節亦為之傳，傳如今移過所文書。」漢簡所見「過所」尚為所之所的意思，指收件者為所過之所，還不是文書的名稱，但年長日久，人們就習慣於用封檢下所署「過所」一語稱謂「傳」，「傳」的稱謂便逐漸消亡，但其過程當較漫長……傳有公務用傳和私事用傳的區別，申請頒發過程不盡相同。公務用傳通常由當事人所在縣級機構或縣級以上乃至朝廷頒發，傳文中有關於公務待遇的說明……私事用傳是因私事出行持用的通行證，有一定的申請報批程序：出行者首先向所在鄉提出申請，經鄉政府審核通過，然後報請所在縣批准發放。私傳須蓋有縣令、丞或相當等級的官印才有效。

　　冨谷至（2012，234頁）：居延漢簡中所見的傳，是旅行者所持傳的副本，即應是二次記錄。

　　肖從禮（2012B，292頁）：傳，亦稱傳信，是由朝廷或地方郡縣府頒發給因公出差或因私外出的持有者隨身攜帶的憑信。類似的憑信還有符、節、

棨、信、繻等，傳只是其中的一種。傳信的功能之一是作為出入門關河津的通行證明。

藤田勝久（2012A，210 頁）：金關漢簡中私用旅行傳多，而公用出差傳少。郡頒發的公用出差傳中，有分上下兩段書寫形式，也有連續書寫以向通行地發出通告的形式。縣頒發的公用出差傳中，則沒有看到分上下兩段書寫的格式。而諸多私用旅行傳，全部是縣受理申請而頒發，為連續書寫的通告。公用出差傳與私用旅行傳中，都有背面加蓋印章的形式，而這些都是與頒發者相同的印章。所以傳在經行地開封而然後再度封印的情形，是不能想像的。已出土的傳，是對旅行傳所持之傳的內容的記錄與處理信息的木簡，據此，我們推測傳的內容通過某種方法可以看到。若是推測傳的實物，其連續向通行地通告的形式，可以想定如同居延新簡 EPT22‧698AB 那樣，乃是頂端或中部有封泥匣的觚（多面體）；並如同金關漢簡 73EJT4：113AB 那樣，也存在兩面書寫的檢的形態。文書內容開放，並非密封的形態。往來交通的人員在達成目的歸返之前，大概一直將傳隨身攜帶。

冨谷至（2013，252 頁）：首先，官方將傳下發給旅行者的時候，要給傳加上封檢，並在檢上按印。旅行者帶上封起來的傳出行，其封檢在相應官署、關卡以及提供傳舍和傳食的機關打開，確認記載事項之後謄寫副本。之後，以開封官署的印章將傳再次封印起來，交還給旅行者，旅行者持傳前往下一個開封官署。回程途中，如果還要通過來路途中業已經過的檢查機關，在那裏可以根據留存的傳的副本來確認旅行者移動路線，特別是回程路線。總之，旅行者必須攜帶官署、機關發給的傳——身份證件旅行。證件被封印起來，以便保證其可信性，旅行者自己不能開封。直到返回出發地點，旅行者都要攜帶者傳，返回之後，大概還應將傳交還給發傳機關。

張英梅（2014，124～126 頁）：一般庶民因私事出入關時，其申請「傳」必須滿足的條件有：無官獄徵事、年爵如書、非亡人命者、縣算賦給、更徭皆給或復徭……推測「傳」的使用期限可能是一年，因為官府每年都會對庶民的賦稅、徭役進行核查，一旦某「戶籍」沒有完成國家的稅賦、徭役，那麼即使已經頒發給了他們「傳」，此時的「傳」也可能失去效用。

今按，諸說多可從。傳是吏民出入關津所用的一種通行憑證，可分為公務用傳和私事用傳。其實物形態，當如藤田勝久所言，為帶有封泥匣的觚或檢，其內容可見，並非密封的狀態。漢簡中所見的傳，基本並非傳的實物，而是對

其內容的抄錄。因此冨谷至認為傳的內容用封檢密封起來，經過關卡等地時開封抄錄其內容，然後再度進行封印的看法是不正確的，這一點藤田勝久已指出。

〔3〕謁移：大庭脩（1996，259頁）：「移」則用於同級官吏，因此傳達的本文也應該是同一文書。

李均明（2009，142頁）：文中稱「移」的文書，通常為平級機構之間運行的文書。《廣韻·支韻》：「移，官曹公府不相臨敬，則為移書，箋表之類也。」《漢書·律曆志》：「壽王又移帝王錄」，王先謙曰：「凡官曹平等不相臨敬，則為移書。後漢文『移』字如見於此。」

角谷常子（2010，177頁）：「移～」的形式。其特徵是不拘於郡—縣—鄉行政等級關係的事情，即移送通行證明書、有關獄的文書等時使用。因此，發信者、收信者，均是由縣丞、侯、倉丞向過所，由候、令史、候史向獄發信，其他事情也以縣令向候官等例子為多，有直接統屬關係的都尉與候官或者候官與部之間則很少見。也就是說其特點是用於橫向聯繫。

今按，說是。「移」主要是平級機構之間發文所用。「謁」為「稟告，陳述」義，如《史記·張儀列傳》：「臣請謁其故。」司馬貞《索隱》：「謁者，告也，陳也。」移文作謁移者，當是為了表示謙敬之意。

〔4〕敢言之：羅振玉、王國維（1993，109頁）：「敢言之」者，下白上之辭。《漢書·王莽傳》：「莽進號宰衡，位上公，三公言事稱『敢言之』。」《論衡·謝短篇》：「郡言事二府稱『敢言之』。」《孔廟置百石卒史碑》：「魯相平，行長史事卞守長擅叩頭死罪，敢言之司徒、司空府。」

汪桂海（1999，99頁）：「敢言之」是漢代下級官府對上級官府行文時的固定用語。應當指出，「敢言之」也非自漢始有的文書習用語，大約在秦時已經見用於官府之間的上行文書了，雲夢秦簡《封診式·亡自出》條，鄉官向上級官府奏報時，在文書末尾即稱「敢言之」了。

高恆（1998，417頁）：原為下屬對上級言事行文中的習慣用語。後逐漸流行為官府的客套語。

中國簡牘集成編輯委員會（2001C，5頁）：漢時公文習用語，多用於下級對上級的公文。

今按，諸說是。「敢言之」為下級官府對上級官府行文時的慣用語。

肩水都尉□□□　　　　　　　　　　　　　　　　73EJT1：38

☑　□□□□□□□□☑
☑　用板長丈、廣尺、厚五寸☑　　　　　　　　73EJT1：41

【校釋】

「丈」字任達（2014，5 頁）作「支」，認為「支」是錯別字，應是「丈」字。今按，該字作 🖎 形，漢簡中「丈」字常見此種寫法，釋「丈」不誤。

☑長卿〔1〕足下〔2〕　　　　　　　　　　　　　73EJT1：48

【集注】

〔1〕長卿：馬怡（2010，3 頁）：在漢代，受過教育的成年男子多有名、有字。一般稱自己時用自己之名，呼對方時用對方之字，卑己而尊人，這是通常的禮節。書信亦同。在私人書信裏，作信人在信的起首自具名（或姓名），對受信人則呼其字（或其行輩、官名、稱號等），而不直呼其名，也沒有將受信人的名與字並呼的做法。

今按，說是，長卿當為受信人的字。「長卿」漢時作人的字史籍習見，如《漢書・儒林傳》「施讎字長卿」，《夏侯勝傳》「勝從父子建字長卿」，《薛廣德傳》「薛廣德字長卿」等。

〔2〕足下：胡平生、張德芳（2001，185 頁）：足下，是漢時下稱上或同輩間相稱的敬詞。《史記・秦始皇本紀》《集解》引蔡邕《獨斷》曰：「群臣士庶相與言，曰殿下、閣下、足下、侍者、執事，皆謙類。」

馬怡（2010，2 頁）：「足下」是提稱語。使用「足下」這一提稱語，表明作信人與受信人是平交。

聶菲（2016）：「足下」一詞有兩種使用語境。一，在行文中單用，作第二人稱敬稱。二，在名刺、謁帖、書信等文牘中以套語「XX 拜 XX 足下」的形式出現。兩種語境中「足下」的意義、用法皆不同。套語「XX 拜 XX 足下」即「XX 拜（於）XX 足下」，「足下」為動詞「拜」的地點補語，整個套語表示寫信人在收信人腳下行禮之義。

王貴元、李雨檬（2019，141 頁）：「足下」是下級、晚輩稱呼上級、長輩或同輩相稱的謙語。「足下」與「殿下」「陛下」等取意相同，古代堂、室、房建在高臺上，堂在前而室、房在後，堂前有臺階下至庭院，堂是議事、待

客的地方，尊者在堂，侍從、僕人須在堂下伺候。「足下」之稱字面意思是指在堂下的侍從、僕人，是以侍從代指主人，原意當是寫信人覺得只有資格和收信人的侍從、僕人對話，以此表達對收信人的恭敬之情。

今按，諸說是。「足下」作提稱語典籍習見，如《漢書・司馬遷傳》：「遷報之曰：少卿足下：曩者辱賜書。」

☐而劾之狀〔1〕具此   73EJT1：51

【集注】

〔1〕劾之狀：薛英群、何雙全、李永良（1988，61 頁）：揭發、審判罪行的文狀。斷獄謂之劾。

徐世虹（1996，314 頁）：凡非官者發生訴訟行為，均稱告，反之則稱劾。

汪桂海（1999，84 頁）：漢代，官吏無權對有罪官員或平民懲處時，需要首先向上奏劾，撰劾狀，列其罪證，將劾狀隨奏文呈報上級主管部門，請求把此獄案移交處理。

中國簡牘集成編輯委員會（2001E，165 頁）：有罪被起訴稱「劾」。

高恆（2001，293 頁）：劾，即檢舉官吏罪行，提請審判機關案驗、斷決。

李均明（2009，77 頁）：劾狀，起訴書。《急就篇》：「誅罰詐偽劾罪人。」師古注：「劾，舉案之也。」完整的劾狀通常由劾文、狀辭及相關呈文組合而成……劾文為主件……主要內容是對被告身份及犯罪事實的陳述，又原告對事實的調查及事件的處理……狀辭是原告的自述……內容為原告身份的說明，包括爵位、籍貫、年齡、姓氏、供職機構、職務……又被告的犯罪事實及調查處理情況，與劾文大體相同或更詳細些……呈文是呈送劾文與狀辭的報告。

今按，諸說是。劾指檢舉揭發官吏罪行，如《漢書・翟方進傳》：「方進於是舉劾慶曰。」劾之狀即劾狀，揭發過失或罪行的文狀。《後漢書・周黃徐姜申屠傳》：「遂辭出，投劾而去。」李賢注：「案罪曰劾，自投其劾狀而去也。」

☐隧長〔1〕安成〔2〕以令為更封   73EJT1：59

【集注】

〔1〕隧長：藤枝晃（1983，156 頁）：隧是邊疆第一線的機關。普通的隧配備三、四名兵卒，其上置隧長。

　　李均明（1992A，28 頁）：隧長，候官下屬基層單位——烽燧的負責人，每隧設隧長 1 人……佐史為官吏之最低秩級，隧長秩當佐史，月俸因時代而異為六百或九百。

　　中國簡牘集成編輯委員會（2001G，9 頁）：漢代邊塞候望系統一般分都尉、候官、部、隧四級。燧長為最基層吏員，月奉六百錢，下有戍卒三、四人，主一隧之徼迹候望。

　　于振波（2010，313 頁）：漢代西北邊塞的燧長，皆來源於本都尉府所轄諸縣的平民，具有亦吏亦卒的性質。他們的經濟收入普遍不高，勉強維持衣、食之需，極易陷於貧困潦倒的境地。當他們連最起碼的生活都難以維持時，就只能「貧寒罷休」了。有權的官吏可以魚肉百姓，無饑寒之憂，但燧長似乎只有服役的「權力」，稱之為「役吏」或許更恰當一些。從爵位上看，候長與燧長的區別不明顯。從經濟狀況和官秩上看，候長要略強於燧長。就職權而言，燧長只不過是一個邊防經驗比較豐富、有一定文化水平和辦事能力的「役吏」而已，他對手下的幾個燧卒有一定的約束、領導力，但對部燧事務的實際處理權和對燧卒的支配權則在於候長、候史。

　　今按，諸說是。隧長為烽燧之長。

〔2〕安成：人名，為隧長。

□□令，寫移檄〔1〕□　　　　　　　　　　　　　　　73EJT1：63

〔1〕檄：M・魯惟一（1983，245～246 頁）：檄是在情況緊急時傳送消息或傳達指示的，或者是在相當多的收件人間作普遍傳閱之用。因為單片木簡比成卷的簡冊不易於損壞和錯亂，所以單片木簡便是為這一目的而製做的，特別適合快速或長途遞送的需要。它被製成一種長而多面的桿狀體，有四個或者更多的表面，修光以便書寫……檄是用於傳遞緊急命令的手段，或者用於徵召軍隊或某些指定的個人，或者用於通知存在著緊急情況。

　　薛英群（1984，271 頁）：居延地區所發現的木檄，就其形式而言，可分為板檄、合檄和觚書檄文，更多的則是以普通木簡寫成。重要的檄書，要有印封，為的是引起重視和傳遞保密。就檄書的內容來看，並不僅限於上級對下級用檄書，事實上有不少的檄書是下級對上級的文書、請示、報告……凡檄書似乎都有一個共同的特點，這就是「檄」多用於緊急情況，特急文書的下達，更多的是軍情急報，軍務通訓。

汪桂海（1999，61頁）：漢代的檄可包括或指代這樣一些文書：（一）討伐敵人的檄；（二）發兵詔書，及向天下宣告胡虜投降的詔書；（三）大將向皇帝報告軍情的章奏文書；（四）用作符傳的檄；（五）郡縣等的告急發兵檄；（六）用於徵召官員、敕責、下達命令等方面的檄。

大庭脩（2001，103頁）：檄書是具有特殊概念、特殊用語與目的，以居延漢簡實例所見多用觚書寫的文書。

李均明（2009，103頁）：「檄」亦稱「檄書」，是一種行事急切，具有較強的勸說、訓誡與警示作用的比較誇張的文書形式。

冨谷至（2013，88頁）：檄可以分為兩類，一類是作為文書傳遞出去的檄A，另一類是在大眾面前展示的檄B……檄是以露布的形態進行傳送、旨在公諸於眾的木簡。就其功能而言，首先，使各個官署之間了解行政文書的往復傳送，宣明文書的權威性和命令的徹底性；第二，讓各級官署目睹文書傳送形式的不確定性（或隱匿、或公開），以此作為掌控官吏的計略；第三，特別是檄B，若內容涉及公務，將之公諸於眾，可以起到一種震懾和督勵的效果，如果內容針對個人，則可起到自誡、警示和回憶的效果。具有以上功能的檄，正是前章筆者所說的「視覺簡牘」。由此來看，文獻史料中提到的警報、說諭以及徵召等等有關檄的解說都沒有錯。不過，用檄的意圖並不在於強調訓誡和宣諭，其根本目的在於強化文書行政與文書傳送，進而對各級官吏的實施有效掌控。

今按，諸說多是。檄是一種特殊的文書形式，漢簡所見檄書多用於徵召、訓誡、命令等。

□言之：從關嗇夫貰糴〔1〕粟〔2〕□

□□□□□□   73EJT1：66

【集注】

〔1〕貰糴：劉倩倩（2015B，44頁）：此處「糴粟」乃名詞，指穀物。

今按，劉說不確。此「糴」通「糴」，義為買入糧食。《說文·入部》：「糴，市穀也。」《玉篇·入部》：「糴，入米也。」貰，賒欠。《說文·貝部》：「貰，貸也。」段玉裁《注》：「《泉府》以凡賒者與凡民之貸者並言，然則賒與貸有別。賒，貰也，若今人云賒是也；貸，借也，若今人云借是也。其事相類，故許渾言之曰貸也。」《史記·高祖本紀》：「常從王媼、武負貰酒。」裴駰《集解》引韋昭曰：「貰，賒也。」「貰糴」謂以賒欠的方式買入糧食。

〔2〕粟：勞榦（1960，60頁）：禾粱與粟為一物……凡古人之米之飯，以出於粟者為主，粟田又兼種麥，故簡牘所記，粟麥最多。

何雙全（1986，252頁）：史籍中有曰粟是穀類作物的總名者，實誤，非總稱，乃糧食之一種……很明顯，穀才是總稱，而粟是單獨一種糧食，據破城子遺址和河西漢墓中出土的實物分析，與現在的穀子相同，顆粒圓，薄皮、白色或黃色，大小與現在的穀相同。

黃今言（1993，305頁）：又稱小米。古人凡是單言「米」或「飯」者，乃多指粟而言。它是我國古代最早食用的穀物之一。

李天虹（2003，79頁）：粟，簡文又稱粱粟，即今天的穀子。《本草綱目·穀部》云：「粟，即粱也。穗大而毛長粒粗者為粱，穗小而毛短粒細者為粟。」

今按，諸說是。粟今北方通稱穀子，去皮後叫小米。《急就篇》：「稻黍秫稷麻秔。」王應麟《補注》曰：「今人以穀之細而圓者為粟。」《爾雅翼·釋草一·粱》：「古不以粟為穀之名，但米有孚殼者皆稱粟，今人以穀之最細而圓者為粟，則粱是其類。」

☒□國私兵舉〔1〕四時簿〔2〕，使都護〔3〕大守〔4〕府　　　　　　73EJT1：68

【集注】

〔1〕私兵舉：劉倩倩（2015B，45頁）：私兵，漢代豪強地主的私人武裝。

今按，劉說不確。「私兵」在該簡中當指私人兵器，漢簡中兵器的所屬，大致分為官有和戍卒個人擁有，如金關漢簡73EJT24：114即將兵器分為官兵和卒兵。該簡「私兵」或即「卒兵」，即戍卒私有的兵器。舉即糾舉，私兵舉或指糾舉私人兵器所存問題的文書。

〔2〕四時簿：永田英正（1987B，380頁）：所謂四時簿是把一年分成四期，記載一期（三個月）的賬簿。

連劭名（1988，137頁）：「四時」，指季度。一季三月，分屬四個不同的季節，故漢人習稱季度為「四時」。據居延所出簡牘，漢時每一季度所上報之文書稱為「四時簿」，此為當時的定例。「四時簿」的內容極為廣泛，大凡官兵吏卒，兵器糧草，錢穀收支及各項須統計者，皆登錄在冊以備考存。

趙沛（1994，21頁）：四時簿，即季簿，按季上報的簿籍。一年分四季，故曰四時簿。

中國簡牘集成編輯委員會（2001G，91頁）：季度會計報告。一般都標明某年「某月盡某月」。

　　　　李均明（2009，279 頁）：「四時簿」為季度會計報告，一年分春、夏、秋、冬四季，故稱「四時」。

　　　　今按，諸說是。四時簿為按季度統計的各類簿籍。

〔3〕都護：官名。漢宣帝置西域都護，總監西域諸國，並護南北道，為西域地區最高長官。《後漢書・西域傳》：「武帝時，西域內屬，有三十六國。漢為置使者、校尉領護之。宣帝改曰都護。」李賢注曰：「宣帝時，鄭吉以侍郎田渠犁，發兵攻車師，遷衛司馬，使護鄯善以西南道。其後匈奴日逐王降吉，漢以吉前破車師，後降日逐，遂並令護車師以西北道，號曰都護。都護之置，始自於吉也。」

〔4〕大守：即「太守」。秦置郡守，漢景帝時改名太守，為一郡最高行政長官。《漢書・百官公卿表上》：「郡守，秦官，掌治其郡，秩二千石。有丞，邊郡又有長史，掌兵馬，秩皆六百石。景帝中二年更名太守。」

☑長掖郡中正光占☑☑

☑☑☑☑☑☑☑　　　　　　　　　　　　　　　　　　73EJT1：69

【校釋】

　　　　「長」原作「張」，姚磊（2017E4）釋，且認為此處用作「張」。今按，姚說可從。

☑☑☑☑　唯子光☑

☑毋置意☑☑　　　　　　　　　　　　　　　　　　　73EJT1：70

☑　里夏解之〔1〕壬寅行到〔2〕居延☑（觚）　　　73EJT1：72

【集注】

〔1〕夏解之：人名。

〔2〕行到：劉倩倩（2015B，45 頁）：「到」通「道」。行道：指行役，在途中。

　　　　　　今按，劉說不確，「到」當作如字解。

☑之：宜歲〔1〕里公乘〔2〕王富〔3〕，年卅五歲，自言為家私☑

☑言之。八月壬子，雒陽〔4〕丞大〔5〕移所過縣☑　　73EJT1：80A

☑四月壬子入　☑　　　　　　　　　　　　　　　　73EJT1：80B

【集注】

〔1〕宜歲：里名，屬雒陽縣。

〔2〕公乘：陳直（2009，55 頁）：居延戍所候官以下之吏卒，最高者為八級公乘之
　　　民爵，無九級五大夫之官爵，蓋有官爵者即不戍邊，故不見有九級以上之高
　　　爵。

　　　　　今按，說是。公乘為秦漢二十等爵位的第八級。《漢書・百官公卿表上》：
　　　「爵：一級曰公士，二上造……八公乘。」顏師古注：「言其得乘公家之車也。」

〔3〕王富：人名。

〔4〕雒陽：陳直（1979，199 頁）：在西漢時期，洛陽即作雒陽，從封泥、漢印、及
　　　漢書所存古字中，皆可以得到證明，傳說光武時始改洛為雒非也。

　　　　　今按，其說是。雒陽為河南郡屬縣。《漢書・地理志上》：「雒陽，周公遷
　　　殷民，是為成周。《春秋》昭公三十二年，晉合諸侯於狄泉，以其地大成周之
　　　城，居敬王。莽曰宜陽。」顏師古注曰：「魚豢云漢火行忌水，故去『洛』『水』
　　　而加『隹』。如魚氏說，則光武以後改為『雒』字也。」

〔5〕大：人名，為雒陽縣丞。

故第四農長〔1〕闊安居〔2〕，一名充河□☑
□□□農丞〔3〕□適□大常□☑
☑馮廣昌〔4〕，穎川郡〔5〕陝☑　　　　　　　　　　　　73EJT1：84

【校釋】

　　　末行「陝」黃浩波（2011C）釋為「郟」。晏昌貴（2012，251 頁）認為「陝」
字釋寫無問題，但《漢志》陝屬弘農郡，穎川郡有郟縣。田炳炳（2014A）認為「陝」
當是「郟」之反寫，但其似將「陝」和「陝」字混淆不分。劉倩倩（2015B，48 頁）
認為穎川郡有「郟」而無「陝」，此處或為筆誤。

　　　今按，該字圖版作█形，從字形來看，似當釋「陝」，但於文義難通。因此該
字或當釋「陝」。《說文》：「陝，隘也。」朱駿聲《說文通訓定聲・謙部》：「字亦作
陜、作峽、作狹，與陝州之陝迥別。」簡文「陝」或即「郟」之異體。

【集注】

〔1〕農長：勞榦（1960，52 頁）：漢代屯田之組織不詳，今據諸簡有守農令，有長
　　　官。守農令者或農令之守護者，長官當為其別稱也。都尉之下有候官，農令或
　　　長官當亦屬於都尉，若候官之比矣。

　　　　　徐樂堯（1984，324 頁）：屯田系統於田官下似也設置與候望系統部候長
　　　同級的農長，簡文稱第幾長。

劉光華（1988，102 頁）：一田官所轄或亦有若干部，部農之主管官稱部農第×長，或簡稱第×長。所以，簡文「部農第四長」為全稱，「第六長」為「部農第六長」的簡稱。

裘錫圭（2012B，231 頁）：居延和騂馬田官的首長都是令長級的。因此田官所統轄的「第某長」或「某農某長」，其品級一定低於一般的令長。徐樂堯、余賢傑認為「其地位相當於候望系統的部候長」，大概近於事實。《後漢書·百官志一》記大將軍部曲，謂「曲有軍候一人，比六百石。曲下有屯，屯長一人，比二百石」。分部之長的地位跟屯長也應該是相近的。

王勇（2008，21 頁）：部農長是屯田系統中隸屬於農令的下一級主管農官。田官區可以分為左右兩部，其主管者分稱「左農左長」「右農右長」。如耕地面積較大或佈局分散，左右兩部還可再因地制宜的分為前後左右各部。

唐俊峰（2014A，95 頁）：漢簡裏這些以序數、方位命名的農長，是與農令級別相同但秩級較低的長吏。

今按，諸家所說「農長」當為田官的首長農令之下主管一部分屯田的官吏，似無疑問。唯勞說和唐說等認為農令和農長為同一級別的官吏，恐不確。居延漢簡可見「第六長壽」（278·9）、「部農第四長」（273·9），其中「第六長」裘錫圭（2012B，227 頁）指出當是居延農令下主管一部分屯田的官吏。「部農」裘錫圭（2012B，227 頁）認為應與「居延農」同義，「部」在此處指都尉的防區。其說是。該簡則稱「第四農長」。

〔2〕閻安居：人名，為第四農長。

〔3〕農丞：徐樂堯（1984，323 頁）：農令、候農令之下，設有屬吏「丞」。可能因屯田事繁，丞不止設一人，簡文所見有第二丞、第三丞、第四丞、第五丞、第六丞、第七丞等。

劉光華（1988，105～106 頁）：第×長與第×丞為同一級之屯田官吏……第×丞與第×長的區別，或在於所隸屬之系統的不同。

裘錫圭（2012B，231 頁）：屯長、候長這類「長」，是沒有資格設稱「丞」的副職的。所以「第某丞」必非分部之長的丞。《劉書》認為「第×長與第×丞為同一級之屯田官吏」，其說可從。據《百官表》，一個令長之下往往可以設好幾個丞。大概田官之長下面，除了全面輔佐他的丞（也許瓦因托尼食簿簡提到的「都丞」就指這種丞），還設有一些地位較低的丞。分部若不設長，就由這些丞來掌管。

王勇（2008，21 頁）：其中左農右丞、右農前丞當是左農右長、右農前長的副職。

今按，諸說多可從。農丞當是和農長同一級的屯田官吏，田官下面分部或設長，或設丞。徐說和王說認為農丞為農長的屬吏或副職恐不確。

〔4〕馮廣昌：人名。

〔5〕潁川郡：《漢書·地理志上》：「潁川郡，秦置。高帝五年為韓國，六年復故。莽曰左隊。」其「潁」漢簡作「潁」。

☑☑收吏計以☐責〔1〕如記上☐☑　　　　　　　73EJT1：85A

☑☐至欒得迎奉〔2〕，候☐當☑　　　　　　　　73EJT1：85B

【校釋】

A 面簡末未釋字李燁、張顯成（2015，67 頁）釋「錢」，李洪財（2014，223 頁）釋作「會」，姚磊（2017D4）從李洪財釋「會」。

今按，該字作 形，從字形來看似更近「會」字，但文義不明，此暫從整理者作未釋字處理。

【集注】

〔1〕責：陳槃（2009，219 頁）：案「責」同「債」。漢以後始有債字，古文但作責也。今按，說是。「責」通「債」。

〔2〕迎奉：奉，俸祿。後作「俸」。《廣雅·釋詁四》：「奉，祿也。」迎奉，指迎取俸祿。

☑宜逐捕〔1〕亡民〔2〕安樂〔3〕里，發告張掖☐☑　　　73EJT1：86

【校釋】

「告」原作「赤」，何茂活（2014D）、（2016C）釋。

【集注】

〔1〕逐捕：追逐逮捕。《漢書·薛宣傳》：「廣漢郡賊盜羣起，丞相御史遣掾史逐捕不能克。」

〔2〕亡民：流亡的百姓。《史記·太史公自序》：「燕丹散亂遼閒，滿收其亡民，厥聚海東，以集真藩，葆塞為外臣。」

〔3〕安樂：里名。

☑　敢□□□以家　☑

☑　……　☑　　　　　　　　　　　　　　　　　　73EJT1：87

【校釋】

　　該簡左半尚殘存一行文字，今據以補「……」。

☑尉壽王襭　☑（觚）　　　　　　　　　　　　　73EJT1：88

☑□足下甚苦事〔1〕

☑長常賢幸甚　　　　　　　　　　　　　　　　　73EJT1：90A

丙寅七日卩〔2〕　丁亥廿八日

☑月朔大　丁卯八日卩　戊子廿九日

戊辰九日卩　己丑卅日□

己巳十日　　　　　　　　　　　　　　　　　　　73EJT1：90B

【校釋】

　　B面第三行未釋字李洪財（2012）釋「謁」。今按，釋或可從，但不能確知，此暫從整理者作未釋字處理。又第二行「廿九日」後原有「卩」號，其為第三行末字之筆畫，現據以刪。

【集注】

〔1〕甚苦事：中國簡牘集成編輯委員會（2001C，88頁）：或作「甚苦」「甚苦官事」，指工作辛苦，書信用語。

　　　王貴元、李雨檬（2019，145頁）：「苦事」類主要有以下三組語詞：甚苦事、良苦事、甚苦官事、甚勞苦官事、甚苦道、良苦田事、良苦臨事、勞苦臨事；猥勞居官、獨勞、獨勞疾；甚苦塞上、良苦迫塞上、甚苦候望。苦事：事務辛苦，西北漢簡中多指公務。

　　　今按，說是。甚苦事謂甚苦於官事，即工作辛苦，漢人書信習用客套語。

〔2〕卩：陳直（2009，145頁）：居延簡器物糧食簡上，卩字最多，余昔考為領字之簡寫，施之各簡皆可通。卩字為領用器物人所寫，中間有空際一段，與原簡多係兩人筆迹。猶現代印成之收據，由收主簽字蓋章也。

　　　陳公柔、徐蘋芳（1963，158頁）：由於「卩」號也記於「取」或「自取」下面，所以，他們應為受領者的簽押符號。

　　　黃盛璋（1974，72頁）：「卩即「節」字，假借為「結」，表示該帳目結束。

裘錫圭（1974，62頁）：「卩」是漢代人常用的記號。例如居延出土的漢代廩食簿裏，就往往用「卩」號表示某筆口糧已為戍卒領走。

何雙全（1984，467頁）：卩，居延漢簡中最為常見，往往出現於兵器簿、廩食簿、衣物登記簿等簡冊中。以文意觀之，當以劃押或拘校符號看待較為合理，而以文字理解，證據似不足。

陸錫興（1987）：「卩」並不難識，它就是漢簡中常見的「已」字，造成我們釋讀的障礙在於它的字形，而把「已」寫成「卩」是漢代特有的書寫習慣。

李均明、劉軍（1999，86頁）：鈎校結果單純以符號表示者，以署「卩」者居多，又見「𠃎」「──」等，考察其簡文內容多與出入錢、糧有關，故「卩」等符號的意義當與鈎校文字「已」「畢」之類相同，指行為已實施。

尚穎（2015）：它位於簡末，或者是每句話的句末，並與前文有數字甚至數十字的間隔，表示確認的意思。出現的語境多是俸祿的領取、出入關人員的詳細情況（年齡、身高、膚色等）。

李潔瓊（2020，55頁）：西北漢簡中的卩 、𠃎、卩三者都為「予」字在歷時層面的書寫變體，簡文中位於物品名稱的後面，表示確認已經給予，屬簡文內容。在其演變發展的過程中，部分卩的功能不再表示具體的給予，而是符號化，繼承了「予」表示確認的核心義素，放在簡末表示核驗。

今按，「卩」號當為鈎校符號，雖然其意義與「已」「畢」之類相同，但不能認為其就是文字「領」「節」「已」等。又該簡A面為書信，B面為曆譜，且兩面筆迹不同，當非同時書寫。

☑肩水金關寫（削衣）　　　　　　　　　　　　　　73EJT1：94

☑□　伏地再拜〔1〕過☑（削衣）　　　　　　　　　73EJT1：96

【集注】

〔1〕伏地再拜：陳直（2009，472頁）：居延簡中，所見西漢人書札，起句為某某伏地再拜，請某某足下，與古籍所流傳書信，起句為某某白某某足下，形式不同。

林劍鳴（1984，148頁）：「伏地再拜」是見於簡牘中信札之習俗語，與文獻記載一般漢人信札均以「某白某某足下」的形式不同。但「伏地」確是兩漢人的習俗語：曹操《董逃歌辭》云：「鄭康成行酒，伏地不起。」

　　李均明（2009，125～126 頁）：稱「伏地」以表卑躬，《後漢書·橋玄傳》：「玄少為縣功曹。時豫州刺史周景行部到梁國，玄謁景，因伏地言陳相羊昌罪惡，乞為部陳從事。窮案其奸。」「再拜」，拜手至地之禮節，表敬意，《史記·三王世家》：「大司馬臣去病昧死再拜上疏皇帝陛下」。

　　馬怡（2010，2 頁）：「伏地再拜」，漢代拜禮。這裏用作書信中的禮敬辭……在漢代書信中，作為禮敬辭的「稽首」，僅用於臣子給君王的上書。作為禮敬辭的「頓首」，常用於給上司、長輩以及平交之較尊者的書信。而對一般的平交對象，則往往以「伏地」為禮敬辭。在今存漢代書信中，未見有以「空首」為禮敬辭的例子。而行「空首」之禮時，「先以兩手拱至地，乃頭至手」，其動作特點是拱手而至地，這恰與「伏地」相合。「伏地」又輕於稽首、頓首，故疑此即空首之禮。禮敬辭「伏地」與「再拜」常連用。《白虎通·姓名》：「所以必再拜何？法陰陽也。」「再拜」，拜兩次。

　　王貴元、李雨檬（2019，142～143 頁）：伏地，匍匐在地上，行禮動作。書信中「伏地」常與同樣是敬禮語的「再拜」組合使用，其後是告白或提示類動詞，有時動詞前還有表程度的副詞，其結構類型（敬禮語—修飾詞—告白或提示類動詞）為：伏地（伏地再拜；伏地再拜再拜）—多—請（言、白；問、願）。「伏地」敬禮語的使用有「伏地」「伏地再拜」和「伏地再拜再拜」三種格式，用法略有不同：「伏地」「伏地再拜」多用於書信開頭或信中，「伏地再拜再拜」多用於信尾。三種類型中，「伏地再拜」最為常用。

　　今按，諸說是。史籍可見「稽首再拜」「頓首再拜」，如《漢書·王莽傳》：「於是莽稽首再拜，受綠韍袞冕衣裳。」《史記·仲尼弟子列傳》：「句踐頓首再拜曰。」

☐移過所〔1〕縣邑〔2〕如☐（削衣）　　　　　　　　　　　　73EJT1：101

【集注】

〔1〕過所：羅振玉、王國維（1993，263～264 頁）：過所者，後漢以來行旅券之稱。周時及漢初謂之曰「傳」。《周禮·司關》「凡所達貨賄者，以節傳出之」，鄭注：「傳，如今移過所文書。」《漢書·文帝紀》「除關毋用傳」，張晏曰：「傳，信也，若今過所也。」《釋名》：「傳，轉也，轉移所在，執以為信也。」「過所，過所至關津以示之也。」則傳與過所同物而異名。但過所之稱，起於後漢耳。漢時過所或用帛，或用木。

　　陳公柔、徐蘋芳（1960，49 頁）：因公來往的人，皆持有通行證明，稱為「過所」。

　　陳直（1962，146 頁）：過所謂過所縣邑河津之地，便利宿食，其作用等於路證。過所移文中，多有當以今取傳謁移過所縣道之語。是過所必須與傳相輔而行，傳之作用，等於身份證。

　　李均明（1983，31 頁）：漢簡所見，「傳」與「過所」一語常常出現於一牘之中，其中「過所」應當是所過之所的意思，所以有的簡文可省略之而只署寫過境的具體地點。

　　于豪亮（1983，91 頁）：在漢代，人們因事需要旅行，政府發給的通行證，稱為「過所」，「過所」是所過之處的意思。

　　胡平生、張德芳（2001，42 頁）：經過之所。後成為通關文牒之專稱。

　　中國簡牘集成編輯委員會（2001G，181 頁）：漢代語言多倒置結構，「過所」即「所經過」，此處指「所經過諸地方」，東漢以後演變為文書名，稱「過所」，猶後世之通關文牒和今日之通行證。

　　李燁（2015，58 頁）：漢簡文書中，「過所」一語是一種概括性的稱法，指沿途的各稽查單位，即經過的地方之義。

　　李銀良（2017，236 頁）：在過所史料的界定上，一方面傳世文獻中所謂的「過所」大部分是「所經過」之義，而非通關憑證，另一方面，在出土文獻中，我們列舉的十餘枚簡牘，通過比對，「過所」句式是有一定規律的，「過所」前除冠以「移」字外，還有其他稱謂，諸如「謂」「謁告」等，「謂」「謁告」是文書習慣用語，表示告知之義，「過所」在這類簡文中只能解釋為「所經過」之義；「過所」二字後常綴以地理稱謂，如縣、邑（道）、侯國、河津關、門亭等，相比之下，解釋為「所經過」之義更加恰當。

　　今按，諸說多可從。該簡文屬「傳」的片斷，其中出現在簡文中的「過所」一語當是所過之所的意思。陳直將其和傳分為二物，不確。

〔2〕邑：鄭威（2015，219～220 頁）：邑是一種既不同於縣，又不同於侯國的縣級政區。作為封建領主，邑主不居邑，與居國的列侯不同。因此，在吏員配置上，侯國內有侯家丞，以侯家丞為中心，還有僕、行人、門大夫、先馬（洗馬）、中庶子等為侯府服務的人員，而邑內則無需這些人員，吏員配置與縣無別，行政體系估計也大致相當。當然，邑內的邑丞等官員需要定期向邑主上計（邑丞不在官時，由邑尉等替補）並繳納賦稅收入，這是邑與縣的重要區別。

今按，說是。漢代邑屬縣一級政區，為皇后、公主的封地。《漢書·高帝紀下》：「令天下縣邑城。」顏師古注引張晏曰：「皇后、公主所食曰邑。」

☐五月丙寅，嗇夫長生〔1〕受　☐（削衣）　　　　　　　73EJT1：104

【校釋】

「長生」原作「延坐」，何茂活（2014D）、（2016C）釋。

【集注】

〔1〕長生：人名，為嗇夫。簡73EJT1：124亦見嗇夫長生，郭偉濤（2017A，245頁）指出其當為關嗇夫。郭說是，嗇夫名長生者為金關關嗇夫。

☐移金關塞，從者〔1〕如☐（削衣）　　　　　　　　　73EJT1：107

【集注】

〔1〕從者：勞榦（1960，57頁）：故在漢世，凡雇傭之客與奴隸並稱為奴客。蓋其身份雖殊，而其勞役則同，苟非相識其人，無由辨其奴為客也。奴客亦稱為從者。

陳直（2009，435頁）：居延木簡中，有從者，又有私從名稱。私從為吏卒之親友從戍所者，而從者則為官吏屬員無職者之稱。

胡平生、張德芳（2001，131頁）：吏士出征時私募之隨從。《漢書·李廣利傳》：「發惡少年及邊騎，歲餘而出敦煌六萬人，負私從者不與。」師古曰：「負私糧食及私從者，不在六萬人數中也。」

楊芳（2009，63～64頁）：私從者為吏士私募的隨從……從籍貫來看，私從者既有內郡的，也有邊郡的，大多為自由民，反映出河西邊塞士吏等僱用私從者很普遍。邊塞的私從者，除了為其主人效力之外，還從事田作和其他雜役。

侯宗輝（2014，140頁）：「從者」是漢代社會中的一種群體身份稱謂，因其常常充當吏士的私人隨從，故而也被稱作「私從者」或「私從」。「從者」的大量出現是漢代社會雇傭關係發展的需要，吏士私人可以雇傭「從者」的數量似無定數。「從者」最基本的職能是協助雇主完成公職使命與私人事務，並廣泛地參與在一些具體行政事務的處理中，因而「從者」的普遍存在一定程度上促進了地方行政效率與品質的提高。「從者」在因公差旅途中，所過驛站需按

國家規定標準為其提供傳食。具有戶籍、可以擁有爵位的「從者」相比於私家奴婢，社會地位較高。但在邊塞屯戍系統中，他們都被視為戍吏的家屬成員，依據年齡的大小，由政府統一發放相同數額的廩食。

李岩雲（2014，326～327）：私從者和從者僅是一種身份而已，是在當時的社會環境中針對特殊人群而設置的一種身份。私從者和從者的區別在於，私從者強調的是私，私，當作私自講，《左傳·宣十六年》：「晉侯使士會平王室，定王享之，原襄公相禮，殽烝，武子私問其故。」自願的成分要多一些。而從者可能就沒有那麼幸運了，帶有一種強制性，必須服從。

沈剛（2016，245 頁）：從者的身份是民，私從者則和主人有隸屬關係。他們均為吏之從者。其職責是輔佐政府佐官、屬吏完成各類公務，是國家日常行政的組成部分。從者不能為官吏之私事服務。

今按，諸說多可從。《史記·刺客列傳》：「從者以告其主，曰：『彼庸乃知音，竊言是非。』」從者即官吏的隨從人員，是協助其完成公務的民眾。而私從者則可能更強調其隸屬於官吏，並從事其私人事務的屬性。陳直認為私從者是吏卒之親友，從者是官吏屬員似不妥。

☑□幸甚幸甚☑（削衣）	73EJT1：111
☑水宰封書□☑	
☑案如書以□☑	73EJT1：113A
☑以律☑	
☑□尉等叩☑	73EJT1：113B
本始二年八月辛卯朔戊申〔1〕，居延戶曹佐〔2〕☑	73EJT1：125A
十月戊子出關　☑	73EJT1：125B

【校釋】

張俊民（2011A）、（2011B），黃艷萍（2014A，117 頁）、（2014C，79 頁），胡永鵬（2014B，274 頁）均認為「八月辛卯朔」有誤，當為原簡書寫錯誤。今按，諸說當是，原簡書寫有誤。

【集注】

〔1〕本始二年八月辛卯朔戊申：本始，漢宣帝劉詢年號。據徐錫祺（1997，1540頁），本始二年八月戊申即公曆公元前 72 年 10 月 17 日。

〔2〕戶曹佐：陳夢家（1980，98頁）：諸曹為官府分科治理政事的處所，同在一官署之內，於兩旁分設諸曹。居延漢簡（340‧12）曰「府遣自持此書行詣曹」。《說文》曰「曹，獄之兩曹在廷東」。漢代自三公、九卿下至諸縣皆有曹，《蜀志‧杜瓊傳》曰「古者名職不言曹，始自漢以來名官盡言曹，吏言屬曹，卒言侍曹」。曹為屬吏、掾史治事之所：《漢書‧薛宣傳》曰「賊草掾張扶獨不肯休，坐曹治事」；《後漢書‧儒林（張玄）傳》曰「嘗以職事對府，不知官曹處」。

宋一夫（1998，312頁）：作為古代國家分科辦理政務的「曹」，並非漢代始設，在戰國時，人們已稱此為「曹」，在秦統一以前，可能普遍設置。

今按，諸說是。戶曹為掌管民戶、祠祀、農桑等的官署。《後漢書‧百官志一》：「戶曹主民戶、祠祀、農桑。」該簡戶曹佐，當為居延縣戶曹之書佐、佐史一類吏員。

地節三年十一月癸未朔辛丑〔1〕，軍令史遂〔2〕敢言之：詔書〔3〕發三輔〔4〕、大常〔5〕、中二千□
里□□自言作日備‧謹案□□□□□□□□十一月乙酉□□□□□

73EJT1：126

【校釋】

末行「備」原作「滿」，伊強（2015B）、張俊民（2015C，38頁）釋。又末行「里□□」張俊民（2015C，38頁）作「里□順」，「□□十一月乙酉□□□□」張俊民（2015C，38頁）作「順以十一月乙酉作日備順」。「乙酉」後三字胡永鵬（2016A，175頁）作「作日滿」。今按，釋或可從，但字多殘損，僅存右半，不能確知，暫從整理者釋。

【集注】

〔1〕地節三年十一月癸未朔辛丑：地節，漢宣帝劉詢年號。據徐錫祺（1997，1550頁），地節三年十一月辛丑即公曆公元前66年1月12日。

〔2〕遂：人名，為軍令史。

〔3〕詔書：薛英群（1984，264頁）：詔書因奏報部門不同，視其內容，下達級別、範圍也各異，但一般是由三部分內容構成，前一部分稱為「奏」，書奏報下詔的部門及主要官吏姓名；第二部分為詔書本文，也就是該詔書的主要內容，一般史書僅摘錄這一部分；第三部分是詔書下行於內外官署之例文，或曰下行文書。

　　汪桂海（1999，34 頁）：漢代詔書的幾種情形，第一種是皇帝以自己單方面意志下達的命令文書，其他則是皇帝批示臣民奏書形成的。在文書程式上，詔書顯然與策書、制書等有所不同，除第一種情形詔書起首多作「告某官」或「告某官某」外，其他詔書可包括兩部分，第一部分是臣下的奏文，第二部分是皇帝的指示文字，兩部分文字共同構成一份詔書，根據這一程式來判斷孰為詔書孰為策書或制書是很容易的。

　　李均明（2009，27 頁）：詔書是皇室最常用的命令文書，用於處理常規行政事務，涉及面廣，用量最大，故簡牘中屢見，《獨斷》云：「詔書者，詔，誥也。有三品，其文曰：『告某官，官如故事。』是為詔書。群臣有所奏請，尚書令奏之。下有『制曰：』天子答之曰『可』。」……蔡邕所謂「詔書」有「三品」，乃指詔書的三種形式：其一為文有「告某官某……如故事」者；其二為「群臣有所奏請，下有司曰『制』，天子簽之曰『可』，若『下某官』云云」；其三為「群臣有所奏請，無『尚書令奏』、『制』之字，則答曰『已奏，如書。』本官下所當至」。簡牘所見多為前二者，但第二種情形所見，皇帝的批示不一定是簽「可」，也可批覆具體的處理意見。

　　今按，諸說多可從。詔書可分三種形式，薛英群說詔書一般由三部分內容構成恐不妥。蔡邕所言第一種詔書無所謂「奏」的部分，而詔書行下之辭應當不能算作詔書內容。

〔4〕三輔：西漢治理京畿地區的三個職官的合稱。亦指其所轄地區。《太平御覽》卷一六四引《三輔黃圖》：「武帝太初元年改內史為京兆尹，以渭城以西屬右扶風，長安以東屬京兆尹，長陵以北屬左馮翊，以輔京師，謂之三輔。」

〔5〕大常：安作璋、熊鐵基（2007，91～92 頁）：作為九卿之首的太常，其職權在兩漢亦漸有分化降落之勢。如漢初三輔有陵廟之縣，均屬太常掌管，故當時公牘中每以太常與三輔並稱。元帝永光元年分諸陵邑屬三輔，此後言三輔陵廟事，即不再涉及太常，而考試之權，武帝以後則漸歸尚書，明顯是職權的削弱。

　　今按，即太常，官名。秦置奉常，漢景帝六年更名太常，掌宗廟禮儀，兼掌選試博士。《漢書·百官公卿表上》：「奉常，秦官，掌宗廟禮儀，有丞。景帝中六年，更名太常。」《後漢書·百官志》：「掌禮儀祭祀。每祭祀，先奏其禮儀；及行事，常贊天子。每選試博士，奏其能否。大射、養老、大喪，皆奏其禮儀。每月前晦，察行陵廟。」

☑☑☑☑在前留意　　　　　　　　　　　　　　　73EJT1：132

地節四年四　　　　　　　　　　　　　　　　　　73EJT1：138

至本始☑　　　　　　　　　　　　　　　　　　　73EJT1：139

☑君從事☑　　　　　　　　　　　　　　　　　　73EJT1：141

昏時〔1〕出關・護渠☑　　　　　　　　　　　　　73EJT1：144

【校釋】

　　　　姚磊（2017E2）遙綴 73EJT1：144 和 73EJT1：141 兩簡。今按，兩簡形制、字體筆迹等一致，但無法直接拼合，暫不作綴合處理。

【集注】

〔1〕昏時：陳夢家（1980，250 頁）：漢簡昏時在日入時後，故亦稱夜昏時。古以晨、昏或日出、日入分劃晝、夜，晨、昏即所謂晨昏蒙影（Twilight），故昏時又稱為黃昏或莫（暮）。

　　　　中國簡牘集成編輯委員會（2001G，224 頁）：昏，當為昏時，為日時之一，在日入後、夜時之前。相當於今十九點三十分。

　　　　張德芳（2004，200～201 頁）：昏時即黃昏。太陽落山後，天色尚未完全黑下來，此時稱昏時，或稱黃昏。「昏時」同「人定」「夜半」作為日入以後的三個稱謂是十二時制的通用名稱……懸泉漢簡中，除了「昏時」「黃昏」外，還有「入昏」一詞，大概都指同一個時間。

　　　　冨谷至（2018，91 頁）：黃昏時為十八時左右，亦稱「昏時」或「夜昏時」。從這一時刻起就是「夜」。

　　　　今按，諸說是。昏時也稱黃昏。

復重趣☑　　　　　　　　　　　　　　　　　　　73EJT1：145A

□□長卿□☑　　　　　　　　　　　　　　　　　73EJT1：145B

☑月丙戌，騂☑　　　　　　　　　　　　　　　　73EJT1：147

☑更竟里〔1〕韓誤〔2〕詣居延□☑　　　　　　　73EJT1：151

【集注】

〔1〕竟里：里名。

〔2〕韓誤：人名。

本始六年二月乙卯〔1〕，府▨

匈奴虜入酒泉〔2〕會▨　　　　　　　　　　　　　　73EJT1：156

【校釋】

末行「酒泉會」原作「河泉□」，馬智全（2012，107頁）釋。

【集注】

〔1〕本始六年二月乙卯：羅振玉、王國維（1993，118頁）：宣帝本始之年號僅有四年，無六年。本始六年即地節二年，據太初術推之，則地節二年三月正得癸亥朔，與此簡合。按，武帝建元、元光、元朔、元狩、元鼎、元封六號，皆六年而改；太初、天漢、太始、征和四號，皆四年而改。昭帝始元、元鳳二號，亦六年一改。疑宣帝本始之元，初亦因昭帝之制，六年而改，後更用四年遞改之制，遂以地節元年為三年，而減本始為四年，否則敦煌去京師僅一月程，不應改元二年，尚用本始舊號，而月朔、干支又恰與地節二年密合也。

肖從禮（2012A，73頁）：漢宣帝在本始五年十一月後才改元為「地節」，而金關地區直到本始六年（實即地節二年）四月份才接到改元通知，並開始採用地節年號。

羅見今、關守義（2013）：本始六年即地節二年（前68），二月癸巳朔，乙卯廿三日。地節元年閏元月，即書簡人延後至第15個月尚不知年號改為地節。

今按，諸說是，本始六年即地節二年。敦煌漢簡1808號簡可見「本始六年三月癸亥朔」。羅振玉、王國維所說即針對此簡。至於其改元兩年之後仍用舊號的原因，當如肖從禮所說，改元「地節」是在本始五年十一月後，這樣改元二個月後仍用舊號符合常理。否則書簡人延後15個月後尚不知改元，似不大可能。

〔2〕酒泉：于豪亮（1981A，102頁）：《漢書・地理志》張掖郡下班固注云：「莽曰設屏。」酒泉郡下注云：「莽曰輔平。」這一條簡稱「輔平居成甲溝候官塞」，則王莽時居成一度改屬輔平無疑。《漢書・地理志》雖然記載王莽改居延為居成，但並沒有指出居成曾屬輔平。

黃東洋、鄔文玲（2013，134頁）：酒泉郡在新莽初年沿用舊名，至少始建國元年時任仍用酒泉之名，簡牘所見改稱輔平的明確紀年有始建國地皇上戊三年。漢制酒泉郡的玉門縣和敦煌郡的玉門關，兩地名同時並存。《漢志》

說新莽時期改玉門縣為輔平亭，目前未見相關簡文。有資料表明，作為軍事系統的居成部而不是行政系統的居成縣曾一度劃歸輔平郡管轄。

今按，酒泉為漢郡名，《漢書・地理志下》：「酒泉郡，武帝太初元年開。莽曰輔平。」

敢言之都☑   73EJT1：166

☑□疾心腹寒㤹〔1〕，未能☑   73EJT1：168

【集注】

〔1〕寒㤹：陳直（2009，298 頁）：寒㤹二字，屢見於居延漢簡病症之中，㤹即熱字之俗寫。《素問・舉病論》云：「得㤹則痛立止。」《調經論》云：「乃為㤹中疏。」《五過論》云：「膿積寒㤹。」王冰注，皆訓為熱。

于豪亮（1981B，43 頁）：㤹是熱字，當是從火從日會意。㤹和熱字可能在相當長的時期內一直並行使用著，在秦和西漢時，㤹字似乎比熱字用得更為普遍。

薛英群（1991，507 頁）：《素問・舉痛論》：「胅則氣瀉。」唐・王冰注曰：「㤹，熱也。」《素問》又曰：「寒氣客於經脈之中，與㤹氣相薄。」寒、㤹相薄，斯成病因，是醫家所說的「寒熱往來」的症狀。

高大倫（1998，118 頁）：㤹，《素問》王冰注：「㤹，熱也。」按中醫理論，寒㤹即寒熱往來，指寒氣客於經脈中，與熱氣相薄。

中國簡牘集成編輯委員會（2001G，34 頁）：寒㤹，㤹訓為熱，中醫術語。《內經・太素》云：「病風，且寒且㤹，一日數過。」《素問・舉痛論》云：「卒然而痛，得㤹則痛立止。」

裘錫圭（2008，16 頁）：「㤹」「熱」實為一字異體……《素問》「㤹」字屢見，其用法皆與「熱」字相同。如《舉痛論》先言「㤹氣」，後言「熱氣」，其義無別；又言「寒則氣收，㤹則氣瀉」，以「㤹」與「寒」相對。由於《素問》一書「熱」「㤹」二字錯出，「㤹」字後起之音又與「熱」相距甚遠，故知注家雖知「㤹」字之義與「熱」相同，仍不敢即定為「熱」字異體。竊意《素問》西漢時抄本當全用「㤹」字，後人改「㤹」為「熱」但又改之未盡，遂致「㤹」「熱」錯出。

今按，諸說多是。「㤹」為「熱」字異體，寒㤹即寒熱。

□地節二年八月癸☑（檢）　　　　　　　　　　　　73EJT1：174A

中部〔1〕候長賀〔2〕　　□朔戊子八月辛☑（檢）　　73EJT1：174B

□亭隧吏常□☑（檢）　　　　　　　　　　　　　　73EJT1：174C

□八月乙未，肩水令☑（檢）　　　　　　　　　　　73EJT1：174D

【校釋】

　　D 面「令」字圖版作 ▨ 形，下部殘缺，當存疑待考。又該簡形制似當為「觚」。

【集注】

〔1〕中部：吳昌廉（1985B，165 頁）：漢代邊郡障塞制度，障下為部，部下為隧。部是一守禦單位，如循行、捕亡、迹天田、禁蘭越塞等，均是以「部」為區劃單位。

　　　　張俊民（1988，52 頁）：部是邊塞防禦系統中處在候官與隧之間的一個組織機構，一般每部設候長、候史二個官吏，奉錢九百。下轄 6～9 個烽隧不等。部的命名大致以其所在的烽隧名稱命名（也有按照方位命名的情況）。

　　　　李均明（1992B，82 頁）：諸部治所均設於烽隧中，而且部的名稱與所在烽隧同，如第四部治所設於第四隧，吞遠部治所設於吞遠隧等。

　　　　中國簡牘集成編輯委員會（2001C，10 頁）：漢時邊塞候望系統中，低於候官而高於燧的建制稱部，一般轄六至九燧。其吏稱候長、候史。

　　　　今按，說是。該簡中部為肩水候官所轄部名。

〔2〕賀：人名，為中部候長。

□宣曲胡騎〔1〕蘇大已〔2〕坐賊殺☑　　　　　　　73EJT1：176

【集注】

〔1〕宣曲胡騎：沈剛（2012，234 頁）：所謂宣曲胡騎，按照《續漢書·百官志》補註引《漢官典職儀式選用》：「長水校尉主長水、宣曲胡騎。」即為中央所屬的騎兵。

　　　　今按，說是。宣曲為漢宮名。《漢書·劉屈氂傳》：「使長安囚如侯持節發長水及宣曲胡騎，皆以裝會。」顏師古注曰：「長水，校名，宣曲，宮也，並胡騎所屯。」胡騎詳參簡 73EJT1：158 注。

〔2〕蘇大已：人名。

☑屋闌〔1〕守〔2〕左尉德☑☑

☑☑☑☑☑☑☑☑　　　　　　　　　　　　　　　73EJT1：178A

☑☑呂益壽〔3〕以來☑　　　　　　　　　　　　　　　73EJT1：178B

【校釋】

A面「闌」原作「蘭」，何茂活（2014D）、（2016C），黃艷萍（2016B，122頁）、（2018，135頁）釋。

B面未釋字何茂活（2014C）、（2016A）補釋「男」。今按，補釋或可從，但該字上半部分缺失，不能確知，暫從整理者釋。

【集注】

〔1〕屋闌：「闌」通「蘭」，屋蘭為張掖郡屬縣。《漢書·地理志下》：「屋蘭，莽曰傳武。」

〔2〕守：謝桂華、李均明（1982，147～148頁）：漢代「守官」之義有二：其一曰，「守」即「試守」，意指官吏新除，試守一年，稱職迺為真……其二曰，「守」即「假守」，意即代理或攝事之意，非真官，漢簡中這類例證甚多。

大庭脩（1991，438頁）：所謂「守官」，就是代理某官，即卑秩（或卑位次）的官兼任高秩（或高位次）之職……被置為守官的官是在沒有本官的情況下，按照制度，守者既有自己的本職，同時又稱為守官，即一人兼任二官。

李天虹（1996，69頁）：統觀前人的研究，「守」有兩種含義：一是官吏初除稱守，滿歲為真；二是暫時代理某職。漢簡中的守屬第二種。

孫聞博（2012，73頁）：秦及西漢初年，縣一級機構出現的所謂「守丞」，其權且代行縣丞職事，並非發生在縣丞出缺、上級尚未正式任命之時，而是多在縣丞在職但不在署之時，丞歸即罷。這類「守丞」當不具有後來發展形成的試守性質及試用期限。

高震寰（2015，67頁）：「守」的意涵，在秦與漢可能類似。指的是在有本職的情況下，暫時代理了某項非本職的職務；一旦真官到則恢復本職。這種代理可能是因為所代理的職位空缺，也可能是因為在職真官暫時離署。

袁雅潔（2018，105頁）：「守官」應理解為代理某職務之意，其充任條件主要有兩種，以秩次相近充任者佔據大部分，但也存在以近次充任者。

鷹取祐司（2018，112頁）：守官有兩種形態：因主官不在署臨時代理（第一種守官）；主官不存在時的兼任（第二種守官）。這兩種形式之所以都被稱為「守」，是因為考慮到這兩種守官的任命沒有基於三年一期的考核，也沒有經過正式的人事手續。像這種沒有經過正式的人事手續任命而用「守」字表示，大概是因為「守」字有「假」的意思。

今按，諸說多是。漢簡所見「守」多指兼任，官員空缺時任命守官，守者有自己的本職，同時又為守官，為一人兼任二官。孫聞博、高震寰等謂這種代理是在職真官暫時離署的看法似不妥，官員暫時不在崗的代理漢簡稱作「行」或「兼行」。

〔3〕呂益壽：人名。《急就篇》可見人名「衛益壽」，顏師古注：「益壽亦延年之義也。」

☐庚子，肩水☐☐　　　　　　　　　　　　　　　　73EJT1：180

☐時，解何〔1〕☐　　　　　　　　　　　　　　　　73EJT1：181

【集注】

〔1〕解何：于豪亮（1961，454頁）：解何一詞，在漢簡中很常見。何與荷通，任也。《小爾雅·廣言》：「何、任也」；又：「荷、擔也。」其意當如《左傳》昭公七年傳「其子弗克負荷」及《東京賦》「荷天下之重任」之荷解。解何即解其任，也就是解除其職務的意思。

陳直（2009，143頁）：解何二字，以今語譯之，即作如何解釋。

胡平生、張德芳（2001，110頁）：如何解釋、如何辯解。《漢書·匡衡傳》：「案故圖，樂安鄉南以平陵佰為界，不足故而以閩佰為界，解何？」顏注：「解何者，以分解此時意，猶今言分疏也。」

今按，解何即如何解釋，于豪亮誤作解除其職務。

☐逐蓬火☐　　　　　　　　　　　　　　　　　　　73EJT1：187
☐唯府所令☐（削衣）　　　　　　　　　　　　　　73EJT1：189
☐☐夫　☐（削衣）　　　　　　　　　　　　　　　73EJT1：190
☐報敢☐（削衣）　　　　　　　　　　　　　　　　73EJT1：191
☐將吏☐☐（削衣）　　　　　　　　　　　　　　　73EJT1：192

閏月丙申，驪靬〔1〕長樂亡〔2〕移書報府所囗☑（削衣）　　　　73EJT1：199

【集注】

〔1〕驪靬：初昉、世賓（2011，235頁）：驪靬縣和馬苑當位於漢番和西南、漢刪丹向南的焉支山以南，今山丹馬場之地……驪靬之設縣置苑，蓋因其地最宜畜牧養馬。

今按，說或是。驪靬為漢張掖郡屬縣。《漢書・地理志下》：「驪靬，莽曰揭虜。」

〔2〕樂亡：當為人名，驪靬縣長。

☑囗塞尉〔1〕長孫　☑（削衣）　　　　　　　　　　　　　　73EJT1：203

【集注】

〔1〕塞尉：陳夢家（1980，51頁）：居延、肩水兩都尉下十個候官各置一塞，西漢簡各以候官名塞如甲渠塞，王莽簡則改稱為「甲溝候官塞」，東漢建初簡又改稱為「甲渠候官塞」或「甲渠塞」。每塞各設塞尉，塞尉常試守候事，故有「甲渠障守候塞尉」，謂塞尉某權守甲渠候事，漢簡，塞尉秩二百石，月奉二千錢；障候秩比六百石，月奉三千錢，塞尉乃候的屬吏，位次在候長之上，故候官行下文書皆經塞尉而下達於士吏、候長等。

藤枝晃（1983，147頁）：在候官工作的下級武官，有塞尉和士吏。塞尉往往簡稱為「尉」，又稱「部尉」……塞尉月俸二千錢，秩二百石。

李均明（1992A，27頁）：尉或塞尉，候之副手，設1人。

中國簡牘集成編輯委員會（2001G，37頁）：亦稱障塞尉，候官（塞）長吏之一，月俸二千錢。《史記・匈奴列傳》：司馬貞《索隱》引如淳云：「律，近塞郡，皆置尉，百里一人，士吏、尉史各二人也。」

今按，諸說是。每候官設一尉，名塞尉，又稱部尉，為候之屬吏。

☑足下☑（削衣）　　　　　　　　　　　　　　　　　　　　73EJT1：204
☑囗囗吏☑（削衣）　　　　　　　　　　　　　　　　　　　73EJT1：206
☑　記之候☑（削衣）　　　　　　　　　　　　　　　　　　73EJT1：207

☑為長囗☑☑

☑察臨　☑（削衣）　　　　　　　　　　　　　　　　73EJT1：211

【校釋】

末行「察」原作「寇」，何茂活（2014C）、（2016A）釋。

☑☑☑☑☑☑

☑☑又茲沒入馬☑（削衣）　　　　　　　　　　　　73EJT1：212

☑安甚善謹☑☑（削衣）　　　　　　　　　　　　　73EJT1：213

☑☑☑　　☑

☑☑☑不☑☑☑☑

☑☑☑☑恩☑（削衣）　　　　　　　　　　　　　　73EJT1：214

☑☑☑☑

☑☑☑☑☑（削衣）　　　　　　　　　　　　　　　73EJT1：216

☑苦候望事，冬時伏願〔1〕子元〔2〕近衣〔3〕進

☑蓬火事☑☑☑　　　　　　　　　　　　　　　　　73EJT1：217A

☑　數以☑上……

☑☑☑☑☑☑☑護之☑☑☑　　　　　　　　　　　　73EJT1：217B

【集注】

〔1〕伏願：從字面意思來看，是說伏在地上祝願，當為一種謙卑的表述。史籍可見，
　　　如《後漢書・樊宏陰識列傳》：「伏願陛下推述先帝進業之道。」

〔2〕子元：人名，當為受信者。

〔3〕近衣：何茂活（2016F，20～21頁）：常見於當時的私人信件，與「強食」「幸
　　　酒食」之類的詞語連用，表示對對方的關心和祝願……與「近衣」意義及用法
　　　相同的還有「謹衣」「慎衣」「適衣」「調衣」「平衣」和「足衣」等。

　　　　今按，說是。近衣是說衣服穿暖和一類的意思。

☑六月乙卯☑都護丞☑☑　　　　　　　　　　　　　73EJT1：218

本始☑☑☑☑　　　　　　　　　　　　　　　　　　73EJT1：222

☑☑☑吏☑（觚）　　　　　　　　　　　　　　　　73EJT1：223

☑史名☑（觚）　　　　　　　　　　　　　　　　　73EJT1：224A

☑地節☑（觚）　　　　　　　　　　　　　　　　　73EJT1：224B

少卿足下善☑　　　　　　　　　　　　　　　　　　　73EJT1：230

☑君令　　☑　　　　　　　　　　　　　　　　　　　73EJT1：231

・右奴婢有駕駕赦罪一等以上其證☑　　　　　　　　　73EJT1：235

☑延史陳卿〔1〕案☑　　　　　　　　　　　　　　　　73EJT1：238

【集注】

〔1〕卿：陳夢家（1980，119 頁）：漢簡各級屬吏往往稱卿而不名……自中央丞相
　　史、御史以下，曹吏、府吏、候長及令史、尉史等俱得以卿為其尊稱。至於稱
　　君之例，則刺史可以稱君，而長史、候官亦可。

　　　　陳直（2009，145 頁）：居延燧長以上官吏皆稱為卿，此例最多，不勝枚
　　舉。

　　　　陳槃（2009，51 頁）：漢人已以「卿」為美稱，故喜以「卿」字，如孟喜、
　　施讎、司馬相如，均字長卿（漢書儒林傳、史記司馬相如傳）；蘇武字子卿（漢
　　書本傳）；隗囂字春卿（後漢書本傳）之等，是也……然漢人雖喜字「卿」，至
　　如首引簡文之「卿」，其為美稱，固無疑義。

　　　　今按，諸說多是。卿為美稱，不獨燧長以上官吏稱之。

☑幸甚言得☑

☑□□書☑　　　　　　　　　　　　　　　　　　　　73EJT1：239

☑□望見塞外〔1〕苣☑　　　　　　　　　　　　　　　73EJT1：242

【集注】

〔1〕塞外：陳夢家（1980，209 頁）：出塞、塞外、邊塞、北塞等均見漢代文獻，乃
　　指一道長城。其障壁，亭隧等亦見漢代文獻，乃指邊塞線上用於候望、烽火的
　　獨立防禦建築。漢文獻上某某塞皆指一段長城。

　　　　今按，說是。塞外即長城以外。

三月辛未旦□□□☑　　　　　　　　　　　　　　　　73EJT1：244

敢言之：七月戊寅□□□□□□□☑　　　　　　　　73EJT1：246+316

【校釋】

　　張文建（2017I）綴。

☑☑日勒〔1〕丞☑☑　　　　　　　　　　　　　　73EJT1：247

〔1〕日勒：漢張掖郡屬縣。《漢書・地理志下》：「日勒，都尉治澤索谷。莽曰勒治。」

☑等☑當還☑☑　　　　　　　　　　　　　　　73EJT1：255A

☑☑適☑☑☑☑　　　　　　　　　　　　　　　73EJT1：255B

謁移肩水☑　　　　　　　　　　　　　　　　73EJT1：252

【校釋】

「謁移」原未釋，何茂活（2014C）、（2016A）補釋。

☑車行至公☑願少卿　　　　　　　　　　　　73EJT1：257

☑以騎士不☑☑　　　　　　　　　　　　　　73EJT1：258

【校釋】

「不」原未釋，李洪財（2012）釋。「不」後一字，李洪財（2012）釋「更」，姚磊（2017E4）釋「及」。今按，「不」後一字圖版模糊，不能辨識，暫從整理者作未釋字處理。

☑賜記〔1〕奉聞　　　　　　　　　　　　　　73EJT1：265

【集注】

〔1〕記：陳槃（2009，26頁）：按漢人書牘，或曰「疏」，或曰「書」，或曰「記」。「記」之稱，無論官事往還，或尋常書問，並得通用……「記」之為體，式或雅或俗，為公為私，都無一定。

汪桂海（1999，50～51頁）：（一）記是郡府向候官、候官向部下達的命令文書……（二）所有的記都有具文時間，只是詳略不同，在行文中的位置也略異……（三）這些文書在起首表示行文關係的文字皆作「府（或官）告某官」……（四）漢代作為下行文書的記又可稱為教，記與教在這裏是一種文書。

李均明、劉軍（1999，265～267頁）：記是較書、檄隨意的通行文書形式，有官記和私記之別……官記的功能與書、檄同，但其體式較後者簡略，表現有三：一是絕大多數官記未置年號年序，或僅署月序及日干支，有的甚至不署日期。二是未署具體的責任機構名稱或責任人，僅署「府告」「官告」之類。三

是未見起草人署名。由此可知記之體式不如書、檄嚴謹，具有一定程度的隨意性，與私人信件有類同之處，故二者皆稱記。

中國簡牘集成編輯委員會（2001D，261頁）：記，漢代官方文書的一種，形式較書檄隨意。

中國簡牘集成編輯委員會（2001F，29頁）：記，私人書信也可稱為記。

中國簡牘集成編輯委員會（2001G，9頁）：記是文書，一般指上級或長吏個人的命令，無論官事或尋常書問，並得通用。《文心雕龍·書記篇》：後漢，稍有名品，公府奏記，而郡將奏箋。記之言志，進己志也。其實書疏之稱「記」，不始於後漢，前漢已有之。

鵜飼昌男（2004，123頁）：在漢代所用的文書中，有被稱為記的文書。記這一名詞如陳槃氏所說，有時表示書啟，但根據歸納《漢書》《後漢書》以及木簡的結果，它也作為下達文書之一用於行政機構之中。記有別於其他文書（書、檄）的特點，是在書寫形式上，在命令的末尾不加「如律令」，代之以「毋以它為解」等由發令方告誡執行下達事項的句子。其原因在於因為無「如律令」，所以命令的執行被委託於守令者的裁量。因此與其他文書相比，記可以是法約束力較弱的文書。

劉寒青（2017，122頁）：「記」在作為官文書與「書」「檄」等其他種類的官文書的區別主要是使用情況的不同，「記」是一種非正式的、臨時的，用於處理急需解決的事件，帶有催促性質的官府下行文書。與「書」「檄」相比，「記」與其說是政府文書，更像是通知，「記」使用起來更加靈活，更加機動，成文後可直接送與收文者。「記」形式上的簡略和它的適用情況相輔相成，「記」一般傳達的是催促待辦的事件，對於時效性的追求大於其他性質的文書，且「記」一般通行於地方官員中，主要在地方太守、都尉和以下的官職系統中流行，所以比起嚴整的文書形式，「記」更追求的是實用性和及時性。

冨谷至（2018，107～108頁）：這種下達文書的「記」，在格式或運用方面，可以說是比「書」簡略的文書，但在作為下達文書的功能方面，無法找出「記」和「書」有何不同。

今按，諸說多是。記為文書之一種，官記形式上隨意一些，私記即私人書信。《漢書·何武傳》：「然後入傳舍，出記問墾田頃畝。」顏師古注：「記，謂教命之書。」

☑☑☑☑☑☑	73EJT1：267A
☑☑☑☑	73EJT1：267B
☑☑幸☑	73EJT1：268A
☑☑☑☑	73EJT1：268B

【校釋】

B 面前二字何茂活（2014C）、（2016A）補釋「酒食」。今按，補釋或可從，但該面僅存左半文字，不能確知，此從整理者作未釋字處理。

☑☑報☑☑	73EJT1：277
☑☑☑☑籍船☑☑累計移☑☑	73EJT1：278
☑☑☑　☑	73EJT1：279A
☑予薛☑　☑☑	73EJT1：279A
☑弘☑☑百付☑☑	73EJT1：279B
二月庚子居延令☑☑	73EJT1：280

【校釋】

「居延」原作「斥免」，姚磊（2018A4）釋。

☑張掖大☑☑☑☑	73EJT1：282

【校釋】

未釋字姚磊（2018A4）補釋「守卒史」。今按，補釋或可從，但簡文殘泐，不能辨識，當從整理者釋。

☑　坐傷人☑	73EJT1：287
☑☑不肖☑☑☑	
……☑	73EJT1：289A
☑卿足下☑	73EJT1：289B

【校釋】

A 面第一行姚磊（2018A4）補釋作「會不肖☑廷」。今按，補釋或可從，但簡文殘佚，不能辨識，當從整理者釋。

肩水候官〔1〕地節二年☐　　　　　　　　　　　　　73EJT1：292

【集注】

〔1〕候官：羅振玉、王國維（1993，128頁）：都尉之下，各置候官，以分統其眾，亦謂之軍候，亦單謂之候。候官之名，始見於《漢書・地理志》，即上所云「步廣候官」是也。《續漢志》「張掖屬國」下，亦有候官。又「會稽郡」下之東部侯國，《吳志・虞翻傳》作東部候官，蓋即會稽都尉之下候官。由是觀之，則都尉之下大抵有候官矣，其秩略當校尉下之軍候。《續漢志》：「大將軍營五部，部校尉一人，比二千石；部下有曲，曲有軍候一人，比六百石。」都尉名秩與校尉相當，則都尉下之候官，當即校尉下之軍候。

勞榦（1960，38頁）：邊塞職官自都尉以下，凡有候官，候長，隧長，三級。其所居之地則大者曰城曰部，小者曰隧。其理之者則部有部尉，隧有隧長。都尉大率居於縣城或部，候長則治在隧間。

陳夢家（1980，25頁）：漢代郡太守以下的軍事組織，有都尉、候、候長、隧長四級官吏，其治所（即府署）分別稱都尉府（或府）、候官、部、署。「候官」「城官」之官猶官署、官府之官，不作官長解，故至都尉府曰詣府，至候官曰詣官。候官，就其屬於都尉府以下一級的組織，表示管轄若干部候（即候長）的機構；就其為首長「候」所在的治所，亦稱為「候城」或「障」，故候亦稱郭候。

陳夢家（1980，48頁）：候所在的官署稱「候官」，或簡化為「官」。候所直轄者為一段候官塞（約百里）上的若干候長與各候長所率之若干隧長。候官的屬吏則有丞、掾、令史、尉史等。

藤枝晃（1983，143～144頁）：候官是管理幾個候隧的哨所基地，它的長官叫做候。正如太守的衙門叫太守府，都尉的衙門叫都尉府一樣，候的衙門叫做候官。王莽時期在敦煌把候官稱為尉曲……也許因為只稱候容易與候隧之候相混，所以常常使用「郭候」這種稱呼。下面舉的例子表明，候和郭候是一回事。候之下有「郭尉」，候官直屬之卒又叫郭卒，由此看來，「郭」也可以理解為候官的別稱。

永田英正（1983，218頁）：候官基本上是一個介於都尉府和前線候、隧之間的承上啟下的機構。它統轄著候、隧，把都尉府的命令傳達給候、隧，又把前線的情況報告給都尉府。它的工作是：經常舉行集議，貫徹命令，嚴格審查候、隧提出的各種報告，嚴密監視候、隧工作中的違法亂紀和玩忽職守的行

為。後者還包括對官吏進行考勤，對玩忽職守的人實行人身拘留。候官每年還
要舉行一次秋射，對秋射的成績進行評定。官吏的升遷和任免，就是根據上述
材料來決定的。此外，交付委任令、處理吏卒的控訴、辦理休假手續、發放通
行證等等，也都是候官的工作。由內郡送交候官的賦錢，除發給官吏的俸錢
外，原則上都由候官統一經營，由候官負責購進必需品或充作其他用途。候、
隧原則上不管理現金，其必需品統由候官以實物發給。上述種種情況，再加上
候官有權介入吏卒之間的借貸訴訟，表明了候官是邊疆軍事地區公私經濟生
活的中心。此外，作為糧食用的穀物，也是通過候官發給的。可見候官雖說是
軍事基地，實際上並不單純是軍隊駐屯地，而是重要的兵站基地。在候官的職
權中，有的地方和縣級機構是相同的，候官的長官——候，也和縣令的官秩一
樣。此外，候官還充分地干預了吏卒的公私生活，這大概也是在所有的軍事地
區（不僅僅是邊疆）都設置候官以代替縣的理由之一。

　　大庭脩（2001，16頁）：候官是統轄若干個候隧的邊防基地，相當於《百
官志》太尉條中的軍候。

　　永田英正（2007，396頁）：候官的長官是秩比六百石的候，又稱鄣候，
佐官有丞和尉，此外，還配屬令史、尉史等文吏和士吏等武吏若干名。加上戍
卒的話，候官的規模大致在百人左右。候官之下，還置有十個左右的候以及數
十至百餘個燧，因此，一個候官的管轄大致上有一百名左右的吏和四、五百名
的戍卒。

　　今按，諸說是。候官為候所在的官署，屬於都尉府下一級的組織。

▨▨▨▨▨▨▨▨
▨▨▨▨▨▨▨▨　　　　　　　　　　　　　　　　　73EJT1：293
關嗇夫▨　　　　　　　　　　　　　　　　　　　　　　73EJT1：297
　▨　見事
▨井　　　　　　　　　　　　　　　　　　　　　　　　73EJT1：298

▨丞郭處□▨　　　　　　　　　　　　　　　　　　　　73EJT1：299

【校釋】

　　姚磊（2018A4）認為「丞」字圖版殘缺，似有「里」的可能，而未釋字或是「卩」。
今按，其說或是，但簡文殘泐，不能辨識，暫從整理者釋。

五月癸巳☑   73EJT1：303A

候長〔1〕☑☑   73EJT1：303B

【集注】

〔1〕候長：陳夢家（1980，52頁）：每一候官統轄一個（段）塞，其長為候而塞尉
    為其屬官，副為候丞與塞丞；候與塞尉一同統轄幾個部，其長為候長、其副或
    屬吏為候史，而士吏是塞尉屬吏遣駐於部的。

    藤枝晃（1983，153頁）：每三、四個隧便有一個隧為候。「有秩候長」諸
    例說明，王莽時期稱候為塞。候有候長一人，另有做書記的候史（通常也是一
    人）。從文書上看，候長的級別低於候官的士吏。

    李均明（1992A，27頁）：候長，候官下屬諸部的負責人，每部設1人……
    候長月俸一千二百或一千八百（因年代而異）。

    劉軍（1993，189頁）：是候官下屬諸部負責人，秩有秩，俸錢每月一千
    二百或一千八百，其職能主要是指揮邊塞諸隧進行巡邏和候望，防禦敵方的侵
    擾。

    中國簡牘集成編輯委員會（2001G，9頁）：漢代職官，邊塞候官下分若干
    部，由候長主之，下領若干亭燧，秩二百石，月奉一百二十錢。王莽時降為百
    石，所謂有秩候長即是。

    劉光華（2004，191頁）：每一候官所轄的百里漢塞，又被分隔為若干部，
    部的長官就是候長。

    今按，諸說是。候長為候官下屬各部的負責人。

☑☑足下　☑   73EJT1：304

☑律令☑☑☑☑   73EJT1：317

☑☑壬午☑   73EJT1：318

肩水金關 T2

地節二年十二月丁未〔1〕，肩水☑   73EJT2：1

【集注】

〔1〕地節二年十二月丁未：地節，漢宣帝劉詢年號。據徐錫祺（1997，1548頁），
    地節二年十二月丁未即公曆公元前67年1月23日。

員音〔1〕叩頭白〔2〕

……　　　　　　　　　　　　　　　　　　　　　　73EJT2：8A

三石……

二石嬰一　　　　　　　　　　　　　　　　　　　73EJT2：8B

【校釋】

　　「員」原作「貟」，《廣韻·仙韻》：「貟，《說文》作員，物數也。」「貟」通作「員」，此據以改釋。

【集注】

〔1〕員音：人名，為致信者。

〔2〕白：中國簡牘集成編輯委員會（2001G，9頁）：稟告之意。《正字通·白部》：

　　　「白，下告上曰稟白，同輩述事陳義亦曰白。」

　　　　今按，說是。《史記·滑稽列傳》：「煩三老為入白之。」

……移過所縣邑，毋苛留，如律令。／令史宮〔1〕　　亅　　73EJT2：9A

章曰緱氏〔2〕令印　　　　　　　　　　　　　　　73EJT2：9B

【校釋】

　　B面「緱氏」原未釋，何茂活（2014C）、（2016A）補釋。

【集注】

〔1〕宮：人名，為令史。

〔2〕緱氏：漢河南郡屬縣。《漢書·地理志上》：「緱氏，劉聚，周大夫劉子邑。」

☑□正月庚辰，平陵令舜〔1〕、丞有秩斗令史　　　73EJT2：11

【校釋】

　　「丞」原作「里」，姚磊（2018A3）釋。

【集注】

〔1〕舜：人名，為平陵縣令。

　　　　　　　　□□□拜就□賢

忠，府徙夷胡〔1〕隧長司馬章〔2〕署〔3〕登山〔4〕隧，忠〔5〕不以時，遣章詣

隧□□　　　　　　　　　　　　　　　　　　　　73EJT2：16

【集注】

〔1〕夷胡：何茂活（2017C，134頁）：《說文》大部：「夷，平也。」因有消滅、剷除之意。

今按，說是，夷胡為隧名。

〔2〕司馬章：人名，為夷胡隧長。

〔3〕署：代理、暫行官職。《後漢書·黨錮傳·范滂》：「太守宗資先聞其名，請署功曹，委任政事。」

〔4〕登山：隧名。

〔5〕忠：人名。

☑□者省，擇其十人作牛車〔1〕輪工，遣詣天水郡〔2〕　　☑　　　　73EJT2：18

【校釋】

「輪」原作「輸」，何茂活（2014D）、（2016C）釋。

【集注】

〔1〕牛車：勞榦（1960，20頁）：案漢代牛車與馬車相異，此自三代已然，漢特相承其舊耳。馬車為小車，以載人；牛車為大車，以載物。小車原於戎車，大車原於輜車。凡轅輈軛軓所以為駕者，其於大車小車各異，而全車結體，亦自所在相殊，觀嘉祥石刻諸圖可以立辨。

李均明（1997，108頁）：牛車為牛拉大車，通常為兩轅，見甘肅武威雷臺東漢墓出土模型。《漢書·貨殖傳》：「牛車千兩」師古注：「車一乘曰一兩。謂之兩者，言其轅輪兩兩而耦。」……牛車是最常見的運輸車，用量極大，如《漢書·田延年傳》：「初，大司農取民牛車三萬兩為就。」……漢代牛車之載重量，通常為漢制大石二十五石，多著一般不超過三十石。

今按，諸說是。

〔2〕天水郡：羅振玉、王國維（1993，113～114頁）：《晉書·地理志》云：「天水郡，漢武置，孝明改為漢陽，晉復為天水。」《通典》《元和郡縣志》《太平寰宇記》皆承其說。然據他史所紀，則漢魏之際，早已復為天水。《魏志》武、文二《紀》，董卓、賈詡、龐悳諸《傳》，皆稱漢陽。而《明帝紀》，曹真、張既、衛瓘、閻閎、楊阜、鄧艾諸《傳》，《蜀志》諸葛亮、姜維諸《傳》，皆稱天水，不稱漢陽，則天水郡之名，則不待晉時復也。

周振鶴（2017，149 頁）：天水郡元鼎三年置，始元六年割金城、榆中二縣以成金城郡，此後無所變化，故始元六年以前之天水郡比《漢志》所載應多出金城、榆中二縣。

　　今按，諸說是。《漢書·地理志下》：「天水郡，武帝元鼎三年置。莽曰填戎。明帝改曰漢陽。」顏師古注：「《秦州地記》云郡前湖水冬夏無增減，因以名焉。」

☐案：券墨〔1〕臧官者，黃龍☐　　　　　　　　　　　73EJT2：20

【集注】

〔1〕券墨：初昉、世賓（2012，215 頁）：在居延、敦煌簡中，公務外出不能攜帶廩菱，需所在地方供應的，可出具「券墨」文書，作為對方開支和記賬憑據並要求其轉賬己方，雙方賬面平衡，結算清楚。

　　　今按，相同文例多作「戶籍臧官者」，如簡 73EJT26：87、73EJT33：39 等。此處「券墨」或亦指「戶籍」。

☐郡李☐☐｜☐　　　　　　　　　　　　　　　　　73EJT2：21A
☐伏伏☐游卿欲☐不☐游　　　　　　　　　　　　　73EJT2：21B

【校釋】

A 面何茂活（2014C）、（2016A）補作「郡李長卿｜李長卿」。今按，補釋或可從，但該簡 A 面僅存左半文字，不能確知，此從整理者釋。

又 B 面「欲☐」任達（2014，30 頁）釋作「欲妻」。今按，所釋「妻」字作 形，其和漢簡中「妻」字寫法似有不同，暫從整理者釋。

☐橐他候〔1〕☐移肩候官，寫移，書到〔2〕
☐令史利親〔3〕　　　　　　　　　　　　　　　　73EJT2：22

【集注】

〔1〕候：陳夢家（1980，46 頁）：候與候長皆居塞上警戒，乃是軍候、斥候之候。據第四表所列，候、障候、塞候是一，因候皆駐於障城之內，而障在塞上與諸部候、諸隧構成一條防禦戰線。

　　　吳昌廉（1985A，137 頁）：障候（一稱塞候，或省稱候），是一障（或塞）之最高長官，其秩比六百石，月奉三千錢。

米田賢次郎（1987，176頁）：候官之長稱為「候」，其次是尉，前者秩比六百石，後者秩二百石，均由中央政府任命。以下官吏中重要的有士吏和令史。士吏直接負責對亭隧的監視、巡迴、信號的聯絡以及治安的維持，協助處理軍務。令史專門處理文書的出納，由候官發行的文書，皆成於令史之手，發給糧食、支付薪俸也都必須由令史簽署。

李均明（1992A，27頁）：候，或稱鄣候、塞候，候官的最高負責人，設1人。

劉光華（2004，191頁）：候官的長官稱候，又稱鄣候、塞候。漢簡有「甲渠鄣候漢彊」（38・17）、「甲渠候漢彊」（3・12），可見鄣候即候，因候官駐地稱鄣，故稱候為鄣候。候所司之百里漢塞，稱候官塞。候又可稱作塞候，如甲渠塞候（24・9）、殄北塞候（175・13）。

今按，諸說是。候為候官長，又稱鄣候、塞候。

〔2〕寫移，書到：籾山明（1996，153頁）：所謂「寫移」，就是指謄抄和移送文書、簿籍（有時也是節錄原件）。

李均明（1998B，317頁）：依照正本謄寫文書稱寫書。而寫移書是謄錄後使之運行的文件，即傳抄本。

初世賓（2010，186～187頁）：簡牘行政文書的「寫移書」，往往包括：（一）機構簡相互致書的行文，（二）所移送之文書，共二部分。此二書實為一體，不分主次，後書也不是前書的附件而是全件的主體。如制詔自中央下頒到地方各級承移，都是主體而非附屬。但各級行文也很重要，是所移之書有效性的標誌和依據。還要特別指出，下級對上級的寫移書，往往是本部門形成的原件正本，與上對下不同，並非傳抄件。

今按，寫移和書到當為兩事，並非有所謂「寫移書」。參簡73EJT1：2注。

〔3〕利親：人名，為令史。《急就篇》可見人名「郝利親」，顏師古注：「利親，言其善父母也。」

……月庚申朔癸未，都鄉〔1〕佐〔2〕仁〔3〕敢之：界戍〔4〕里……

……步當得傳，移過所縣邑，如律令……

□□茂陵〔5〕令賢〔6〕、丞可〔7〕移過所。／令史訢〔8〕　　　　73EJT2：29A

……界戍里……

□□□茂陵令印　　　　　　　　　　　　　　　　　　　73EJT2：29B

【集注】

〔1〕都鄉：謝桂華（2013，143 頁）：都鄉，縣治所在的鄉。《日知錄・都鄉》：「都
鄉之制，前史不載，按都鄉蓋即今之坊廂也。」

今按，說是。

〔2〕佐：裘錫圭（1974，55 頁）：漢代於大鄉設有秩，小鄉設嗇夫，總領一鄉獄訟
賦役之事，其下有鄉佐，「屬鄉主民收賦稅」。

今按，說是。《後漢書・張宗傳》：「王莽時，為縣陽泉鄉佐。」李賢注引
《續漢書》曰：「鄉佐，主佐鄉收稅賦。」

〔3〕仁：人名，為都鄉佐。

〔4〕界成：當為里名。

〔5〕茂陵：漢右扶風屬縣。《漢書・地理志上》：「茂陵，武帝置……莽曰宣城。」
顏師古注：「《黃圖》云本槐里之茂鄉。」

〔6〕賢：人名，為茂陵令。

〔7〕可：人名，為茂陵丞。

〔8〕訢：人名，為茂陵令史。

五鳳元年八月丁亥朔甲午〔1〕，居延都尉〔2〕德〔3〕謂□□□□　73EJT2：44

【集注】

〔1〕五鳳元年八月丁亥朔甲午：五鳳，漢宣帝劉詢年號。據徐錫祺（1997，1570 頁），
五鳳元年八月甲午即公曆公元前 57 年 9 月 14 日。

〔2〕都尉：永田英正（2007，371 頁）：都尉府的長官是都尉。都尉是一郡軍事上
的最高負責人，但像張掖郡置有居延、肩水兩個都尉府這樣，邊郡中往往置有
數個都尉府。都尉的秩次於太守，為比二千石。都尉之下，有佐官丞和尉，此
外還配置有千人、司馬等武官和曹史、卒史、屬、書佐等文官。

今按，說是。居延都尉為部都尉。

〔3〕德：李均明、劉軍（1992，127 頁）：居延都尉德任期的最早年號是五鳳三年，
最晚年號為甘露二年，其任期上、下限當沿著這兩個年號往相反方向延伸。

魏振龍（2016B）、（2016C，73 頁）：此簡有明確紀年，即五鳳元年（前
57 年），這將之前李均明、劉軍二位先生所判斷之居延都尉德任期五鳳三年（前
55 年）的上限往前推進了三年。

今按，諸說是。德為居延都尉之名。

官事毋敢負將□☑   73EJT2：46A

☑□☑   73EJT2：46B

☑□□予彭長君，急毋報

☑□問若強飯，察縣官事〔1〕   73EJT2：53A

☑   □□

☑   傳

☑   少翁

☑   □   73EJT2：53B

【校釋】

　　A 面第二行「問」前未釋字何茂活（2016F，26 頁）釋「多」。今按，補釋或可從，但該字圖版殘缺，不能確知，當從整理者釋。

【集注】

〔1〕縣官事：中國簡牘集成編輯委員會（2001J，116 頁）：即公事、官府之事。

　　　　　　今按，說是。《漢書・張湯傳》：「又以縣官事怨樂府游徼莽。」

常賢〔1〕伏地☑

丈人〔2〕足下：善毋☑   73EJT2：55A

塞事會☑   73EJT2：55B

【集注】

〔1〕常賢：人名，為致信者。

〔2〕丈人：中國簡牘集成編輯委員會（2001F，28 頁）：丈人，對老者尊稱。

　　　　　　今按，說是。《漢書・疏廣傳》：「宜從丈人所，勸說君買田宅。」顏師古注：「丈人，莊嚴之稱也，故親而老皆稱焉。」

本始五年十二月甲午朔己亥〔1〕，西鄉守有秩〔2〕千□☑

毋獄事，當為傳，移過所縣邑，毋苛留，敢☑   73EJT2：56A

章曰　　□

觻得丞印　　☑   73EJT2：56B

【集注】

〔1〕本始五年十二月甲午朔己亥：本始，漢宣帝劉詢年號。本始四年改元地節，本

始五年即地節元年，據徐錫祺（1997，1546 頁），地節元年十二月己亥即公曆
公元前 68 年 1 月 20 日。

〔2〕西鄉守有秩：大庭脩（1983A，184 頁）：嗇夫除了根據職種來區別外，還有有
秩和斗食的區別。鄉有鄉有秩和鄉嗇夫，看了《百官表》和《百官志》的記載，
知道所謂鄉有秩就是指有秩嗇夫。

裘錫圭（1981C，236 頁）：「有秩」一詞最初當然不是專指有秩嗇夫的。
《漢書・景帝紀》元年詔：「廷尉信謹與丞相議曰：吏及諸有秩受其官屬、所
監、所治、所行、所將，其與飲食，計償費，勿論。」這裏所說的「諸有秩」
大概是指各種有秩小吏而言的。大概由於把「有秩」加在官名上的小吏以嗇夫
為最多，有秩一詞就逐漸變成有秩嗇夫專用的省稱了。在西漢時代，至少鄉有
秩嗇夫已經以省稱有秩為常。

今按，諸說是。鄉有秩為鄉有秩嗇夫的省稱。《漢書・趙尹韓張兩王傳》：
「敞本以鄉有秩補太守卒史。」顏師古注：「鄉有秩者，嗇夫之類也。」

居延農嗇夫〔1〕彊大常□☑　　　　　　　　　　　　　　　　73EJT2：57

【集注】

〔1〕農嗇夫：唐俊峰（2014A，95 頁）：所謂「居延農」，即武帝、昭帝（前 87～74
在位）時期甲渠候官附近的實名田官之名。此則資料雖短，意義卻極重大：首
先，「居延農嗇夫」毫無疑問就是居延農之官嗇夫的簡稱，說明田官的鄉級少
吏就是官嗇夫；其次，它從側面證明了「農長」不可能是田官的鄉級少吏。

今按，其說是。居延農即居延田官，其長為農令。據此簡則田官下設有嗇
夫一職。

☑□張大守□與從者陽里〔1〕王得之〔2〕自
☑毋苛留止，如律，敢言之。
☑掾偃〔3〕、令史光〔4〕、佐□。　　　　　　　　　　　　　　73EJT2：58

【集注】

〔1〕陽里：里名。

〔2〕王得之：人名，為從者。

〔3〕偃：人名，為掾。

〔4〕光：人名，為令史。

☑毋苛留，敢言之。閏月辛酉，少☐嗇夫眾〔1〕敢言之　　　　　73EJT2：62

【集注】

〔1〕眾：人名，為嗇夫。

八月戊申，居延令☑　　　　　73EJT2：63A

☑☐☐☐☑　　　　　73EJT2：63B

☑☐言之候長治所〔1〕　　☑　　　　　73EJT2：66

【集注】

〔1〕治所：陳直（2009，282頁）：燧長辦公之地，亦稱治所，知西漢時無論職位之
　　高卑，皆同此稱。

　　　胡平生、張德芳（2001，38頁）：官署所在，辦公的地方。

　　　中國簡牘集成編輯委員會（2001G，69頁）：治所，常駐辦公的地方。但
　　臨時辦公地點也可稱治所，或曰在所。

　　　今按，諸說是。《漢書·朱博轉》：「使者行部還，詣治所。」顏師古注：
　　「治所，刺史所止理事處。」

☐☐元年　　☑　　　　　73EJT2：67A

☐　☑　　　　　73EJT2：67B

☑戊寅，關嗇☑

☑☐☐☐☐☑　　　　　73EJT2：69

☑丞印　☑　　　　　73EJT2：70A

☑……☑　　　　　73EJT2：70B

☑☐橐他候福〔1〕為致☐☑　　　　　73EJT2：78

【集注】

〔1〕福：人名，為橐他候。

望金關隧〔1〕　　　　　73EJT2：82A

☑敢言之：壽貴〔2〕里男子耿☐☑

☑☐年五十二，爵不更〔3〕，毋官獄徵事☑　　　　　73EJT2：82B

【集注】

〔1〕隧：陳夢家（1980，55頁）：在防禦組織的候望系統中，隧是最基層的哨所，即烽火臺和它的屋舍。

　　　劉光華（2004，192頁）：隧是漢塞防禦組織中最基層的單位。《說文解字》曰：「隧，塞上亭守烽火者」，即一般所謂的哨所——烽火臺及其屋舍。隧又可稱為塢，甲渠候官有萬歲隧，破城子出土漢簡有「萬歲塢」（214‧118），肩水候官有禁姦隧，金關出土漢簡有「禁姦塢」（28‧11），則塢即隧，塢長即隧長。漢簡中有「督隧長」（214‧113）、「烽隧長」（285‧17），位次在候長下，或為隧長之別稱。

　　　魏堅、昌碩（2007，116頁）：烽燧，又稱亭燧，以候望舉烽報警而得名，是邊塞防線上的最小建制單位。

　　　今按，諸說多是，唯劉光華認為隧又可稱為塢則不確。該簡 A 面內容屬一種候望簽牌。

〔2〕壽貴：里名。

〔3〕不更：秦漢二十等爵位的第四級。《漢書‧百官公卿表上》：「爵：一級曰公士……四不更。」顏師古注：「言不豫更卒之事也。」

☑言之：肩水金關☑
☑□明都尉府，謹移〔1〕☑　　　　　　　　　　　　　　　73EJT2：83

【集注】

〔1〕謹移：李均明（2009，144頁）：「謹移」指恭敬而謹慎地呈上文書。

　　　今按，說是。移字前加謹表示恭敬。

☑□免自言從故吏〔1〕☑　　　　　　　　　　　　　　　　73EJT2：89

【集注】

〔1〕故吏：李天虹（2003，5頁）：「故吏」是曾經為吏的人。《漢書‧昭帝紀》始元二年「調故吏將屯田張掖郡」，顏師古注：「故吏，前為官職者。」

　　　今按，說是。故吏即過去作過官的人。

☑地節二年十二月☑（削衣）　　　　　　　　　　　　　　73EJT2：96
☑令敞行離鄉（削衣）　　　　　　　　　　　　　　　　　73EJT2：97

☑夫慶喜以來　☑（削衣）　　　　　　　　　　　　　　　73EJT2：98

☑尊，年卅二歲☑
☑□北鄉佐安世〔1〕敢告□☑
☑縣邑，如律令☑（削衣）　　　　　　　　　　　　　　73EJT2：104

【集注】

〔1〕安世：人名，為北鄉佐。

☑延□福成里使邊隧☑（削衣）　　　　　　　　　　　　73EJT2：105

【校釋】

「福」原作「督」，何茂活（2014C）、（2016A），黃艷萍（2016B，126頁）釋。

肩水金關 T3

十月癸巳，左後候長誼〔1〕☑
十二月甲申，左後候長誼敢言之☑　　　　　　　　　　73EJT3：1

【集注】

〔1〕誼：人名，為左後部候長。

☑年八月□□，遣案比更封〔1〕，如律令，敢言之。
☑□□□□□□□□□□□□　　　　　　　　　　　　73EJT3：4

【集注】

〔1〕案比更封：李均明（2004B，131頁）：每年八月實施考核統計是法定的事情。
　　此類統計考核，史籍稱之為「案比」，《周禮·小司徒》：「大比則受邦國之比要」，
　　注：「大比，謂使天下更簡閱民數及其財物也。受邦國之比要，則亦受鄉遂矣。
　　鄭司農云，五家為比，故以比為名。今案比是也。要謂其簿。」疏：「漢時八
　　月案比而造籍書。周以三年大比，未知定用何月，故司農以漢法況之。要謂其
　　簿者，謂若今時之造籍，戶口地宅具陳於簿也。」「比」之含義不局限於鄭司
　　農所云「五家為比」，而當指廣義之比照、比對而言。

　　　　邢義田（2012，183～184頁）：這是第一次在簡牘資料中出現如此明確八
　　月行案比的記錄，證實《後漢書》所謂八月案比，應已行於西漢。這一點我曾

據張家山《二年律令》簡論證過，但律令反映的僅是規定，這一條則反映了實際施行，意義不同。可惜簡殘，不能多說。又過去我認為案比僅涉及人口戶籍的變動，不涉土地財產。此簡「更封」二字不禁使人懷疑案比是否也涉及田地封界變動的登記。

今按，諸說是。案比即案戶比民，指清理戶籍和人口。《後漢書·安帝紀》：「方今案比之時，郡縣多不奉行。」李賢注：「《東觀記》曰：『方今八月案比之時。』謂案驗戶口，次比之也。」至於「更封」，尚不知所指為何。

☑肩水金關、居延縣索☑　　　　　　　　　　　　73EJT3：5
☑言永始元年
☑移過所河津關，毋　　　　　　　　　　　　　　73EJT3：6

☑義行〔1〕候事，移肩水金關，遣
☑□迎錢城倉〔2〕，書到出□，如　　　　　　　　73EJT3：11A
☑　置佐〔3〕安〔4〕　　　　　　　　　　　　　　73EJT3：11B

【集注】

〔1〕行：陳夢家（1980，64頁）：都尉出缺時可由近次的司馬、城司馬、城尉兼行，若有代即罷如律，則「兼行」或「行」都尉事是暫時攝行都尉職。

大庭脩（1991，438頁）：所謂「行官」，則是處理某官事務，很難看出有按秩次等級而兼任的原則，因此，與唐代行官的高低卑職的意義是不同的，兼任者的選任大概是以方便行事為原則的……被置為行官的的官，則大多有本官，但臨時不在場而兼任的。

李天虹（1996，67頁）：「兼」，與現在的含義相同，即一身任二職……兼行與兼不同，兼行指暫時處理某官職的事務，有時只包括某官職的一部分事務。

胡平生、張德芳（2001，53頁）：代行、兼行、攝行之意。多指官缺待補或外出時，暫由他官兼攝其事。漢代攝行之事較為普遍，有以低級官吏行高一級職務者，有以平級而兼攝行事者，亦有以文職行武官事，以武職行文官事者。

高震寰（2015，79頁）：「行」指有本職，而臨時兼理某官事務。其中，「守」「行」是制度內的規定，差別在於「守」的重心放在所守之官，「行」則兼攝兩職。

鷹取祐司（2018，98頁）：行事始終是代理職務，不應看成是兼任他官，行事者發送文書時的職銜和所使用印就明示了這一點。行事者發送文書時的職銜始終只是本職，而且在封印時使用本職官印。

侯旭東（2017B，176～177頁）：從張掖郡邊塞屯戍系統的情況看，西漢宣帝以降，「行」只是針對官員臨時不在崗而出現一種短暫的兼職，兼行者不會離開本職駐地，需要兼顧本職與所行職務，與官員出缺，而由上級任命的「守」官不同，已見不到官員出缺而「行」的情況。

今按，諸說多是。「行」或「兼行」指臨時代理，其和「守」的不同，當如侯旭東所說行是官員臨時不在崗而暫時代理，守則是官員出缺時任命「守官」。

〔2〕城倉：薛英群、何雙全、李永良（1988，58～59頁）：居延都尉府的倉庫，可能設於居延縣城內，負責整個都尉府所轄屬吏、戍卒的後勤供給⋯⋯城倉庫是級別較高的單位，依簡文與居延農都尉、各候官為同級別，設有倉長、倉宰、倉曹、嗇夫、丞、佐史等職，由都尉統領。

冨谷至（2013，282頁）：城倉的正式名稱應該是居延城倉，可以想像，其名稱的意思是「居延都尉府管轄下的城倉」，上文所列倉名中的「居延倉」，即指城倉，它大概是「居延城倉」的一個略稱。

今按，諸說多是。簡文中城倉一般指居延城倉，為居延都尉府直屬倉庫，至於其是否設置在居延縣城內，尚不能確知。

〔3〕置佐：置佐或為驛置中的佐吏。居延漢簡見有「置佐博」（269・1），陳直（2009，188頁）認為每縣總管置政者，設有置尉，西安漢城出土有「藍田置尉」封泥，可證簡269・1之置佐博，謂置尉之佐吏名博也。其說恐不可信。

〔4〕安：人名，為置佐。

☐為守府掾
☐行部中，有毋言　　　　　　　　　　　　　　　　73EJT3：12

☐移府書〔1〕曰：守府都吏〔2〕
☐以時入，或受寄穀　　　　　　　　　　　　　　　73EJT3：13A
☐屬　　　　　　　　　　　　　　　　　　　　　　73EJT3：13B

【集注】

〔1〕府書：薛英群（1984，269 頁）：府書是指太守府或都尉府下達的文書與批轉的上級文書，其內容無一定的限制，凡有必要均可以府書形式下達。或有人認為：府書係就發書單位名稱而言，似非文書之專稱。這個看法不無道理，初，也許僅指發文單位，久而久之，「府書」顯然已經成為固定名稱。

　　中國簡牘集成編輯委員會（2001I，18 頁）：府書，府所下官文書之泛稱。

　　今按，薛說府書為文書之固定名稱，似不確。府書指府所下文書，府為發文單位，並無確切所指。

〔2〕都吏：勞榦（1960，15 頁）：都吏即督郵。《漢書・文帝紀》：「律說，都吏今督郵也，閑惠曉事即為文毋害都吏。」蓋府中功罪，功曹主之，府外功罪，都吏察之。其諸郡之事分為若干部，每部有一督郵，而以一督郵書根主之。

　　陳夢家（1980，121 頁）：都吏即督郵掾，見《漢書・馮野王傳》；或簡稱「督郵」，見《漢書》孫寶、尹翁歸及循史黃霸等傳；又稱「督郵書掾」，見《漢書・朱博傳》。《百官志》郡下曰「其監屬縣有五部督郵曹掾一人」，曹是書之誤，《後漢書・方術（高獲）傳》曰「急罷三部督郵」，注引《續漢書》曰「監屬縣有三部，每部督郵掾一人」……東漢初簡稱「督郵掾」而無都吏之稱，但據《漢書》所載，西漢時已有督郵書掾、督郵掾、督郵之稱，其名不始於東漢。

　　陳直（2009，137 頁）：居延、敦煌兩簡，只見都吏之名，不見督郵之名。兩漢碑刻，只見督郵之名，不見都吏之名。《漢書》皆稱督郵，僅有一兩處稱都吏，以碑刻證之，東漢時已不用都吏之名。

　　中國簡牘集成編輯委員會（2001C，32 頁）：都吏，督促檢查官。

　　吳礽驤（2004，225 頁）：在漢代官府文書中，除丞相、御史、太守、都尉、候、千人、司馬等高級官員，尊稱其官名外，一切主管各級各類職能或承擔某項使命的掾、史、守屬、令史、士吏等屬吏，均可泛稱「都吏」。因此，「督郵」可泛稱「都吏」，但反之，「都吏」不一定專指「督郵」。

　　黃今言（2015，108 頁）：西漢都吏的使命與職責範圍相當廣泛，他們有的負責對郡府文牘公文的處理，有的負責督察屬縣長吏的治迹；有的審理獄案，搜捕逃犯；有的催督租賦，核校財物；有的還巡行邊塞，檢查戍務，迎送賓客等，這裏要強調的是，都吏並非只指某一個掾、史或守屬，更非只指某一個人，而是郡府掾、史等屬吏的整個群體。當時，不同職別的都吏，各

自主持或承擔某一方面的使命和實際操控權，對郡府政令的推行與貫徹起著重要作用。

今按，諸說多是。西漢都吏為郡府掾、史等屬吏的統稱，其不等同於督郵。

☑庚子朔乙丑，肩水司馬〔1〕令史翟延☑　　　　　　　　73EJT3：14

【校釋】

「乙」原作「己」，馬智全（2012，107 頁），黃艷萍（2014C，79 頁）、（2016B，126 頁）釋。

【集注】

〔1〕肩水司馬：勞榦（1960，16 頁）：司馬都尉屬官……都尉為比二千石武職，略比校尉，故其下亦置司馬……可知居延都尉，肩水都尉及張掖屬國都尉並有司馬。

市川任三（1987，203 頁）：總之，當時騎士部隊的編制大概是這樣的：都尉麾下分為左、右兩部，每部又分左、右、後三曲，合為六曲。司馬即部之長，千人即曲之長。

今按，諸說多是。居延漢簡可見「櫟得騎士成功彭祖，屬左部司馬宣、後曲千人尊」（564·6），陳夢家（1980，44 頁）認為其中的左部司馬下至少有前後二曲，曲千人，相當於大將軍下的別部司馬，職位較尊。又居延漢簡 491·10 作「四月乙未左部司馬……肩水都尉府敢言之……」，陳夢家（1980，44 頁）據此認為肩水都尉下似有左部司馬。其說當是，肩水司馬當為肩水都尉屬官，或都尉下分左、右兩部，置左部司馬和右部司馬。

不過賈一平、曾維華（2014，93 頁）卻認為居延漢簡「左部司馬」中的「左」字為「佐助、協助、輔助」之意，與部都尉下屬的「部司馬」是不同的兩類職官。這種說法恐不可信。

☑□河津關☑（削衣）　　　　　　　　　　　　　　73EJT3：18

☑肩水□☑（削衣）　　　　　　　　　　　　　　　73EJT3：19

報邊當令郵亭〔1〕從□☑　　　　　　　　　　　　　73EJT3：21

【集注】

〔1〕郵亭：冨谷至（2013，197頁）：郵亭是與郵書傳達的設施——「郵」密切相
　　　關的亭……參考「都亭」「鄉亭」的構詞規律，推測郵亭應是與郵設置在一起
　　　的亭。綜上所述，「某亭」這樣的名稱，是指設置於郡縣、鄉以及郵等行政機
　　　關或行政單位的一種職能機構。

　　　　　今按，郵亭即傳遞郵書時投止的地方。《漢書・薛宣傳》：「過其縣，橋樑
　　　郵亭不修。」顏師古注：「郵，行書之舍，亦如今之驛及行道館舍也。」西北
　　　邊塞郵亭或多設置於烽燧之中。

☑都吏旦食會水〔1〕接莫　　　　　　　　　　　　　　　73EJT3：22A
☑□□買雞來，願擇大者上□□　　　　　　　　　　　　73EJT3：22B

【集注】

〔1〕會水：漢酒泉郡屬縣。《漢書・地理志下》：「會水，北部都尉治偃泉障。東部
　　　都尉治東部障。莽曰蕭武。」顏師古注：「闞駰云眾水所會，故曰會水。」

五月戊子朔……自言□父居延☑
……年廿歲，毋官獄徵☑　　　　　　　　　　　　　　　73EJT3：23

【校釋】

　　　姚磊（2019A1）綴合該簡和簡73EJC：361。今按，兩簡出土地點不一致，茬
口處不能吻合，恐不當綴合。

　　　末行「年」前張俊民（2019）補「不更」二字。今按，補釋或可從，但簡牘殘
斷，不能確知，暫從整理釋。

　　　該簡所屬年代黃艷萍（2014A，119頁）、胡永鵬（2016A，322頁）認為可定為
河平三年（前26）。今按，其說當是，該簡或為河平三年簡。

☑以令取傳。謹案〔1〕：豐武〔2〕非亡人命者〔3〕，當得　　73EJT3：24

【校釋】

　　　「者」原未釋，馬智全（2012，108頁）、張俊民（2014B）釋。

【集注】

〔1〕謹案：李均明（2009，144頁）：「謹案」謂仔細而認真地調查了解。

今按，說是。謹案即謹慎地查考，如《漢書・王莽傳》：「今謹案已有東
海、南海、北海郡，未有西海郡。」

〔2〕豐武：人名，為申請傳者。

〔3〕亡人命者：胡平生、張德芳（2001，116頁）：指有命案而逃亡者。

今按，說是。

李延卿記　子文□☒   73EJT3：25

元延四年三月庚辰朔辛巳〔1〕，居延庫丞□☒

……☒   73EJT3：26

【集注】

〔1〕元延四年三月庚辰朔辛巳：元延，漢成帝劉驁年號。據徐錫祺（1997，1665頁），
元延四年三月辛巳即公曆公元前9年4月22日。

☒□□　□肩水守府所移☒

☒□　　□責錢□□□□☒   73EJT3：27A

☒□毋六畜□　☒   73EJT3：27B

□□□明明   73EJT3：29

☒言之：廷移府檄☒   73EJT3：32

治事元毋檢☒

嗇夫坐前〔1〕☒   73EJT3：33A

鄧博〔2〕叩頭言☒

嗇夫坐前：見☒   73EJT3：33B

【集注】

〔1〕坐前：陳直（2009，152頁）：坐前及上叩大安，已與後代之稱閣下及書尾問
安之習慣相似。

楊芬（2012，241頁）：題稱語，稱卑以達尊，是用受信人「坐前」之人
來指代受信人。

黃艷萍（2015C，117頁）：西北漢簡始見「坐前」用作書信敬稱，用作表
達對尊長及朋輩的尊敬之稱。因其在已有的西北漢簡中已經有相當成熟的語
境，以及相當高的使用頻率，所以我們認為「坐前」用於書信尊稱至遲在漢武

帝中晚期，甚至會更早……唐代以後，「坐前」多作「座前」，宋元時期二者混用，多用作對尊長的敬稱。

王貴元、李雨檬（2019，142頁）：「坐前」與「足下」取義相同。貴人坐前一般有侍從、僕人聽命，表示寫信人不敢直接與收信人對話，只有資格與收信人的侍從、僕人對話。

今按，諸說是。坐前即座前，唐李匡義《資暇集》卷中：「身卑致書於宗屬近戚，必曰座前，降几前之一等。案座者，座於牀也，言卑末之使，不當授受，置其書於所座牀之前，俟隙而發，不敢直進之意。」

〔2〕鄧博：人名，為致信人。

枚便里十枚以郵行（習字）	73EJT3：41A
支文□夫更丈丈丈丈（習字）	73EJT3：41B
☑肩水司馬□□肩水……	73EJT3：42
☑馬建德等□☑	73EJT3：43
☑慶字守卒護使□大	73EJT3：44
☑□室比相□☑	73EJT3：45

王嚴〔1〕叩頭白	
李長叔〔2〕：君急責人酒，屬得二斗，內之□□責人	73EJT3：54A
願且復給三斗，叩頭，幸甚幸甚。	73EJT3：54B

【校釋】

A面「責」前一字李燁、張顯成（2015）釋「復」。今按，補釋可從，但圖版字跡模糊，不能辨識，暫從整理者釋。

【集注】

〔1〕王嚴：人名，致信者。

〔2〕李長叔：人名，受信者。

河平四年二月甲申朔丙午〔1〕，倉嗇夫望〔2〕敢言之：故魏郡〔3〕原城〔4〕陽宜〔5〕里王禁〔6〕自言二年戍屬居延，犯法論，會正月甲子赦令〔7〕，免為庶人〔8〕，願歸故縣。謹案，律曰：徒事已，毋糧，謹故官為封偃檢〔9〕，縣次續食〔10〕，給法所當得。謁移過所津關，毋

苛留止，原城收事〔11〕，敢言之。

二月丙午，居令博〔12〕移過所，如律令。掾宣〔13〕、嗇夫望、佐忠〔14〕。

73EJT3：55

【校釋】

第二行「正月」原作「五月」，張俊民（2011A）釋。

【集注】

〔1〕河平四年二月甲申朔丙午：河平，漢成帝劉驁年號。據徐錫祺（1997，1633頁），河平四年二月丙午即公曆公元前25年4月11日。

〔2〕望：肖從禮（2012B，291頁）：據簡文推斷，當指居延縣倉的嗇夫。今按，說是。望為倉嗇夫名。

〔3〕魏郡：周振鶴（2017，87頁）：《漢志》魏郡有縣十八，除去王子侯國後，大體上即景帝五年魏郡始置時之範圍。

今按，說是。《漢書·地理志上》：「魏郡，高帝置。莽曰魏城。屬冀州。」

〔4〕原城：黃浩波（2011C）：即元城。元城亦可寫作原城，而且元城為邑。

晏昌貴（2012，252頁）：簡文縣名寫作「原城」。

肖從禮（2012B，291頁）：據《漢書·地理志》載，魏郡有元城縣，簡文中的「原城」應即《漢書·地理志》所載魏郡的「元城」縣。

今按，諸說是。《漢書·地理志》載有「元城」，顏師古注引應劭曰：「魏武侯公子元食邑於此，因而遂氏焉。」

〔5〕陽宜：里名，屬元城。

〔6〕王禁：人名，為申請傳者。

〔7〕正月甲子赦令：中國簡牘集成編輯委員會（2001G，65頁）：赦令為詔令之一種。漢代皇帝每遇踐阼、改元、立后、建儲、大喪、帝冠、封禪、巡狩、克捷、年豐、祥瑞、災異等常下詔大赦，免除部分犯人之罪，其內容亦含賜名爵位等。

張俊民（2011A）：《漢書》僅言正月赦天下徒，而沒有具體日期，簡牘文書作「正月甲子赦令」恰好補充這一時間。有了這一具體的赦令頒行時間，再回頭看文書的起草時間，就會發現當時的辦事效率可謂「雷厲風行」。按照《二十史朔閏表》河平四年正月是甲寅朔，甲子是十一日；文書是二月甲申朔丙午，即廿三日。從赦令以詔書形式頒佈天下，到形成按照赦令執行的文書，前後是43天。

邬文玲（2016，266 頁）：根據簡文開頭的紀年「河平四年」可以判定，後文涉及的「正月甲子赦令」應即河平四年頒布的。據《漢書·成帝紀》，河平四年春正月有赦天下徒之舉，與簡文的時間相合。

今按，諸說是。赦令為減免罪刑或賦役的命令。《漢書·趙尹韓張兩王傳》：「幸逢赦令，或時解脫。」

〔8〕庶人：林炳德（2011，316 頁）：在秦漢律中，無爵的身份有公卒、士伍、庶人。公卒、士伍是有爵或是無爵的出身，庶人則來源於罪囚和奴婢。

椎名一雄（2014，250 頁）：秦漢時代的「庶人」指的是表示「不能參加戰鬥的人」＝不能傅籍的人＝「被排除在徭役、兵役、仕官之外的人」的新出現的法律、身份用語。進而；立足於這一想法，可以斷定，在民（農民）被視為「通過民爵賜予而產生的有爵者」的漢代（也包括《二年律令》發布時），「庶人」的範疇中不包括所謂民爵擁有者。

王彥輝（2018，36 頁）：庶人概念不過是對免除罪人、奴婢身份的一種歧視性用語，定名爵里則按其「免吏（事）」後的具體身份來標識。徒隸和私奴婢不論通過何種途徑免為庶人，都要承擔相應的賦稅、徭役等義務，由其所在縣鄉「收事」，對國家並不存在特定的依附關係。其子與士伍、司寇、隱官子一樣，皆以士伍身份傅籍。儘管庶人在田宅分配與占有權益上可以享有和公卒上伍同樣的待遇，但卻泯滅不掉罪人、奴婢的歷史印記，由各級官府編制特殊的《庶人名籍》備案，不僅本人在政治上受歧視，而且其後代在仕宦上也要受到種種限制。

賈麗英（2019A，24 頁）：秦漢時代的身份序列為「爵刑一體」。爵制身份為正身份，徒隸身份為負身份，有爵者、無爵者、司寇徒隸，全體社會成員基本都在這個身份序列當中。庶人，既可以由負身份的奴婢和罪囚「免」為庶人，也可以由正身份的有爵者，或「廢」或「奪」或「免」為庶人。所以，銜接起正身份「爵」與負身份「刑」，處於身份序列樞紐位置的，應當是「庶人」。

今按，諸說多是。從該簡罪犯遇赦令免為庶人來看，其可來源於罪囚等。

〔9〕偃檢：肖從禮（2012B，293～294 頁）：偃檢即是專門用於客田之類所用傳上的附件。偃檢實際上只是傳的代稱而已……我們推測，「偃檢」之名或許也是因為其形而來。按，偃有仰倒之義。如《說文·人部》「偃」字，段注曰：「凡仰僕曰偃，引申為凡仰之稱。」或許因為題署於檢之正面，眾人皆可見之故。

此外，還有一種可能就是「偃檢」應讀作「縕檢」，偃檢之名或許是因其表面赤黃色之故。

江滿琳（2019，92頁）：「欲取偃檢」「當得取偃檢」，說的雖然是傳上的一種特殊形式的封檢，但其本質還是指過關所用的傳類文書。而這種特殊的傳類文書，從現在例子來看，很有可能是一種相對長期的移民活動時需要使用的通行憑證。

今按，「偃檢」在簡文中當指通行證，和「傳」相同。但其義不明，待考。

〔10〕縣次續食：指各縣依次相繼供給食物。《漢書‧武帝紀》：「徵吏民有明當時之務習先聖之術者，縣次續食，令與計偕。」顏師古注：「令所徵之人與上計者俱來，而縣次給之食。」

〔11〕收事：肖從禮（2012B，291頁）：收指租賦，事謂役使。

劉倩倩（2015B，67頁）：指賦稅和徭役事。王禁回原城之後履行賦稅和徭役之責。《漢書‧宣帝紀》：「郡國傷旱甚者，民毋出租賦。三輔民就賤者，且毋收事，盡四年。」顏師古注：「收謂租賦也，事謂役使也。」

今按，諸說是。

〔12〕居令博：肖從禮（2012B，291頁）：即「居延令博」之省寫，博為居延令，為此文書的簽發者。

今按，說是。博，人名，為居延縣令。原簡脫「延」字。

〔13〕宣：人名，為掾。

〔14〕忠：人名，為佐。

今按，該文書張俊民（2011A）認為是先由倉嗇夫望將王禁的情況告縣，再由縣令博簽發的傳文書。文書在金關出現，應該是王禁通關之後金關留檔的抄件。張英梅（2014，126頁）則認為申請人（王禁）向故縣提出歸鄉申請（可能是其家人向官府提出申請）——故縣（原城）官吏向居延縣吏提出申請——居延縣令蓋章，頒發「傳」。

從簡文來看，該文書應當如張俊民所說是居延縣封發的傳文書。但簡文又言「故官為封偃檢」，如果故官指王禁故縣官府的話，則該簡涉及到兩個傳文書。申請人要回到故縣，向故縣提出申請，故縣直接封發傳文書或向居延縣提出申請，再由居延縣頒發傳。這個過程明顯不合程序，傳由申請人出發之地官府封發，不當由所要到達的目的地官府提出申請或封發，張英梅說恐怕不妥。因此該簡中的「故官」不應指王禁故縣即原城官府，其還是指居延縣某一

官府。又該簡「故官」的故字圖版作 形，而「故縣」的故作 ，比較可知，其寫法上有所不同，因此亦不能排除「故官」釋讀錯誤的可能。

　☑□侯定等六十人，官牛☑　　　　　　　　　　　　　　　73EJT3：56

綏和二年三月己巳朔癸酉〔1〕，肩水候憲〔2〕□☑　　　　　　73EJT3：58A
毋忽〔3〕，如律令……☑　　　　　　　　　　　　　　　　73EJT3：58B

【校釋】

　　A 面「二年」原作「六年」，張俊民（2011B），羅見今、關守義（2013），黃艷萍（2014A，117 頁）、（2014C，80 頁）、（2016B，126 頁），胡永鵬（2016A，363 頁）釋。

【集注】

〔1〕綏和二年三月己巳朔癸酉：綏和，漢成帝劉驁年號。據徐錫祺（1997，1669頁），綏和二年三月癸酉即公曆公元前 7 年 4 月 4 日。

〔2〕憲：人名，為肩水候。

〔3〕毋忽：中國簡牘集成編輯委員會（2001C，19 頁）：漢文書中習用語，多用於上級對下級文書中。毋忽，不得懈怠。

　　　　今按，說是。《漢書‧司馬相如傳》：「檄到，亟下縣道，咸喻陛下意，毋忽！」顏師古注：「忽，怠忽也。」

　☑令史受報，如府書律令。　　　　　　　　　　　　　　73EJT3：60

　☑己丑朔丙申，居延令□、丞忠移過所縣河津關：遣亭長〔1〕張永〔2〕從令封
☑當舍傳舍〔3〕，從者如律令。　　　／掾宗〔4〕、守令詡〔5〕、佐昌〔6〕。
　　　　　　　　　　　　　　　　　　　　　　　　　　73EJT3：65

【校釋】

　　首行「□丞忠移過所縣河津關」原作「……肩水金關」，除「忠」字胡永鵬（2016A，670）補釋以外，其餘均張俊民（2011A）釋。又其中「過所」二字，李燁、張顯成（2015）亦釋。

【集注】

〔1〕亭長：勞榦（1960，19 頁）：故漢世當大道諸亭，率有餘屋，以供行旅。亭長

司啟閉之責，凡有符傳者，則亭長延入，故或謂亭，或謂傳舍，又亭長亦司郵驛之事，故亦稱郵亭矣……今按居延烽燧，及斯坦因所測烽燧圖，率以烽臺為主，臺旁有屋大抵正屋三四間側屋亦三四間，故側屋應為亭長所處，而正屋可以待來者。以此推之，則漢世內地之亭傳，或宜相類矣。

陳直（2009，79 頁）：兩漢烽火臺，以燧為單位，每燧相距十里，設燧之處，不再設亭，故燧長亦可稱為亭長，二者名異實同。

今按，亭之具體含義比較複雜，西北邊塞的亭與隧的職能有重合，但二者並不完全相同，因此亭長和隧長亦當有區別。參簡 73EJT1：22「金關亭」集注。

〔2〕張永：人名，為亭長。

〔3〕傳舍：勞榦（1948B，77～78 頁）：傳舍即郵亭。可以止宿者……今綜合上文，具得下列諸義：一、郵亭之制與亭隧之亭相通。二、郵亭有屋，可以止宿。三、郵亭在都邑者為傳舍，有傳吏可以具飲食。四、郵亭之設以內官吏及其家屬為準則。平民行旅欲入郵亭者必待無官吏及其家屬止舍時方能投宿。故漢世亭傳之設，所以供國家之急，達施政之宜。今按居延亭隧所記，則公私車馬之出入，咸有記錄。

勞榦（1948B，91 頁）：接到王毓銓先生來函云：在兩漢時代，「傳舍」不是「郵亭」；而「郵亭」和原來的「亭」也不盡相同。「傳舍」是三十里（大致說來）一置，而「亭」則十里一置（此「里」非里居之里，下面有解釋）。「傳舍」是供官吏乘傳止宿之用，而「亭」之設則原為徼循禁盜賊。「亭」有樓，用以觀望。平時無事，可供行旅止宿。但止宿行旅，不是它本來的職掌。止宿「亭」不須要有「符」或「傳」，止宿的人不必然是政府的官吏；兩漢書，風俗通均載有平民止宿「亭」的事。至於「傳舍」，那是專為政府官吏設備的。偶有平民止居「傳舍」，但非有特別理由不行。而且「傳舍」有副車，傳馬，廚，供傳馬，驛馬，和乘傳官吏飲食之用，而「亭」沒有這些設備。西漢末傳車漸廢，代以驛馬，距離間仍是三十里，而「亭」的間距也沒變，仍為十里。看來兩事沒有合併為一。漢代的「郵」，好像是另一傳遞消息或信件的設置，分佈也比較密。應劭說是「五里一郵」。有若干亭可藉作郵，所以有了「郵亭」，不過好像不可把「郵亭」看作完全和「亭」一樣的東西，雖然事實上不行郵的亭怕是很少。還有一點應該注意的是驛馬只有「驛置」上有，亭上沒有。

　　森鹿三（1983B，83 頁）：所謂傳舍就是設在可稱之為供應傳車和傳馬之傳置的車站上的宿舍，以供因公出差者食宿之用。

　　陳直（2009，43 頁）：「當舍傳舍從者」，謂隨從人員，須要安置旅舍，適用於官吏攜帶屬員因公外出者。

　　李均明（2009，68 頁）：「舍傳舍」通常是持公務用傳者才能享受的待遇。傳舍，猶今招待所，提供食宿。

　　今按，諸說多可從。唯勞榦認為傳舍即郵亭似不妥。又陳直將「當舍傳舍」與「從者」連言亦不妥。《漢書‧酈食其傳》：「沛公至高陽傳舍。」顏師古注：「傳舍者，人所止息，前人已去，後人復來，轉相傳也」。

〔4〕宗：人名，為掾。

〔5〕守令詡：高天霞、何茂活（2015，39 頁）：「守令」應為「守令史」之脫誤。

　　　　今按，說是，當為原簡脫誤。詡，人名，為守令史。

〔6〕昌：人名，為佐。

元延元年五月☐　　　　　　　　　　　　　　　　　　　　73EJT3：66
元延四年☐　　　　　　　　　　　　　　　　　　　　　　73EJT3：67

☐金關，如律令。／兼掾放〔1〕、卒史〔2〕殷〔3〕、書佐〔4〕廣鳳〔5〕（削衣）
　　　　　　　　　　　　　　　　　　　　　　　　　　　73EJT3：78

【集注】

〔1〕放，人名，為兼掾。

〔2〕卒史：勞榦（1939，162 頁）：卒史之職，按《漢書‧尹翁歸傳》云：「為市吏……太守……召上辭問，甚奇其對，」除補卒史，《張敞傳》云：「敞本以鄉有秩，補太守卒史，」據此則卒史在有秩以上，有秩據《續志》稱為百石，則卒史亦必百石方可。

　　　　陳夢家（1980，98 頁）：漢簡二府文書簽署，有卒史、書佐而無令史，候官則有令史而無卒史。

　　　　中國簡牘集成編輯委員會（2001G，153 頁）：西漢武帝時吏二千石開府，置卒史。左右內史、大行及郡太守皆有卒史各二人。秩百石，又稱百石卒史。唯三輔卒史秩二百石。西漢中葉以後至東漢碑、傳中所見卒史，地位較低。《尹灣漢簡‧集簿》中，太守有卒史九人，都尉有卒史二人，均為二府之書吏。居延漢簡中所見之卒史，亦大多為太守府、都尉府發文的起草者。

初昉、世賓（2014，410 頁）：卒史，秦漢吏職名，凡郡國二千石以上開府者皆有卒史，秩百石，公府卒史秩或更高。

李迎春（2016，138 頁）：「卒史」應是秦漢時期二千石左右官吏的高級屬吏，主要設於郡太守、都尉、屬國都尉、中央列卿等官府之中。

今按，諸說是。卒史為郡太守、都尉等二千石左右官吏的書記官，秩百石。

〔3〕殷：人名，為卒史。

〔4〕書佐：羅振玉、王國維（1993，109 頁）：掾安、守屬賀、書佐通成，皆主文書之官。《樊毅復華下民租口算碑》表後署掾臣條、屬臣淮、書佐臣謀，此簡末亦署掾、屬、書佐三人名，與彼碑同。《漢書音義》云：「正曰掾，副曰屬」。「守屬」則攝行屬事者也。

陳夢家（1980，115 頁）：漢簡文書簽署，書佐屬於第三級，與給事佐、府佐同位而次於屬、卒史、令史，後者最低為斗食吏。西漢簡書佐月俸錢三百六十，低於五百錢的屬令史和四百八十錢的司馬令史、令史和關佐。因此在《漢簡所見奉例》篇，我們以為書佐是佐史以下的小吏，不入秩品。漢簡所見書佐有三類，即屬於太守府的、都尉府的以及諸曹的，前二者見文書簽署，後者如「兵曹書佐」。

今按，諸說是。王國維所言「掾安、守屬賀、書佐通成」見於敦煌漢簡2055。

〔5〕廣鳳：人名，為書佐。

·檄言轢得廄☑　　　　　　　　　　　　　　　　　73EJT3：82

肩水金關金關今□☑　　　　　　　　　　　　　　　73EJT3：87

☑　本始四年□月甲☑　　　　　　　　　　　　　　73EJT3：90

朱督亭罷卒〔1〕簿，詣丞相史狄卿〔2〕在所〔3〕，當舍傳舍，從者如律令

　　　　　　　　　　　　　　　　　　　　　　　　73EJT3：91

【集注】

〔1〕罷卒：勞榦（1960，56 頁）：罷卒者，戍卒之罷歸者也。《漢書·蓋饒寬傳》：「上臨，饗罷衛卒。」注：「師古曰，得代當歸者也。」衛士與戍卒為同類之役，故得代之衛士曰罷卒，得代之戍卒曰罷卒矣。凡戍卒率為諸郡人，無諸侯

王國人，蓋諸侯王國人自為其國之衛士，不為戍卒也……其在居延簡中，惟昌邑國為特例。蓋昌邑王賀以罪廢，其國人不復同於王國之民。

　　陳直（2009，17 頁）：期滿應還之卒，稱為當代卒或罷卒。

　　劉光華（1988，116 頁）：乃戍卒、田卒服役邊塞期滿而將罷歸本郡者。

　　趙沛（1994，28 頁）：罷卒可能就是指省作結束罷歸戍所的省卒。「罷」，遣也，《史記·齊悼王世家》：「乃罷魏勃」，司馬貞索隱：「罷，謂不罪而放遣之。」當然，遣也並非放遣一意，在這裏乃指遣歸之意，具體講是省卒工作結束後，遷回原戍所……另外，從「罷卒」的字面來解釋，可能指更多的復員戍卒。戍卒服完兵役則被遣回故籍。故曰「罷卒」。

　　中國簡牘集成編輯委員會（2001E，203 頁）：罷卒，指服役期滿當歸家的戍卒。

　　李天虹（2003，16 頁）：完成了戍邊任務退役還鄉的戍卒，簡文稱「罷卒」，「戍卒罷名籍」就是專門記錄罷卒的名冊。

　　趙寵亮（2010，36 頁）：就是指制度性的服役期滿的復員軍人，具體所指即為戍守邊塞的因服役期滿而復員返鄉的人。

　　張麗萍、張顯成（2018，239 頁）：「罷卒」當指「疲弱之卒」。

　　今按，諸說多是。「罷」當如勞榦和趙沛所說為「遣歸」義，如《史記·高祖本紀》：「遂不使治病，賜金五十斤罷之。」從漢簡來看，「罷卒」既義為「遣歸戍卒」，如敦煌漢簡 1736：「凌胡隧塢乙亥已成，謹罷卒，候長、候史傳送衛。」EPT65：75：「當復更休，記到，皆罷鄣卒，當令各歸部、塞。」又可作為名詞指「遣歸的戍卒」，完成任務後遣歸各部隧的省卒可稱作「罷省卒」（73EJT37：1535B）。遣歸的戍卒更多的是服役期滿歸鄉的戍卒，因此漢簡中「罷卒」主要指服役期滿之後當遣歸故鄉的戍卒，說罷卒是「疲弱之卒」明顯有誤。

〔2〕狄卿：丞相史，卿為尊稱。

〔3〕在所：于豪亮（1983，91 頁）：所字作處的涵義，在古籍中常見，《書·無逸》「君子所其無逸」，正義引鄭玄云：「所猶處也。」《詩·殷武》「有截其所」，箋：「所猶處也。」《荀子·王霸》「不可不善為擇所而處之」，注：「所，處也。」因此，「在所」是所在之處，「過所」是所過之處，「治所」是所治之處。

　　　　中國簡牘集成編輯委員會（2001I，163 頁）：在所，指不固定的辦公署所。固定的稱治所。

今按，諸說是。在所即在的處所，猶言所在地。如《漢書・蕭何曹參傳》：「乃引兵詣漢王在所。」

永光五年正月乙巳朔壬申〔1〕，肩水城尉〔2〕奉世〔3〕移☑
成宣等自言：遣葆齎衣用之官，如牒，書到，出入如☑　　　　73EJT3：109

【校釋】

第一行末「移」原作「行」，姚磊（2019G1）釋。第二行「齎衣用」原未釋，姚磊（2019G1）據張俊民告知補釋。

【集注】

〔1〕永光五年正月乙巳朔壬申：永光，漢元帝劉奭年號。據徐錫祺（1997，1605頁），永光五年正月壬申即公曆公元前39年3月22日。

〔2〕城尉：陳夢家（1980，45～46頁）：候官所在稱部，都尉所在應稱城。居延漢簡中有南北兩城的設置……張掖肩水城尉可以近次兼行肩水都尉事，則城尉屬於肩水都尉，城尉官與都尉府同在一地，故得兼行。「肩水城官」之官，猶候官之官，乃治事之所，簡化為城官，有吏，有亭吏。王莽簡中張掖城司馬，猶西漢簡中的居延城司馬……城尉與城司馬之「城」，似指居延與肩水都尉府所在的破城子與大灣兩城。都尉所在之城的特殊機構，文獻所未載，惟《漢書・西域傳》于闐國有左右城長，渠犁國有城都尉，與此恐不相同。

薛英群、何雙全、李永良（1988，71頁）：官名。據簡文，候官所在地稱部，都尉府所在地稱城。城尉，即主管城官事務之官職。為都尉屬官，位在候下，但可兼行都尉事。

永田英正（2007，338頁）：城尉不是塞尉，應該是都尉府的屬官。以前都尉府的尉一直不太清楚，而現在可以將城尉作為都尉府的尉加入到都尉府的屬官中去了。

郭俊然（2013，153～154頁）：城官系統，漢簡所見職官有城官、城司馬、城尉，城尉下又有卒史。其中，城官、城司馬、城尉皆不見於史……城尉即負責守城之尉官。其秩級與都尉相近。

陳安然（2020，188頁）：城尉是城官的主管長官，秩次與候相同或略低，為六百石或五百石，主要負責處理城官中接收、發放糧食及其他物資，出具通關文書的事務。

今按，諸說多是。城尉即都尉所在之城設置的尉官，為都尉屬官。居延漢簡10‧29作：「閏月丁巳，張掖肩水城尉誼以近次兼行都尉事，下候、城尉，承書從事，下當用者，如詔書。／守卒史義。」大庭脩（1987A，5頁）、（2001，16頁）據該簡認為城尉和候一樣，都是獨立的官署，城尉似乎不是都尉府的尉，可能是塞尉的別稱。說當非是。此點永田英正已經指出。

〔3〕奉世：人名，為肩水城尉。

☑肩水都尉步安〔1〕謂〔2〕監領〔3〕關☑　　　　　　　73EJT3：110A
☑川中　　☑　　　　　　　　　　　　　　　　　　　73EJT3：110B

【校釋】

姚磊（2017A2）遙綴簡73EJT3：112。今按，兩簡形制、筆迹等較一致，或存同屬一簡的可能，但不能直接拼合。

姚磊（2019A1）又綴合簡73EJT4：92和該簡。今按，兩簡出土地點不一致，書寫風格亦有不同，恐不能綴合。

【集注】

〔1〕步安：人名，為肩水都尉。

〔2〕謂：大庭脩（1996，259頁）：「謂」用於等差較大的官吏。

　　　　角谷常子（2010，175頁）：「謂」有一定的完整書式，是對不同官署和官秩相差一定等級的人發出的文書。

　　　　今按，諸說多是。但從漢簡來看，「謂」也用於同一官署向下發文。

〔3〕監領：監督掌管。如《後漢書‧鄧訓傳》：「建初三年，拜訓謁者，使監領其事。」

☑馬，寫移，書到，如　　　　　　　　　　　　　　　73EJT3：112

神爵二年十二月壬申朔戊寅〔1〕，將轉〔1〕肩水倉令史☑
轉折穀就家〔3〕縣名里，各如牒，出入復籍，敢言☑　　73EJT3：113

【集注】

〔1〕神爵二年十二月壬申朔戊寅：神爵，漢宣帝劉詢年號。據徐錫祺（1997，1564頁），神爵二年十二月戊寅即公曆公元前59年1月12日。

〔2〕將轉：中國簡牘集成編輯委員會（2001F，136頁）：將轉，負責轉輸。

胡平生、張德芳（2001，62頁）：帶隊轉運。

今按，諸說是。「將」義為率領，《史記·秦始皇本紀》：「八年，王弟長安君成蟜將軍擊趙。」張守節《正義》：「將，如字。將猶領也。」將轉即率領轉車運輸。

〔3〕就家：徐樂堯（1988，64頁）：簡文中的「就」，文獻作「僦」。《說文解字·人部》：「僦，賃也。」《史記·平準書》《索隱》引服虔語曰：「雇載云僦。」可見僦是以自己的車輛出雇於人替人運輸貨物，漢代稱這種僱傭勞動者為「就人」或「僦人」。稱這種運輸為「就運」，稱付給就人的報酬為「僦直」或「僦費」。

薛英群（1991，358～359頁）：「僦」同「就」，指受僱於人的車夫，有時也泛指「賃傭」，如師古所說「僦，僱也。」……居延漢簡所見的就人，大致有兩種情況，一種是直接來自於民間的車夫，另一種是戍卒短時間的充就取值；而僱就者除訾家外，還有邊郡縣、官及防禦組織系統中的大小單位。運載之事，一般是訾家、縣、官及各運輸單位出車，僱就人運載，就直按日（兩）計算，同時一輛車就人不止一個，運畢之後，領取酬金。

張俊民（1996B，3頁）：漢代河西地區直接從事運輸的人員，他們多為本地人。因為他們生活在漢塞附近，漢塞文書中有關此類的記錄也就相當多。受雇於他人或政府，因此，被稱為「僦人」。

高敏（1998，276頁）：至於「就人」，據漢代史籍中講到的「僦運」「僦費」等概念，就是以自己的車輛為他人運輸貨物的變相的僱傭勞動者。

中國簡牘集成編輯委員會（2001F，120頁）：就，就人，以車受僱於人收取佣金者。

王元林（2002，208頁）：「就」同「僦」，即就人，訾家、邊郡縣官及防禦組織系統中的大小單位僱傭就人，來自民間的車夫或短時間充就的戍卒以車受僱於人收取傭錢，稱「就人」「就家」「就錢」，這都與車有關的活動有關係，即就人操車夫之業，搞運載之事。

韓華（2014，378）：這類人有兩種情況，一為邊郡居民兼營，並不以此為營生，而是以此兼取少量的錢物，補貼家庭所需；另一種是以之為營生的人。

郭麗華、張顯成（2016，99頁）：「就人」作為名詞，它的本義是指被雇傭之人，即受雇者。把「就人」直解為車夫存在誤解，縮小了它的語義範圍。

張麗萍、張顯成（2019，9頁）：「就」義雇人運輸。受雇運輸者叫作「就家」「就人」「受就人」「載就人」「轉就人」等，均是異名同物。「就人」有爵位，是載於戶籍的「編戶之民」，即身份自由的良民。「就」的出資人既可以是個人，也可以是官府。個人出資者稱為「資家」，「資家」、官府分別與「就人」形成雇傭和被雇傭的關係。運輸所需車輛，既可以由資家提供，也可以由就人提供。「就人」與「車父」不同，「車父」指以運輸形式服勞役者，沒有傭金；「就人」是受雇運輸者，以收取運費為目的。

今按，諸說多是。就家也即就人，「就」通「僦」，義為租賃，雇人運輸。就人即以車受僱於人收取傭錢的人。

☐……七月己卯朔己丑，守令史信〔1〕敢言之：遣佐世辟☐☐

☐……過所金關，毋留止〔2〕，如律令，敢言之☐

☐……忠、丞安富〔3〕移過所金關，毋留止，如律☐　　　　73EJT3：114

【校釋】

該簡黃艷萍（2014A，119頁）指出可有地節四年、永光四年、元延四年等可能的年代，但無更多的證據確定其具體年代。今按，其說當是。

【集注】

〔1〕信：人名，為守令史。

〔2〕毋留止：高恆（1993，46頁）：即無「稽留」。《後漢書·章帝紀》：「詔書既下，無得稽留。」稽留詔書為一罪名，應負法律責任。《秦簡》有《行書律》，對此有專門規定。《唐律·職制》對「稽緩制書官文書」規定尤為具體。

今按，說是。「毋留止」即不要阻止使停留。

〔3〕安富：人名，為丞。

廷告〔1〕西部候史〔2〕臨〔3〕，前兼南部，今罷，守左後候長，有

　　　　　　　　　　　　　　　　　　　　　　　　　　73EJT3：118A

教〔4〕。　記綏和二年三月己卯〔5〕起廷　　　　　　73EJT3：118B

【集注】

〔1〕告：羅振玉、王國維（1993，112頁）：凡漢時文書云「告」者，皆上告下之辭。

大庭脩（1991，128頁）：並非對一定官秩以上者用「告」字，而是使用於同一文書的受領者有上下關係時。

大庭脩（1996，259頁）：「告」用於等級較近的官吏。

李均明（2009，140頁）：告，告示，《釋名・釋書契》：「上敕下曰告。告，覺也，使覺悟知意也。」朱駿聲《說文通訓定聲・孚部》：「告，假借為誥。」《史記・司馬相如傳》：「上聞之，乃使相如責唐蒙，因喻告巴蜀民以非上意。」今見「告」多用於記書上。

角谷常子（2010，175頁）：「告」，如（三）「府、官告～」式那樣也採用沒有年月日和發信者名字的書式，其對象從同一官署內的人到越級直接下達命令的人，使用範圍比較廣。

今按，諸說多是。「告」是用於下行文書的語詞。

〔2〕候史：羅振玉、王國維（1993，121～122頁）：考候史秩在候長下，據下簡候長秩百石，則候史之秩當在百石以下，漢律所謂「斗食」也。《續漢書・百官志》：「百石月奉十六斛，斗食月奉十一斛，凡受奉，皆半錢半穀。」劉昭注引荀綽《晉百官志》載漢延平中制：「百石，月錢八百，穀四斛八斗。」而《漢書・宣帝紀》注引如淳曰：「律百石，月奉六百。」二說不同。如淳所引漢律，不知何時制。此簡乃前漢物，而候史之秩不滿百石者，月奉六百，與延平中制為近矣。

李均明（1992A，28頁）：候史，候長屬吏，主諸部文書事……諸部文書由候史起草，以候長名義發出……候史月俸六百，秩當佐史。每部通常設候史1人。

永田英正（1993，182頁）：候史在部裏是僅次於候長的吏。候史的本職說到頭是書記，與部的責任者候長同行巡察或日迹，也可認為是做為候長的輔佐役而盡義務。而且不單單是部的書記，同時也擔負包括部所管轄在內的全體部的書記這一重要的任務。

中國簡牘集成編輯委員會（2001G，13頁）：候的屬吏，派駐各部，協調各候長督促烽火及日迹候望，並協調各部之間的活動。月奉六百錢，秩次同尉史、隧長等。

高榮、張榮芳（2004，23頁）：作為漢代邊塞防禦組織的基層官吏，候史與候長之間不是一般的主官與屬吏的關係。候史往往是以候長副貳的身份處理部內事務；候史不一定與候長一起駐在各部治所，很多時候是駐在所屬某燧，主理一燧或數燧事務；在候長空缺或休假、取寧不在署時，則由候史代理其職。

今按，諸說是。候史為候長屬吏，為候部一級書記官，同時也參與督促烽火及日迹候望的工作。

〔3〕臨：人名，為西部候史。

〔4〕有教：李均明、劉軍（1999，117～118頁）：公文中凡見「有教」二字之「教」亦常另起一行單書……「教」之本義乃指教誨、教戒。「有教」猶言「有司」之類。據簡文，「有教」當指身份地位較高的官員。「教」亦為文書稱謂，任昉《文章緣起·教》：「教，漢京兆尹王尊出教告屬縣。」陳懋仁注：「教，效也，言出而民效也。」

角谷常子（2010，178頁）：此種文書形式自稱為「記」。無年號、年月日，其發信者大抵僅寫官或府。可能不是由長官而是由丞、長史等副官簽發的……此類文書還有一個特徵是文末沒有固定的結束套語，比較多見的只有「有教」而已。而且「有教」一詞僅在這一形式中才可見到。

冨谷至（2013，156～157頁）：行政文書中的「教」字，一定是「教令（命令）」的意思。在漢簡中，「教」字會改行大寫，或者用懸針筆法書寫，和「令」「制」「詔」相同，都是旨在將命令的權威性在視覺上表現出來……它是文章結尾的常用語句，承接前面講述具體命令的語句，與全文內容沒有直接的聯繫。可以將之解釋為「此為命令」「如是執行」，其性質與「如詔書」「如律令」「毋忽」相同，屬於一種在視覺上凸顯命令的絕對性和文書的權威性的結束語。

冨谷至（2018，270～271頁）：關於「有教」「有書」「有數」等文書中出現的常用表達，可以說其目並非記錄「教」「書」「數」的有無，而是在文書中起到強調作用的「符號」，其傳達並非通過口頭，而是通過文字，具有視覺上的效果。

今按，諸說是。該簡中用在記得末尾，其含義當如冨谷至所說為「此為命令」等。

〔5〕綏和二年三月己卯：綏和，漢成帝劉驁年號。據徐錫祺（1997，1669頁），綏和二年三月己卯即公曆公元前 7 年 4 月 10 日。

肩水金關 T4

☐……如律令，敢言之☐

☐□／掾臨〔1〕、守令史襃〔2〕、佐憲〔3〕☐　　　　　　　73EJT4：3

【集注】

〔1〕臨：人名，為掾。

〔2〕襃：人名，為守令史。

〔3〕憙：人名，為佐。

周卿藏翁☑   73EJT4：14

敢言之。／佐通〔1〕   ☑   73EJT4：21

【集注】

〔1〕通：人名，為佐。

☑使出之，叩頭叩頭〔1〕   73EJT4：22

【集注】

〔1〕叩頭叩頭：陳槃（2009，106 頁）：西漢人書牘，一通之中，一再言「叩頭叩頭」，是並前後為四叩頭矣。或言「叩頭叩頭重叩頭」，是亦不嫌其多矣。蓋乞憐者其辭卑，故更進而以千百稱矣。然亦可知世愈降、而其去古人簡樸之意，亦愈遠矣。

王貴元、李雨檬（2019，143 頁）：書信中「叩頭」常與敬禮語「再拜」組合使用。其後是告白或提示類動詞，有時動詞前有表程度的副詞，其結構類型（敬禮語—修飾詞—告白或提示類動詞）為：叩頭（叩頭再拜；叩頭叩頭；叩頭叩頭再拜）—多（間）—請（言、白、白記；願、唯）。有時「叩頭」後接情感語「幸甚」或「死罪」，常在書信的末尾或中間出現，其結構類型（敬禮語—情感套語）為：叩頭（叩頭叩頭）—幸甚、幸甚幸甚（死罪、死罪死罪）。

今按，諸說是。

☑謹寫移，敢言☑   73EJT4：27

【校釋】

「謹」原未釋，何茂活（2014C）、（2016A）釋。

☑敢言之   73EJT4：28

隧長輔迎☑   73EJT4：30

☑吉佐並敢告〔1〕尉史〔2〕：步昌〔3〕里張宣〔4〕自言取☑

☑□二月辛巳，尉史豐〔5〕敢言之，謹☑

☑□過所，如律令╱☑

詣詣事（二次書）　　　　　　　　　　　　　　　73EJT4：41A

☑君君君☑　　　　　　　　　　　　　　　　　　73EJT4：41B

【校釋】

A 面第二行「豐」下原釋文衍一「至」字，張俊民（2014B），何茂活（2014D）、（2016C），黃艷萍（2016B，127 頁）釋。

【集注】

〔1〕敢告：角谷常子（2010，173 頁）：「敢告」是官秩相當或極為相近者使用的詞語。

今按，說是。「告」為上級向下發文時所用語詞，加「敢」字表示謙敬。

〔2〕尉史：羅振玉、王國維（1993，160 頁）：《漢書‧匈奴傳》「雁門尉史行徼」，師古曰：「漢律，近塞郡皆置尉，百里一人，士史、尉史各二人。」王充《論衡‧謝短篇》有尉史、令史，無丞、長史，何制。則兩漢皆有此官。

陳夢家（1980，50 頁）：造史為候官屬吏，乃王莽之制，相當於西漢和東漢初簡上的尉史。

吳昌廉（1985A，149 頁）：障候（官）尉史與塞尉尉史，二者之間，似無明顯差異，何況塞尉是障候屬吏，故塞尉屬下之尉史，亦可謂障候屬下之尉史，但障候下之尉史，未必一定是尉下之尉史，因此，若說尉史是塞尉屬吏，毋寧說尉史是障候（官）屬吏來得妥切。

李均明（1992A，28 頁）：尉史，塞尉屬吏，駐候官障，掌文書事……月俸六百錢。益俸後曾達九百錢……漢簡所見文書簽署名，尉史每每排在令史之後……知尉史非斗食比，秩或當佐史。

中國簡牘集成編輯委員會（2001C，5 頁）：候官屬吏，可解作尉之史，輔佐塞尉，與候史、隧長同為月奉六百錢……居延簡中尉史敘次低於令史。所主持司法、治安之事。

李迎春（2010，479 頁）：尉史在漢代廣泛存在於地方行政系統的縣和邊郡軍事系統的候官之中，其秩佐史，地位較低；尉史在漢初主要是尉的直屬吏，跟隨尉從事治安、「更卒番上」等相關事務；西漢中期之後由於縣和候官

中書佐系統不發達、低級屬吏不敷使用，尉史逐漸由尉的直屬吏變為縣廷、候官之吏，以輔佐令史處理文書、直符等日常行政事務為職，在執掌上與令史相似；東漢之後，隨着縣廷低級屬吏員額的增加及書佐系統的出現，尉史逐漸退出了歷史舞臺。

今按，諸說多是。尉史為塞尉屬吏，主文書事。唯陳夢家認為尉史在王莽時稱造史不確，造史實乃令史在新莽時期稱謂，參簡73EJT1：27「令史」注。

〔3〕布昌：邢義田（2011B，90頁）：居延簡牘中不見步昌人名，但有「步昌里」（EPT52：269）。按《漢書‧地理志》蜀郡蠶陵，「莽曰步昌」。

今按，說是。《急就篇》可見人名「史步昌」，顏師古注：「步昌，言高步而昌盛也。漢有李步昌。」該簡「步昌」亦為里名。

〔4〕張宣：人名。

〔5〕豐：人名，為尉史。

建平四年二月〔1〕☑
使願以令取傳☑
居延縣索關〔2〕☑　　　　　　　　　　　　　　　　73EJT4：42A
觻得丞印　☑　　　　　　　　　　　　　　　　　73EJT4：42B

【集注】

〔1〕建平四年二月：建平，漢哀帝劉欣年號，建平四年為公元前3年。

〔2〕縣索關：冨谷至（2012，242～243頁）：1. 居延地區各都尉府都下設有一個關所。肩水都尉府的關是肩水金關，在A32遺址。居延都尉府的關是居延縣索關（也可以稱為卅井縣索關），在A21遺址。2. 各關所的職責包括：① 檢查通行者所持傳，並收回其副本。② 製作、整理通行者的通行記錄（關出入籍），並送付都尉府。③ 常置符的一半，將其通行者所持的另一半進行核驗。3. 關所屬都尉府管轄，相關文書都要送到都尉府。一般來說，邊境地帶的文書雖然由候官收集整理，但由於關所不以候官為單位設置，所以文書送往都尉府。但是，關所要接受其所處轄區的候官的指揮監督。4. 邊境關所的職能，往往被認為是為了對外防禦異民族，實際上卻是為了監視國內吏民的流動，並逐一記錄下來，具有較強的內政性質。至少額濟納河流域的兩個關，可以說是作為漢代文書行政最末端的一環，實現著管理人名的相關職能。

今按，說是。「縣」通「懸」，懸索關為居延都尉府所屬關所，其地位於卅
井候官境內，故亦常作卅井懸索關。

☑☑不當始氏☑　　　　　　　　　　　　　　　　　　　　73EJT4：44A
☑莫當君言谷內☑　　　　　　　　　　　　　　　　　　　73EJT4：44B

【校釋】

A面「氏」原未釋，何茂活（2014D）、（2016C）釋。

☑☑為觻得騎士〔1〕千秋〔2〕里李☑☑☑
☑水倉穀小石〔3〕卅五石，輸居延☑　　　　　　　　　　73EJT4：45

【校釋】

姚磊（2020E）綴合簡73EJH1：77和該簡。今按，兩簡荏口處似不能密合，且
兩簡出土於不同探方，或不當綴合。

【集注】

〔1〕騎士：羅振玉、王國維（1993，149頁）：騎士者，漢時正卒之一種。《漢舊儀》：
「民年二十三為正，一歲為衛士，一歲為材官騎士，水處為樓船。」宋錢文子
《補漢兵志》謂：「大抵金城、天水、隴西、安定、北地、上郡、河東、上黨
多騎士，三河、潁川、沛郡、淮陽、汝南、巴蜀多材官，江淮以南多樓船士。」
其說是也。如是，則騎士者乃郡國正卒。今塞上有騎士，知漢時乘塞，不獨用
戍邊之卒矣。

　　　陳直（2009，19頁）：至於騎士，雖為邊郡之正卒或戍卒，但較戍田卒之
身份為高。戍卒戶籍之書法，首身份，次郡縣里名，次爵名，次姓名，次年齡。
而騎士名籍，不書郡名，只書縣名，次身份，次里名，再次姓名，不書年齡。

　　　楊芳（2009，59～60頁）：騎士是河西邊塞的作戰部隊，駐紮於烽燧或其
他要害之處，主要任務是征戰……駐紮在邊塞的騎兵部隊，也參加營建、候望
等工作……從籍貫上看，有氐池、昭武、觻得，均屬張掖郡，可見戍守居延邊
塞的騎士，均來自張掖本郡。排比河西出土的所有漢簡中的騎士簡，發現騎士
大多來自河西邊郡。

　　　沈剛（2012，233～237頁）：與大多數以野戰為目標的一般騎士不同，
這些邊地騎士雖然是機動部隊，但不執行大規模的作戰任務，只是執行特殊
勤務……這些籍屬於邊地的騎士身份特殊，他們應該就是文獻中所說的「北

邊騎士」……從簡牘記載看，這些騎士主要執行下列這樣的任務：一是擔任斥候工作……二是「乘隧」，即登隧瞭望……三是小規模的戰役、護送等和軍事相關的任務……此外，騎士還要從事治墼等勞作。

今按，諸說是。騎士為漢時正卒之一種，在河西邊塞為騎兵作戰部隊，但也參與候望和勞作等工作。

〔2〕千秋：里名。

〔3〕小石：中國簡牘集成編輯委員會（2001E，155頁）：小石，漢簡所記小石一石，相當於大石六斗。

今按，其說是。詳參簡73EJT21：129「大石」集注。

☑……

☑律令。　／令史成〔1〕　　　　　　　　　　　　　73EJT4：46

【集注】

〔1〕成：人名，為令史。

守糞土

臣臨〔1〕昧

死〔2〕再拜

上書吏　　　　　　　　　　　　　　　　　　　　　73EJT4：48

【集注】

〔1〕臨：人名，上書人。

〔2〕昧死：汪桂海（1999，92頁）：「昧死」乃冒死的同義詞，冒昧而犯死罪之意。這個詞先秦時已經使用，用作臣民向諸侯王言事時的敬辭。

　　胡平生、張德芳（2001，1～2頁）：冒昧而犯死罪，臣下上書皇帝時的敬畏之辭。蔡邕《獨斷》：「漢承秦法，羣臣上書，皆言昧死。王莽盜位，慕古法，去昧死曰稽首。光武因而不改。」

　　中國簡牘集成編輯委員會（2001G，81頁）：昧死言，冒死陳呈，猶言冒昧而犯死罪。為秦漢時臣下上書帝王的習語，表示敬畏之意。

　　按，諸說是。昧死為臣下上書帝王時習用之語。如《漢書‧楚元王傳》：「臣謹重封昧死上。」《漢書‧鼂錯傳》：「臣錯愚陋，昧死上狂言，唯陛下財擇。」

☑律令／掾敞〔1〕、令史勝〔2〕　　☑　　　　　　　　　73EJT4：56

【集注】

〔1〕敞：人名，為掾。

〔2〕勝：人名，為令史。

河平元年〔1〕十二☑　　　　　　　　　　　　　　　　73EJT4：60

【集注】

〔1〕河平元年：河平，漢成帝劉驁年號，河平元年為公元前 28 年。

今毌餘藥臼〔1〕　　☑　　　　　　　　　　　　　　73EJT4：61

【集注】

〔1〕藥臼：臼本指舂米的器具，中部下凹。《說文》：「臼，舂也。古者掘地為臼，
　　其後穿木石。」藥臼當為搗碎藥物的臼器。

☑元延元年七月丙寅朔乙酉〔1〕，中鄉☑

☑……☑　　　　　　　　　　　　　　　　　　　73EJT4：62

【集注】

〔1〕元延元年七月丙寅朔乙酉：元延，漢成帝劉驁年號。據徐錫祺（1997，1660
　　頁），元延元年七月乙酉即公曆公元前 12 年 9 月 9 日。

☑十一日之氏池〔1〕辟〔2〕，驗辟吏左君賓〔3〕書☑　　73EJT4：63A

☑出　　☑　　　　　　　　　　　　　　　　　　73EJT4：63B

【集注】

〔1〕氏池：漢張掖郡屬縣。《漢書・地理志下》：「氏池，莽曰否武。」

〔2〕辟：勞榦（1960，31 頁）：簡中「第五辟」之辟與壁同，猶言塢壁。漢人塢壁
　　以數計……今其遺址並廢，不可復見。以意擬之，或烽燧外之塢壁，居民即在
　　其間。則當時額濟納河沿岸墾田至廣，非如今日之荒廢也。

　　　　陳直（2009，320）：為塢壁之壁，居延木簡中家居第幾辟，為習見之文。

　　　　陳夢家（1980，225 頁）：居延有田作所居之「辟」若干，有田舍若干，
　　城內有里居。

　　薛英群、何雙全、李永良（1988，83頁）：辟，指塢辟田舍，為戍卒居住的地方。如舊簡曰：「徐子禹自言家居延西第五辟，用田作為事。」

　　高維剛（1994，72頁）：係指塢壁，是戍田卒民聚居之處；「中部辟」即指中部候長與戍田卒民聚居的塢壁。

　　中國簡牘集成編輯委員會（2001C，171頁）：塢壁，有一定保護設施的居住地。

　　王海（2010，145頁）：在漢政府開發、經營邊地之初，河西地區的某些「辟」不僅具備軍事功能，同樣也是邊民、戍卒家屬生活的場所，其與邊地候望系統之間還存在著一定的關係，具有經濟、社會等多方面、多樣化的功能，是「縣城以下的聚落」。

　　今按，諸說是。居延漢簡401·7有「第五辟」、82·2有「中部辟」。「辟」通「壁」，指壁壘、營壁。《文選·張衡〈思玄賦〉》：「觀壁壘於北落兮。」注：「壁，營壁也。」

〔3〕左君賓：人名，塢壁之吏。

不敢望得小吏並竊不勝權權，願☑　　　　　　　　　　73EJT4：65

☑……
☑里年長物色〔1〕，所乘用　　　　　　　　　　　　73EJT4：66

【集注】

〔1〕年長物色：胡平生、張德芳（2001，21頁）：年指年齡，長指身高，物指所帶物品，色指膚色。

　　　今按，說是。

伏地再拜：丈人足下☑　　　　　　　　　　　　　　73EJT4：67
☑厶伏地再拜言☑
☑……☑　　　　　　　　　　　　　　　　　　　　73EJT4：68

☑□受肩水蓬火，節有驚☑　　　　　　　　　　　　73EJT4：69

【校釋】

　　張文建（2017C）遙綴簡73EJT4：84和該簡。今按，兩簡形制、字體筆迹較為一致，或屬同一簡，但不能直接拼合。

☑尺，下廣丈，深四尺，立水二☑☑　　　　　　　　　73EJT4：77

☑當與償入減獄，已決☐　　　　　　　　　　　　　　73EJT4：80

【校釋】

「與」原作「其」、「減」原作「臧」，張俊民（2012）釋。

☑月戊子朔甲午，北鄉嗇☑　　　　　　　　　　　　　73EJT4：82

☐☐中☐酒泉會水以☑　　　　　　　　　　　　　　　73EJT4：84

【校釋】

張文建（2017C）遙綴該簡和簡 73EJT4：69。今按，兩簡形制、字迹較為一致，或屬同一簡，但不能直接拼合。

千人舍為橐他轉輸☐☑　　　　　　　　　　　　　　　73EJT4：85
繩或短小縵惡☐☑　　　　　　　　　　　　　　　　　73EJT4：86

☑閏月辛酉，張掖☐☑　　　　　　　　　　　　　　　73EJT4：92

【校釋】

姚磊（2019A1）綴合該簡和簡 73EJT3：110。今按，兩簡出土地點不一致，書寫風格亦有不同，恐不能綴合。

☑和宜便〔1〕里，年卅三歲，姓吳氏，故驪靬苑斗食〔2〕嗇夫。迺神爵二年三月庚寅，以功次遷〔3〕為　　　　　　　　　　　　　　73EJT4：98A
☑史元破羌將軍史迹迹迹過過過何一步入蘭入天　　　73EJT4：98B

【校釋】

羅見今、關守義（2013）認為神爵二年（前 60）三月丙午朔，不得有庚寅。該簡並非在前 60 年書寫，而是多年後追述神爵二年升遷往事。書簡人根據官員回憶作記錄，這裏的時間差錯由記憶引起。黃艷萍（2014C，80 頁）認為此處庚寅日為原簡之訛誤。

今按，諸說是。當為原簡書誤。又該簡 B 面內容和 A 面無關，邢義田（2012，183 頁）指出其當為文書簡廢棄後被利用於習書，A、B 面筆迹不同。

【集注】

〔1〕宜便：里名，或屬番和縣。

〔2〕斗食：中國簡牘集成編輯委員會（2001H，294 頁）：俸祿百石以下的基層小吏。

今按，斗食指官吏的秩級。《漢書・百官公卿表上》：「百石以下有斗食、佐史之秩，是為少吏。」顏師古注：「《漢官名秩簿》云斗食月奉十一斛，佐史月奉八斛也。一說，斗食者，歲奉不滿百石，計日而食一斗二升，故云斗食也。」

〔3〕以功次遷：中國簡牘集成編輯委員會（2001F，66 頁）：漢代官吏任用途徑之一。功，為計算官吏政績的單位，一功為四年之勞，勞則以每天為單位計算。

中國簡牘集成編輯委員會（2001I，52 頁）：漢邊塞官吏升遷之形式或途徑之一，即以功勞大小次第循序遷升。次，次第，次序。

今按，諸說是。《漢書・王莽傳》：「往者，吏以功次遷至二千石。」

☑道官河津金關，毋苛留止，敢言之☑
☑☑移過所縣道官河津金關，毋苛☑　　　　　　　　　73EJT4：101

☑☑☑月甲申出　張掖大守護〔1〕、長史〔2〕芒〔3〕、庫令〔4〕建〔5〕兼行丞事，
☑☑亭　　　　　　謂鰈得以次為駕，當舍傳舍，如律令。　　73EJT4：102

【集注】

〔1〕護：人名，為張掖太守。

〔2〕長史：中國簡牘集成編輯委員會（2001G，309 頁）：郡太守屬官。秩千石或六百石，掌領兵馬。

今按，說是。《漢書・百官公卿表上》：「郡守，秦官，掌治其郡，秩二千石。有丞，邊郡又有長史，掌兵馬，秩皆六百石。」《後漢書・百官志》：「每郡置太守一人，二千石，丞一人。郡當戍邊者，丞為長史。」李賢注引《古今注》曰：「建武六年三月，令郡太守、諸侯相病，丞、長史行事。十四年，罷邊郡太守丞，長史領丞職。」

〔3〕芒：人名，為張掖長史。

〔4〕庫令：勞榦（1960，24 頁）：庫令蓋秩比縣令者。據吳式芬《封泥考略》，漢封泥有上郡，漁陽，北地諸郡庫令。《漢書・河間獻王傳》，成帝建始元年，立上郡庫令良，是為河間惠王。注，如淳曰：「漢官，北邊郡庫兵之所藏，故置令。」是雖其官不見於表志，猶見於漢官佚文及封泥也。

今按，說是。該簡庫令當為張掖郡之庫令。

〔5〕建：人名，為庫令。

五鳳二年六月壬午〔1〕▨

水候福〔2〕謂嗇夫光〔3〕□▨　　　　　　　　　　　　　73EJT4：103

【集注】

〔1〕五鳳二年六月壬午：五鳳，漢宣帝劉詢年號。據徐錫祺（1997，1571頁），五鳳二年六月壬午朔，為公曆公元前56年6月29日。

〔2〕福：人名，當為肩水候。

〔3〕光：人名，為嗇夫。

會水候印　　▨　　　　　　　　　　　　　　　　　73EJT4：104

【校釋】

該簡姚磊（2017D2）又補「會水候印」四字。認為有二次書寫的情況，會水候印存在兩種不同書寫形式，一種壓在另一種之上。

今按，姚說可參，該簡「會水候印」之下尚存較淡墨色。

▨大初五年　　　　　　　　　　　　　　　　　　　73EJT4：107

宣〔1〕叩頭白　　▨

單卿坐前：善毋恙〔2〕，虜辨事前日厚賜宣▨

宣欲持少少□前，因倉卒置去今□▨　　　　　　　　73EJT4：108A

謹因便奉之詣前，宣叩頭再拜□▨

奏　　▨

單卿　　▨　　　　　　　　　　　　　　　　　　　73EJT4：108B

【集注】

〔1〕宣：人名，為致信者。

〔2〕善毋恙：李均明（2009，126頁）：「毋恙」史籍多作「無恙」，指健康無憂，《史記·刺客列傳》：「然政所以蒙污辱自棄於市販之間者，為老母幸無恙。姊未嫁也。」《索隱》：「《爾雅》云『恙，憂也』。《楚辭》云『還及君之無恙』。《風俗通》云『恙，病也。凡人相見及通書，皆云無恙。』又《易傳》

—127—

云，上古之時，草居露宿。恙，嚙蟲也，善食人心，俗悉患之，故相勞云『無恙』。恙非病也。」《風俗通》所云當亦是。《史記‧匈奴列傳》：「孝文皇帝前六年，漢遺匈奴書曰：『皇帝敬問匈奴大單于無恙』。」《漢書‧公孫弘傳》：「君不幸罹霜露之疾，何恙不已」。此以病為「恙」，則「毋恙」即健康無疾病。

中國簡牘集成編輯委員會（2001G，10頁）：漢人書信中的問候語，即無憂、無疾之意。後世書信中「別來無恙」即由此而來。

馬怡（2014，31頁）：漢代書信慣用語，表示問安。

王貴元、李雨檬（2019，145頁）：「毋恙」類主要有四個詞語：毋恙、善毋恙、萬年毋恙、起居毋恙。恙：禍患、災病等。毋：無。

今按，諸說是。

謹因孫長賓〔1〕奏記伏地再拜　乘山、萬世、驛北頃共封移氏池
子卿……　　　　　　　　　　　　　　　　　　73EJT4：110A
□……
遺子卿不審到不即到，幸急以封之，年叩頭，幸甚幸甚　　73EJT4：110B

【校釋】

A面第一行「賓」原作「實」，據字形及文義來看，其當為「賓」字；「奏」原作「奉」，劉樂賢（2015A）釋。

A面第二行何茂活（2014C）、（2016A）認為未釋之字中有「北虜亭」三字。今按，補釋可從，但該行文字僅存右半，不能確知，此從整理者釋。

【集注】

〔1〕孫長賓：人名。

河平三年十月丙戌朔丙，肩水守候　□
……（檢）　　　　　　　　　　　　　　　　　73EJT4：113A
河平三年十月丙子朔丙戌，肩水守候　塞　塞尉寫移過所河
……（檢）　　　　　　　　　　　　　　　　　73EJT4：113B

【校釋】

何茂活（2014D）、（2016C），黃艷萍（2014A，117頁）、（2014C，80頁）指出A面後一「丙」字下原簡漏書「戌」字。又羅見今、關守義（2013），何茂活（2014D）、

（2016C），黃艷萍（2014A，117 頁）、（2014C，80 頁）認為 B 面「丙子朔」當為「丙戌朔」，原簡誤書。今按，諸說是，當為原簡書寫時脫漏和誤寫。

　　關於該文書的性質，藤田勝久（2012A，204 頁）認為不是觚，而是兩面書寫的檢。並指出正面以「肩水守候」結尾，下部有封泥匣。背面接着寫：「塞尉寫移過所河（津關？）」。內容與肩水候官頒發給的字面內容相同。因此其根據此檢兩面可見的形態，推測該簡即是傳的實物。其說當可信從，據該簡的內容和形態來看，其應是傳的實物而非抄件。

　　☑臨田〔1〕隧長王武〔2〕　☑　　　　　　　　　73EJT4：114A
壬辰刀☑
☑反支未
癸巳刀☑　　　　　　　　　　　　　　　　　　　73EJT4：114B

【集注】

〔1〕臨田：當為隧名。

〔2〕王武：人名，為隧長。

　　☑候長辟非〔1〕稱已適候長☑　　　　　　　　73EJT4：116

【校釋】

　　「辟」原未釋，馬智全（2012，108 頁）釋。

【集注】

〔1〕辟非：人名，為候長。

　　☑□善益食之　　☑　　　　　　　　　　　　73EJT4：117
☑……　　　書寒時願　☑
☑□幸甚　　願時賜記　☑
☑□□□　☑（削衣）　　　　　　　　　　　　73EJT4：118

　　☑□者事中卿，毋狀〔1〕可☑
☑□過失乎願聞之☑
☑……☑（削衣）　　　　　　　　　　　　　　73EJT4：121+119

【校釋】

張文建（2017C）綴。末行何茂活（2014C）、（2016A）補釋「伏地叩頭□□」。今按，末行殘損過甚，多不可辨識，當從整理者釋。

【集注】

〔1〕毋狀：徐世虹（1998B，56頁）：居延漢簡所見的「毋狀」，是流行於漢代官僚社會的一個習慣用語。它與各種輕重罪名相綴，表現了官僚群體心理對違禁亂紀者的鄙視或自責，而在這鄙視與自責的背後，凸顯着漢代社會及官僚監督機制對官吏的政治才能、從政業績、乃至為人處世等總體素質的要求，這就是狀。官吏們在「狀」的制約下，應當努力恪守職責，創造業績；一旦「毋狀」，則至少將被納入行政處罰的範疇，或斥免，或謫罰。至於重大的「毋狀」行為，則依律處罰。

謝桂華（1998A，377頁）：大都是指職事無善狀。《史記》卷二《夏本紀》：「舜登用，攝行天子之政，巡狩。行視鯀之治水無狀，乃殛鯀於羽山以死。」注引《索隱》曰：「言無功狀。」又同書卷八四《賈誼列傳》：「賈生自傷為傅無狀，哭泣歲餘，亦死。」書牘中的「甚毋狀」，應當理解為甚無禮。

中國簡牘集成編輯委員會（2001G，49～50頁）：亦作「無狀」。漢代文書公牘中常用斥責之語，猶「有罪」「很壞」「不像樣子」等，如《漢書・韓延壽傳》：「事下公卿，皆以延壽前既無狀，後復誣訴典法大臣，欲以解罪，狡猾不道。天子惡之，延壽竟坐棄市。」……又作謙卑之詞，如《漢書・東方朔傳》：（館陶公主）徒跣頓首謝曰：「妾無狀，負陛下，身當伏誅。陛下不致之法，頓首死罪。」漢簡中「免冠叩頭，死罪，奉職數無狀，罪當萬死，叩頭死罪」等。

今按，諸說多是。《漢書・東方朔傳》「妾無狀」，顏師古注曰：「狀，形貌也。無狀，猶言無顏面以見人也。一曰，自言所行醜惡無善狀。」用於書信中的「毋狀」當為自謙之詞。

元始五年正月丙寅☑

欲以令取傳。謹案，蒼☑   73EJT4：120

【校釋】

「丙寅」原作「庚□」，「蒼」原未釋，何茂活（2014C）、（2016A）釋。「蒼」字任達（2014，60頁）亦釋。

【集注】

〔1〕元始五年正月丙寅：元始，漢平帝劉衎年號。據徐錫祺（1997，1691 頁），元始五年正月丙寅朔，為公曆公元 5 年 1 月 29 日。

☑□重，幸甚幸甚，即□得願以☑（削衣）　　　　　　73EJT4：123

☑載錢至張掖，稚子〔1〕毋官獄□☑
☑□□□敢言之，寫移，如律令☑（削衣）　　　　73EJT4：126

【校釋】

　　該簡為傳文書的削衣。藤田勝久（2012A，201 頁）認為是為了消去傳的筆迹而形成了削衣。大概是為了將已經記錄過的木簡再次利用，或者是廢棄之物。其說當是。

【集注】

〔1〕稚子：人名。

☑己酉朔壬□　☑（削衣）　　　　　　　　　　　73EJT4：127
☑關遣吏詣府☑（削衣）　　　　　　　　　　　　73EJT4：128
☑河津關，毋☑（削衣）　　　　　　　　　　　　73EJT4：129

☑敢言之，卅井☑
☑□徵事，當☑（削衣）　　　　　　　　　　　　73EJT4：130

【校釋】

　　姚磊（2017A2）遙綴該簡和簡 73EJT4：142。今按，兩簡字體筆迹似較一致，或存屬同一簡的可能，但不能直接拼合。

元始四年十☑（削衣）　　　　　　　　　　　　　73EJT4：131

☑敢言之，今☑（削衣）　　　　　　　　　　　　73EJT4：136

【校釋】

　　張文建（2017A）綴合簡 73EJT4：197 和該簡。今按，兩簡茬口不能密合，文義亦不連貫，似不能綴合。

☑室欲之☑（削衣）　　　　　　　　　　　　　　　　　　73EJT4：138

☑□候行☑（削衣）　　　　　　　　　　　　　　　　　　73EJT4：139

【校釋】

　　張文建（2017C）綴合該簡和簡73EJT4：211。姚磊（2017C5）認為兩簡茬口不能吻合，文意上亦不能貫通，恐不能直接拼綴。若僅從寫作風格看，似有遙綴的可能，但又不能完全確定。張文建（2017E）、（2018）又認為兩簡茬口可以密合，復原的文字筆畫銜接流暢，文意上也順暢，兩簡可以綴合。

　　今按，兩簡字體筆迹似較一致，但簡73EJT4：211的綴合處僅存一點墨迹，其和該簡筆畫銜接並不流暢。又從文義來看，亦看不出有順暢的連接。因此姚說可從，兩簡似不能直接拼合。

☑上月言願☑
☑取傳，謁☑（削衣）　　　　　　　　　　　　　　　　73EJT4：142

【校釋】

　　姚磊（2017A2）遙綴簡73EJT4：130和該簡。今按，兩簡字體筆迹似較一致，或存屬同一簡的可能，但不能直接拼合。

☑□□□宜以駕☑
☑文理〔1〕遇錢，毋過入☑（削衣）　　　　　　　　　73EJT4：143

【校釋】

　　劉釗（2014，356頁）認為從原簡圖版可以看出，此簡應是由兩枚削衣綴合而成，其綴合處在「遇」和「錢」之間。但此二枚削衣似不應綴合，首先兩段茬口並不能密合，其次兩段的簡文亦無法連讀。又「錢毋過入」之「入」劉釗（2014，357頁）認為疑當是「令」字殘損或未寫完所致。今按，其說是，該簡當屬兩枚削衣誤綴在了一起。

　　又姚磊（2017A2）綴合簡73EJT4：199和該簡。今按，兩簡字體筆迹較一致，但似乎不能直接拼合，文義亦不甚連貫。

【集注】

〔1〕文理：中國簡牘集成編輯委員會（2001J，82頁）：文理，文指文法，即法律與
　　　政教；理，指道理、禮遇。

　　趙寵亮（2012A，348 頁）：「文理」應與暴強相對，是一種稟賦，也是一種為政風格，即按照事物的本來情理來處理。

　　黃浩波（2012）：由此推斷，73EJT4：143 簡是一枚閣錢有關律令的殘簡……「文理遇錢」，則應是要求閣錢時必須依法認真履行有關程序、手續。

　　今按，諸說多是。唯黃說似有不妥，前面既已說明該簡為兩枚削衣的誤綴，而綴合處在「遇」和「錢」之間，則「文理遇錢」的說法並不存在。以「文理」遇者，漢簡常見為「卒」，如居延漢簡 10·40 有「謹以文理遇士卒」。

五鳳元年六☐
☐千人☐☐　　　　　　　　　　　　　　　　　　　　73EJT4：144
☐☐捕不道，罪名明☐　　　　　　　　　　　　　　　73EJT4：145

☐庫嗇夫光〔1〕以☐
☐令。掾清〔2〕、令☐　　　　　　　　　　　　　　73EJT4：147

【集注】

〔1〕光：人名，為庫嗇夫。

〔2〕清：人名，為掾。

北部助府屋闌尉史☐　　　　　　　　　　　　　　　　73EJT4：148

【校釋】

　　「闌」原作「蘭」，何茂活（2014D）、（2016C），黃艷萍（2016B，122 頁）、（2018，135 頁）釋。

☐令史淳☐　　　　　　　　　　　　　　　　　　　　73EJT4：154

☐戌朔壬戌☐
☐編，敢言之☐　　　　　　　　　　　　　　　　　　73EJT4：168

【校釋】

　　「編」字原作「臨」，張俊民提供的釋文作「編」（簡帛網 2011 年 9 月 23 日），姚磊（2017G4）認為當是「編」字。今按，釋「編」可信。

趙子都〔1〕襜褕〔2〕七☑   73EJT4：171A

☑足下：善毋☑☑   73EJT4：171B

【校釋】

A面「七」原作「十」，曹方向（2011）、馬智全（2012，108頁）釋。

【集注】

〔1〕趙子都：人名。

〔2〕襜褕：勞榦（1953，180～181頁）：襜褕是襌衣的一種，但可能比一般的襌衣更講究一些……襜褕和襌衣的不同處，共有兩點。第一，是由於質料的不同；第二，是由於形式上的不同。就質料方面來說，還可以包括兩點（甲）是所用的原料，如縑（厚的絲綢，）如罽（毛織物），都是比較厚重的（乙）是外加的裝飾，如貂皮（因為貂襜褕，只是貂的裝飾，假若是全貂就不是襜褕而是貂裘了）。

勞榦（1960，65頁）：故襌衣即單衣，有上衣下裳而無裏之稱，若衣與裳相連屬，則謂之襜褕……凡簡牘所記之衣服，曰襲（同褶），曰袴，曰袍，曰襜褕，曰單衣，而裳不聞焉。蓋軍中之制，率取利便，無取於裳。王氏國維於《流沙墜簡補釋》及《胡服考》重申軍中袴褶之制原於胡服之義，其言是也。今案襜褕之制亦頗與袴褶為同類，惟褶短而襜褕長，其源則一也。

中國簡牘集成編輯委員會（2001H，98頁）：一種較長的單衣，有直裾和屈裾二式，為男女通用的非正式朝服，因其寬大而常作襜襜然狀，故名。《史記·魏其武安侯列傳》：「元朔三年，武安侯作衣襜褕入宮，不敬。」司馬貞《索隱》：「謂非正朝衣，若婦人服也。」

今按，諸說是。襜褕為較長的單衣，是將上衣下裳連在了一起。

☑追捕未能發□☑   73EJT4：178

【校釋】

簡末未釋字何茂活（2014D）、（2016C）釋「糺（糾）」。今按，從圖版來看，該字左半為「糸」無疑，但右半不明，此從整理者釋。

初元年十月甲子朔庚午〔1〕，尉卿☑   73EJT4：179

【校釋】

　　「子」原作「午」，張俊民（2011B）、（2012），羅見今、關守義（2013，102 頁），黃艷萍（2014A，117 頁）、（2014C，80 頁），胡永鵬（2016A，260 頁）釋。

　　又羅見今、關守義（2013，102 頁）認為「元」後缺釋重文號「＝」；黃艷萍（2014A，117 頁）、（2014C，80 頁）認為「初元」後脫一「元」字，疑當時口語省讀為「初元年」，受口語影響而致此。今按，從圖版來看，「元」字後並未有重文符號「＝」。應當如黃艷萍所說，「初元」後原簡脫「元」字，而這種省寫為當時通行做法。

【集注】

〔1〕初元年十月甲子朔庚午：饒宗頤、李均明（1995A，67 頁）：初元年，初元元年，此寫法亦屢見於居延漢簡。

　　　　今按，說是。初元，漢元帝劉奭年號。據徐錫祺（1997，1588 頁），初元元年十月庚午即公曆公元前 48 年 11 月 2 日。

☑奉記受☑（削衣）　　　　　　　　　　　　　　　　　73EJT4：181

☑□不具語，今旦幸賜書，又遠煩鄭☑
☑……☑　　　　　　　　　　　　　　　　　　　　　　73EJT4：184A
☑……☑
☑具傳語為□□愚自以為直□☑　　　　　　　　　　　73EJT4：184B

【校釋】

　　A 面「煩」原作「糶」，張俊民（2014B）、伊強（2015B）釋。

☑　　□
☑過　　　　　　　　　　　　　　　　　　　　　　　　73EJT4：186A
☑甚　　　　　　　　　　　　　　　　　　　　　　　　73EJT4：186B
□元三年三月丙☑　　　　　　　　　　　　　　　　　　73EJT4：187

☑□客行道傳者非書　　　　　　　　　　　　　　　　　73EJT4：192

【校釋】

　　「道」原未釋，何茂活（2014C）、（2016A）釋。

☑言子平〔1〕耐☑之，願子平　　　　　　　　　　　73EJT4：193

【集注】

〔1〕子平：人名。

☑張子☑☑（削衣）　　　　　　　　　　　　　　73EJT4：196

☑辛卯，戶曹守令史告☑☑
☑☑☑☑謹……☑（削衣）　　　　　　　　　　　73EJT4：197

【校釋】

　　張文建（2017A）綴合該簡和簡 73EJT4：136。今按，兩簡茬口不能密合，文義亦不連貫，似不能綴合。

故遣卒詣前取之☑　　☑（削衣）　　　　　　　　73EJT4：198

☑以為意甚☑☑☑
☑☑卒稟食☑☑☑（削衣）　　　　　　　　　　　73EJT4：199

【校釋】

　　第二行「稟」原作「廩」，黃艷萍（2016B，123 頁）、（2018，135 頁）釋。姚磊（2017A2）綴合該簡和簡 73EJT4：143。今按，兩簡字體筆迹較一致，但似乎不能直接拼合，文義亦不甚連貫。

☑因再☑（削衣）　　　　　　　　　　　　　　　73EJT4：200
☑毌恙異眾☑（削衣）　　　　　　　　　　　　　73EJT4：201
正月戊☑（削衣）　　　　　　　　　　　　　　　73EJT4：203
☑正月☑☑（削衣）　　　　　　　　　　　　　　73EJT4：204
奉☑☑（削衣）　　　　　　　　　　　　　　　　73EJT4：205
☑☑從者如律☑（削衣）　　　　　　　　　　　　73EJT4：206
本始元年十二☑
☑高子富☑☑☑（削衣）　　　　　　　　　　　　73EJT4：207
☑張張張掖　☑
☑張伏　☑
☑　張伏地☑（削衣）　　　　　　　　　　　　　73EJT4：209

☑蓬隧☐☐☑（削衣）　　　　　　　　　　　　73EJT4：211

【校釋】

　　張文建（2017C）綴合簡 73EJT4：139 和該簡。詳參簡 73EJT4：139 校釋。

本始五年正　☑（削衣）　　　　　　　　　　　73EJT4：212

☑……　　錢伏☑（削衣）　　　　　　　　　　73EJT4：213

【校釋】

　　「伏」原未釋，李洪財（2012）釋。

☑肩水金關☑（習字）　　　　　　　　　　　　73EJT4：214A
☑金關卒☑（習字）　　　　　　　　　　　　　73EJT4：214B

肩水金關 T5

☑敢言之　　　　　　　　　　　　　　　　　　73EJT5：5

☑廣利〔1〕里宋德〔2〕自言以故吏請詔詣居延將☐☑
☑父／二月丁亥，廄嗇夫福〔3〕兼行尉事，敢言☑　　73EJT5：7

【集注】

〔1〕廣利：里名。

〔2〕宋德：人名。

〔3〕福：人名，為廄嗇夫。

☑襲〔1〕一領、布復絝〔2〕一兩，并直千八百，又貸交錢〔3〕五百，凡並
☑大昌〔4〕里丁當〔5〕妻郵君〔6〕所　　　　　　73EJT5：8A
☑小女世母徐☐☐孫市入與入　　　　　　　　　73EJT5：8B

【校釋】

　　A 面首行「并」字原作「並」，黃艷萍（2016B，123 頁）認為當作「并」。今
按，該字作　形，依據字形應是「并」。

　　又 A 面「交」「郵」張俊民（2012）改釋「它」「舒」。B 面「小女」「市」張俊
民（2012）改釋「安」「市」，「徐」後一未釋字補「嫗」。

姚磊（2017D6）認為張俊民改「郵」作「舒」，改「小女」作「安」，改「帀」作「市」，並補「妪」字，皆可從，然「交」為「它」之說，當從整理者所釋作「交」。

今按，從圖版來看，A 面「交」「郵」整理者釋讀不誤，改釋非。B 面字多不可辨識，此從整理者釋。

【集注】

〔1〕襲：羅振玉、王國維（1993，182 頁）：衣之有著者，必具表裏；其無著者，則有複有單。複者，謂之襲，謂之褶。單者，謂之綗，亦謂之禪衣。單衣即禪衣也。

勞榦（1953，182 頁）：《釋名》：「褶，襲也，覆上之言也」，所以褶襲音義並同。《禮記·玉藻》：「帛為褶」，注：「謂有表裏而無著」，所以褶也是一種夾衣。《急就篇》：「襜褕袷複褶絝褌」，注：「褶謂重衣之最在上者也，其形若袍，短身而廣袖，一曰左衽之袍也」。《禮記·內則》：「寒不敢襲」，注：「謂重衣」，從上更可以看出襲為夾衣的一種。再綜合上列各條，更知道襲或褶更含有以下各種特質：（1）有表有裏的夾衣。（2）最外之衣。（3）短身之衣。（4）左衽。以上四點，尤其是第（4）點，更和胡服相近。固然，襲的原名雖不是指胡服，如《士喪禮》：「襚者以褶，則必有裳」，褶和裳對舉，明褶加於端衣之上，而衣下尚垂有裳，仍是中國服裝，並非胡服。但此衣既與胡服有共同之點，則胡服的外衣，自用「襲」或「褶」來稱呼較為合適……褶雖然是夾衣，但也有用絲綿絮的。

于豪亮（1981B，47～49 頁）：褶乃是從習孳乳而來，褶、習、襲三者音義俱通，由於習與襲為重疊、重複之義，所以這三者既可以有「複衣」之義，又可以有「數衣相為表裏」之義，也還可以有「加衣」之義，視其用在何處而定。這都是從重疊、重複之義引申出來的。但是需要指出的是，居延漢簡中的襲並非「複衣」，卻可以肯定……簡文稱之為「複襲」，恰恰表明襲無單複之分。它不過是軍衣的外衣而已。軍衣的外衣既可以是單衣，也可以是複衣，又可以加上絲綿成為綿衣，當然也可以是皮衣……居延漢簡的絝襲就是袴褶，襲和褶是重衣之義，不當解釋為複衣……從沒有套甲的俑所穿的衣服來看，這種衣服的特點是：袖小，衣長至膝，衣下露出略長過膝的短褲，衣的右襟相當大，從右腋下包抄至背的右下部，腰部束帶，把抄至背後的右襟扎起來。這樣的衣服顯然便於騎馬，因為在需要騎馬時，只要把衣服的前擺紮在帶上就行了。這樣的衣服並不一定是「複衣」，它之所以稱為襲，實在是因為裏面還要穿一件或

幾件短衣（即襦）的緣故，因為衣有數量，外面套上的衣服便稱之為襲，這同襲的「重疊」「重衣」之義也是相合的。這樣的上衣與長過膝的褲合成一套，稱為綺襲，也寫作袴褶。

黃今言（1993，303 頁）：襲或褶是沒有著棉絮的短上衣，其形制源於胡服，便於騎射。

王震亞、張小鋒（1998，131 頁）：所謂襲，《釋名》曰：「褶，襲也，複上之言也。」《急就篇》顏師古注：「褶謂重衣之最在上者也，其形若袍，短身而廣袖。一曰左衽之袍也。」可見，襲又稱為「褶」，是一種類似胡服的短衣。短衣省料易成，戍卒穿上短衣，行動敏捷，利於作戰，故襦和襲是戍卒最常見的服裝。

中國簡牘集成編輯委員會（2001C，55 頁：）襲，上衣，或言單衣，或言複衣。

今按，諸說多是。襲為短上衣外套，自無異議，但文獻中多言其為複衣，從漢簡來看並非如此。正如勞榦（1953，179 頁）所指出：「凡是根據《三禮》做出來的所謂『標準制度』，都是現代考古學中的重要參考，並無疑義；但是古人的實際生活，並不那樣的標準，因此所有的『標準制度』，和實際生活，仍然有一個很大的距離。」因此于豪亮所言極是，漢簡中的襲可以是單衣，也可以是複衣，還可以是綿衣或皮衣。金關漢簡 73EJT31：105 中有「單襲」，亦可為證。

〔2〕布復綺：黃今言（1993，303 頁）：疑若今俗之套褲，或通常說的褲子。

今按，說是。《說文・糸部》：「綺，脛衣也。」段玉裁《注》曰：「今所謂套袴也。左右各一，分衣兩脛。古謂之綺，亦謂之褰，亦謂之襗。」《釋名・釋衣服》：「綺，跨也，兩股各跨別也。」布復綺則為布做有表有裏的褲子。

〔3〕茭錢：謝桂華（2006A，172 頁）：這兩個賬簿中的「茭錢」，當是用於購買茭的專門費用名稱。而前引《額簡》99ES16SF2：1 中的「茭錢」含義與此不同，它是作為編戶齊民向官府所繳納田租的附加稅，相當於西漢元帝時御史大夫貢禹奏言的「稿稅」。

今按，謝桂華所說兩個賬簿中的「茭錢」見於居延漢簡 209・2A 和 261・13B+261・27B。該簡中的「茭錢」當同於居延漢簡所見，為購買茭的專門費用。

〔4〕大昌：當為里名。

〔5〕丁當：人名。

〔6〕鄩君：人名，丁當妻。

強〔1〕謹再拜請　　☑

子元君以強疾☑

……☑　　　　　　　　　　　　　　　　　　73EJT5：13

【集注】

〔1〕強：人名，致信者。

神爵四年二月己未朔丁□，□□□☑

衣用，謹踈〔1〕年長物色，謁☑　　　　　　　73EJT5：22

【校釋】

首行「己未」黃艷萍（2014A，118頁）、（2014C，81頁）認為當為「乙未」之誤寫。今按，說是，當為原簡書誤。

【集注】

〔1〕踈：同「疏」，分條記錄。《漢書·蘇建傳附蘇武》：「初桀、安與大將軍霍光爭權，數疏光過失予燕王，令上書告之。」顏師古注：「疏，謂條錄之。」簡73EJT37：522又作「踈書」，從漢簡來看，「踈年長物色」者為將出入關津人的年齡等分條記錄在傳文所在的簡牘上，和「牒書」另記錄於簡札上似有不同。

居延市陽〔1〕里樂市□☑　　　　　　　　　　73EJT5：23A

石唯廷收責☑　　　　　　　　　　　　　　　73EJT5：23B

【集注】

〔1〕市陽：里名，屬居延。

☑道河津金關☑

☑過所，如律令☑　　　　　　　　　　　　　73EJT5：28

【校釋】

第一行「道」原釋作「過」。該字圖版作 形，右半缺失，從殘存筆畫來看，當為「道」字。道字金關漢簡中作 （73EJT10：201）形，可以參看。又相似辭例皆作「縣道河津金關」，如簡73EJT23：165、72EBS7C：1A等，亦可為證。

建成〔1〕敢言☑ 73EJT5：29

【集注】

〔1〕建成：人名。

· 邊塞〔1〕候長若候〔2〕☑ 73EJT5：30

【校釋】

姚磊（2017A3）、（2018E，28頁）遙綴該簡與簡73EJT5：40，張顯成、張文建（2017A）、（2017B，337頁）綴合該簡與簡73EJT5：40，並於綴合處補釋「毋」字。今按，兩簡形制、字體筆迹較為一致，或存同屬一簡的可能，但不能直接拼合。

【集注】

〔1〕邊塞：勞榦（1948C，510頁）：邊是邊境的廣泛稱呼……但是邊境上的工事，那就叫做塞了。

今按，說是。《漢書·李廣蘇建傳》：「陵敗處去塞百餘里，邊塞以聞。」

〔2〕若候：張顯成、張文建（2017B，338頁）：「若候」在此與「候長」並言，均當屬官名……此簡的「若候」一官，應當就是與候長、候史職能和等級相當的官吏。

今按，說或是。但漢簡尚未見有「若候」一官，且簡文殘斷，文義不明，暫存疑待考。

計到三年四月己酉，以請詔施刑〔1〕□☑
關，以縣次續食，給法所當得☑ 73EJT5：31

【校釋】

第二行「給法」原作「驗決」，張俊民（2012）釋。又第一行「計到」張俊民（2012）改作「□□」。今按，改作未釋字或可從，暫從整理者釋。

【集注】

〔1〕施刑：陳直（2009，18頁）：弛刑士以刑期未滿，因自願效力戍邊免刑者。或稱為弛刑，或稱為弛刑屯士，或僅稱為屯士。在戶籍上不書籍貫年齡，本身也無爵位。

劉光華（1988，117頁）：「施刑」「施刑士」，即《趙充國傳》之「弛刑」。以弛刑屯戍邊地，編於候望系統者稱「施刑」或「施刑士」，而從事屯田生產

者則稱之謂「施刑屯士」，與《西域傳》稱免刑罪人之屯田者為「屯士」同例。

高恆（1993，46 頁）：「施刑」，即「弛刑。」李奇云：「弛，廢也。謂若今徒解鉗鐵赭衣，置任輸作也。」至於弛刑的身份問題。陳直先生說：「居延木簡中，徒與弛刑，其區別徒帶有罪名，弛刑不帶罪名，或稱為弛上」。需補充一點，被弛刑者仍是刑徒僅不帶刑具而已。

吳榮曾（1995，276 頁）：施刑是重犯因皇帝大赦詔書而解除身上的刑具和罪衣，然後被強制送到邊地以服滿原判的刑期，因而他們在邊塞服刑時間是長短不一的。後來《史》《漢》的一些注家們，往往把施刑誤認為就是復作。在簡文中可以看到，當時人都是清楚地把徒和復作、施刑區分開來的。刑徒無行動之自由，在嚴密的監督下服苦役，而施刑在小範圍內有些自由，他們可起到和一般兵士差不多的作用。正因為如此，故西漢實行施刑制以來，使邊防力量有所加強，所以以後東漢仍沿襲不變。

冨谷至（2001，582 頁）：有爵者（聯繫秦代的情況，我認為應指上造以上的有爵者）通過削爵被賦予免除桎梏的特權，當被判刑為髡鉗刑（髡鉗城旦、釱左右趾刑）時，則不加首枷、足枷，服刑期為五年的勞役刑，我認為這就是記載的「施刑」的內容。

中國簡牘集成編輯委員會（2001G，57 頁）：施刑即弛刑，施、弛二字古通用。漢簡中施又作弛。

張建國（2006，600 頁）：弛刑是皇帝下詔後去掉司寇以上刑徒身上的赭衣（暗紅色的罪衣）和身上的械具，一定程度上放鬆監管。如果說復作是一種赦免（免徒），則弛刑就不是赦，也沒有免減，只是一種得到皇恩的寬輕待遇，身份仍然是刑徒，除了衣服、械具與監管的變化外，其他和刑徒沒有區別。因此，復作不是弛刑，徒復作和弛刑徒是性質完全不同的兩類。

永田英正（2007，133 頁）：敦煌簡和居延簡大量見到的這種「施刑」就是弛刑，亦即緩刑之謂。因此，「施刑」就是指被免除刑罰而被送到邊境從事守備的人。

裘錫圭（2012B，246～247 頁）：弛刑也稱弛刑徒（《後漢書・黨錮・李膺傳》），就是解取鉗、釱的刑徒。被當作士卒來用的弛刑或稱弛刑士……稱弛刑、弛刑士和弛刑屯士的那些人中間，並不存在《劉書》所說的那種區別。他

們都既有可能從事候望等工作，也有可能從事屯田生產。在田卒、戍卒分工比較明確的情況下，他們可能會較多地使用在屯田生產上。

張俊民（2015C，32頁）：「施刑」就是以「詔書」脫去鐐枷之後的刑徒被派往某地從事專門的勞作。

今按，諸說多是。「施刑」即「弛刑」，又作「弛刑」。吳榮曾、張建國、裘錫圭等說較為全面，弛刑就是解除刑具和囚衣的刑徒，他們可以被當做一般士卒來用，因此又有「弛刑屯士」等說法。《後漢書·光武帝紀》：「遷驃騎大將軍杜茂將眾郡施刑屯北邊，築亭候，修烽燧。」李賢注：「施，讀曰『弛』。弛，解也。《前書音義》曰：『謂有赦令，去其鉗釱赭衣，謂之弛刑。』」

☑☐☐☐☐☑
☑☐毋官獄徵事☑   73EJT5：32

【校釋】

「毋官獄徵事」原未釋，何茂活（2014C）、（2016A）補釋。

☑從者如律，敢言之☑   73EJT5：33

☑☐擅去署〔1〕三宿   73EJT5：37

【集注】

〔1〕擅去署：薛英群（1991，300～301頁）：所謂「不在署」「去署」，實際上是一個意思，就是人不在署中，離開了燧。但從新舊居延漢簡簡文的排比情況來看，「不在署」與「去署」仍略有差異……「去署」是指未經上級同意的錯誤行為。而「不在署」，多數是因公外出或經上級允許離署，因之，不在「行塞者」「舉」的範圍。

陳乃華（1992，30頁）：即擅離職守，在秦簡中稱「去署」或「竇署」。《法律答問》：「何謂竇署？竇署，即去也，且非是？是，其論何也？即去署也」。

劉軍（1997，119頁）：「私去署」「擅去署」，指私自離開崗位，是比較確定的違紀或違法行為。

中國簡牘集成編輯委員會（2001I，36頁）：擅去署，罪名，即擅離職守。

李振宏（2001，52頁）：不經上級屯戌組織允許，擅自離開值守崗位去作為他事，是一種嚴重的瀆職行為。

李均明（2011C，155頁）：「不在署」僅指不在崗位上的客觀事實，存在兩種可能：一種是當事人有正當理由離開；二為無理由之違紀違法……如果不在崗的行為屬於非法，通常稱為「去署」，亦稱「私去署」或「擅去署」。

今按，諸說是。擅去署即擅自離開工作署所，當為官吏一種罪名。張家山漢簡《二年律令》398簡：「當戌，已受令而逋不行盈七日，若戌盜去署及亡盈一日到七日，贖耐。」

☑□越塞常日迹〔1〕□☑　　　　　　　　　　　　　　73EJT5：40

【校釋】

姚磊（2017A3）、（2018E，28頁）遙綴簡73EJT5：30和該簡，張顯成、張文建（2017A）、（2017B，337頁）綴合簡73EJT5：30和該簡，並於綴合處補釋「毋」字。今按，兩簡形制、字體筆迹較為一致，或存同屬一簡的可能，但不能直接拼合。

「常」字張俊民（2012）釋「當」，張顯成、張文建（2017B，338頁）認為以整理者釋「常」為佳。今按，從字形來看，似不為「當」字，整理者釋讀可從。

【集注】

〔1〕日迹：徐子宏（1988，32頁）：巡察天田的工作，漢簡稱之為徼迹，即巡邏之意。

中國簡牘集成編輯委員會（2001C，16頁）：漢代邊塞警戒巡邏方式之一，即戌卒和候長、候史每日巡視察看天田上有無出入痕迹的活動稱日迹。

張國艷（2002，87頁）：「日迹」需「久視天田」防止「亡人越塞出入」，所以「日迹」是邊塞上巡查邊防的活動。

李天虹（2003，121頁）：迹，循查天田和邊塞的行迹，驗看有無異常情況。《漢書‧季布傳》「漢求將軍急，迹且至臣家」，顏師古注：「迹，謂尋其蹤迹也。」迹關係到邊塞的防務和吏卒生命安全，可以說是邊塞基層吏卒的本職工作。

劉光華（2004，200頁）：巡察、畫治天田和在烽臺上從事候望、發放信號一樣，是亭隧戌卒的本職工作，在漢簡中稱為「日迹」「迹」。

李均明（2004C，11頁）：日迹為每日例行之巡視天田上有否足迹的活動。

今按，諸說是。日迹就是每日巡邏邊塞，察看天田上有無人馬等出入蹤迹的工作。《漢書・平當傳》：「宜深迹其道而務修其本。」顏師古注：「迹謂求其蹤迹也。」

☑□樂願□□前舍有客毋入　　　　　　　　　　　　　　73EJT5：44A

☑謹請□□□　　　　　　　　　　　　　　　　　　　　73EJT5：44B

【校釋】

A 面「前」原作「茯」，何茂活（2014C）、（2016A）釋。

☑大伏☑　　　　　　　　　　　　　　　　　　　　　　73EJT5：48

五鳳元年三月己未朔甲☑　　　　　　　　　　　　　　　73EJT5：49A

……☑　　　　　　　　　　　　　　　　　　　　　　　73EJT5：49B

張掖、酒泉、武威〔1〕郡中□□☑　　　　　　　　　　73EJT5：50A

五月戊寅，亭長□☑　　　　　　　　　　　　　　　　　73EJT5：50B

【集注】

〔1〕武威：郡名。《漢書・地理志下》：「武威郡，故匈奴休屠王地。武帝太初四年開。莽曰張掖。」

證所言　　☑　　　　　　　　　　　　　　　　　　　　73EJT5：59

再再不□再忍不叩地地（竹簡）　　　　　　　　　　　　73EJT5：67

【校釋】

原釋文作「再再不□□恐不□□地」，張俊民（2012）釋。又未釋字任達（2014，74 頁）疑為「十」字。今按，說或是。該簡似為習字之作，字多難以辨識。

甘露四年四月戊寅朔甲午〔1〕，甲渠〔2〕鄣守候何齋〔3〕移肩水金關：令史□罷軍〔4〕徙補粼得臨谷候官令史，書到，案籍內，如律令。　　73EJT5：68A

令史安世〔5〕　　　　　　　　　　　　　　　　　　　73EJT5：68B

【集注】

〔1〕甘露四年四月戊寅朔甲午：甘露，漢宣帝劉詢年號。據徐錫祺（1997，1583 頁），甘露四年四月甲午即公曆公元前 50 年 6 月 10 日。

〔2〕甲渠：永田英正（1987A，266頁）：其結論應該指出的是，番號燧接近候官
並設置得相當集中。同時，據家屬廩名籍的記載，番號燧同兵站組織有關係。
我認為，番號燧既然設在甲渠候官管轄範圍之內，也許就是設在實行屯田的
地區的烽燧，看來，甲渠候官的「甲渠」這一名稱，是因為有渠。當然這說
明了灌溉，即說明那裏實行了屯田耕作。並且，甲渠的「甲」，也可以假設是
同乙渠、丙渠和丁渠相連續的一種序數。因此，命名為甲渠這一點，也可以
說明它同屬番號燧的範疇。而且，番號燧之所以集中設置在接近甲渠候官的
所在地，是由於屯田使他們密切地聯繫起來了。對整個候官冠以甲渠的名稱，
還說明了在所轄的烽燧中，番號燧比一般烽燧的實名燧，在整個燧中起著更
主要的作用。

今按，說是。甲渠為候官名稱，屬居延都尉。

〔3〕何齋：黃浩波（2011A）：何齋，乃《居延漢簡人名編年》地節年間之甲渠候史
高何齋。

今按，說或是。何齋為甲渠守候人名。

〔4〕罷軍：劉倩倩（2015B，80頁）：此處「罷」非服完兵役回家之「罷」，音 pí。
《漢書·魏相傳》：「孝文皇帝時，以二月施恩惠於天下，賜孝弟力田及罷君卒，
祠死事者，頗非時節。」顏師古注：「罷軍卒，卒之疲於軍事者也。罷音疲。
一曰新從軍而休罷者也，音薄蟹反。」

今按，劉說非。此處「罷軍」當為人名，從簡文可知其要徙補候官令史。
《急就篇》可見人名「減罷軍」，顏師古注：「罷軍，猶言偃武也；一說久從戎
役，故疲勞也。」

〔5〕安世：人名，為令史。

塞吏疑子功〔1〕絕從〔2〕肩水界中過，盜馬，使昭武〔3〕移書沙頭〔4〕驗問〔5〕，
不應律。案：相〔6〕等皆吏，知子功　　　　　　　　　　　　　73EJT5：71

【集注】

〔1〕子功：人名。

〔2〕絕從：劉倩倩（2015B，80頁）：「從」，通「蹤」，絕蹤，即消失蹤迹。《史記·
刺客列傳》：「士固為知己者死，今乃以妾尚在之故，重自刑以絕從。」司馬貞
《索隱》曰：「重音持用反。重猶復也。為人報讎死，乃以妾故復自刑其身，
令人不識也。從音蹤，古字少，假借無旁『足』。」

今按，劉說「絕從」即消失蹤迹可從，但該簡中絕從之間似應斷開，作「塞吏疑子功絕，從肩水界中過」。「絕」意為穿越，橫渡。如《史記·李將軍列傳》：「南絕幕，遇前將軍，右將軍。」

〔3〕昭武：漢張掖郡屬縣。《漢書·地理志下》：「昭武，莽曰渠武。」

〔4〕沙頭：漢酒泉郡屬縣。《漢書·地理志下》酒泉郡有「池頭」，《後漢書·郡國志五》作「沙頭」。《三國志·魏書·閻溫傳》：「恭即遣從弟華功酒泉沙頭、乾齊二縣。」可知當以作「沙頭」為是。

〔5〕驗問：胡平生、張德芳（2001，54 頁）：司法用語，驗證、勘查、訊問。《史記·吳王濞列傳》：「京師知其以子故稱病不朝，驗問實不病。」

汪桂海（2001，384 頁）：驗證訊問，乃漢代司法用語。《急就篇》中有「籍受證驗記問年」的話。

中國簡牘集成編輯委員會（2001G，54 頁）：驗問，司法用語，即審訊、查問。

王萬盈（2002，277 頁）：所謂的「驗問」實質就是上級官員在巡查工作，巡視邊塞時所發現的情況，諸如戍卒不在崗或隧長不在署以及上級的命令在基層得不到執行時要求下級作出的解釋等等。

今按，諸說是，即檢驗查問。如《漢書·王尊傳》：「尊聞之，遣吏收捕驗問，辭服。」

〔6〕相：人名。

☐☐☐☐☐馬二匹、軺車〔1〕一乘，謹移過所縣道河津關，毋苛留止，如律令。

☐令史宗〔2〕行丞事，移過所，如律令。／佐定〔3〕、安世〔4〕。

73EJT5：72

【集注】

〔1〕軺車：李均明（1997，106 頁）：軺車是漢代最常用的代步乘用車，《釋名·釋車》：「軺，遙也；遙，遠也。四向遠望之車也。」軺車形制當較小，《漢書·食貨志》師古注「軺，小車也。」《貨殖傳》：「軺車百乘」，師古注：「軺車，輕小之車也。」軺車經常駕馬……據簡文，軺車有駕一馬，也有駕二馬者，且設蓋以遮擋風雨日曬。史籍所見軺車亦有駕牛者，如《太平御覽》卷七七五引謝承《後漢書》云：「許慶字伯，家貧，為郡督郵，乘牛車。鄉里號曰『軺車

督郵』。」又《晉書‧輿服志》：「御輜車、御藥車，皆駕牛。」輜車可用長途跋涉。通常應坐乘，但亦有立乘者，如《漢書‧平帝紀》：元始三年見「立軺併馬」句。軺車之車形與戰車相類。故《晉書‧輿服志》云「軺車，古之時軍車也。」又云「漢世貴輜軿而賤軺車，魏晉重軺車而賤輜軿。」知軺車通常為平民及低級官吏所用，但民用軺車必須納稅，《漢書‧食貨志》：「非吏比者，三老、北邊騎士，軺車一算；商賈人軺車二算。」

　　胡平生、張德芳（2001，43 頁）：一馬駕之輕便車。《史記‧季布欒布列傳》：「朱家乃乘軺車之洛陽，見汝陰侯滕公。」《索隱》曰：「謂輕車，一馬車也。」

　　中國簡牘集成編輯委員會（2001C，63 頁）：漢代人常用的輕便馬車，通常駕一馬。

　　孫機（2011，113 頁）：即是一種四面敞露之車……無論坐乘、立乘，駕馬或駕牛，這種車皆以敞露為特點。

　　今按，諸說是。軺車為一種上面設蓋，四面敞露的輕便小車。

〔2〕宗：人名，為令史。

〔3〕定：人名，為佐。

〔4〕安世：人名，為佐。

以所帶劍首，歐種〔1〕戍卒王奉親〔2〕，肩背皆青黑、雍種〔3〕，廣袤〔4〕各半所，得以會　　　　　　　　　　　　　　　73EJT5：73

【校釋】

　　「首」「袤」原作「對」「哀」，方勇（2011）、（2012）釋。其中「袤」字曹方向（2011）亦釋。

【集注】

〔1〕歐種：方勇（2011）、（2012）：「種」應為「重」字，讀為「中」，表傷害義。

　　　　邢義田（2012，180 頁）：「種」即「腫」，「歐種」即毆打戍卒王奉親，以致其肩背發腫。

　　　　今按，方勇說不確。「種」通「腫」，毆腫即毆打使腫。

〔2〕王奉親：人名，為戍卒。

〔3〕青黑、雍種：邢義田（2012，180 頁）：「青黑雍種」即「青黑癰腫」，指發腫處的顏色。

　　　　今按，說是。

〔4〕廣袤：方勇（2011）、（2012）：廣袤常指土地面積。從東到西的長度叫「廣」，從南到北的長度叫「袤」……它可以表示人體受傷的面積。

邢義田（2012，180頁）：「廣袤」指受傷發腫處的大小。

今按，諸說是。如《漢書・西域傳》：「蒲昌海，一名鹽澤者也，去玉門、陽關三百餘里，廣袤三百里。」顏師古注：「袤，長也，音茂。」

七月丙戌，張掖肩水都尉安世〔1〕、丞循〔2〕謂候官：寫移，及史遷行塞〔3〕舉書〔4〕到，務備少數，它如〔5〕大守府書律令。　掾漢昌〔6〕、屬〔7〕遷〔8〕、助府令史〔9〕充光〔10〕。　　　　　　　　　　　　　73EJT5：76

【集注】

〔1〕安世：人名，為肩水都尉。

〔2〕循：人名，為丞。

〔3〕行塞：裘錫圭（1981B，19頁）：行塞就是視察邊塞亭燧。行塞舉應該是舉出所視察的亭燧在守禦設備等方面存在問題的一種文書。

劉軍（1997，117頁）：行塞是漢代屯戍行政的重要內容之一，是對邊塞屯戍工作的例行檢查，檢查的範圍甚廣，包括對人員在崗情況、兵器及守禦器具、烽火器具完損情況等等。

均和、劉軍（1998，152頁）：行塞是巡行檢查邊塞戍務的活動，它和文書往來、召會一樣是當時屯戍行政的重要手段，上至中央朝廷，下至烽燧諸部都行塞，稱謂不盡相同。朝廷派員行塞，稱作「行邊」或「行邊兵」……或稱「勞邊」。

李天虹（2003，2頁）：「行塞」即巡行、省視邊塞……行塞的職責主要由都尉府和候官承擔，都尉府巡視所轄各候官，候官巡視所轄各部燧。

于振波（2012，221頁）：因為烽燧候望系統負責邊塞警備，因此，有司視察邊塞，亦稱「行塞」或「循行」。

今按，諸說是。

〔4〕舉書：裘錫圭（1981B，18頁）：舉書就是舉出問題的文書。

薛英群（1984，277頁）：舉書，即舉白書，或簡稱曰「舉」，言對某件事情需查實報告事。「舉書」之「舉」與「檢舉」之「舉」，含意甚近。

均和、劉軍（1998，149頁）：舉，糾舉、檢舉，《呂氏春秋・自知》：「故天子立輔弼，設師保，所以舉過也。」簡牘文書所見「舉」字，多指上級對下

級的糾舉，「舉書」即為糾舉弊端而設的文書形式。通常，舉書的內容與戍務檢查的事項一致，於邊塞而言，兵器、守禦、烽火器具是否完備及戰鬥人員是否堅守崗位極為重要，因而這兩個方面的情況在舉書中反映的最多。

李均明、劉軍（1999，234 頁：）舉書，檢舉違法違紀現象的文書……舉，檢舉。簡牘所見多指上級官員糾舉視察過程發現的問題而言。

汪桂海（1999，55 頁）：舉書在漢代實際上就是所常見的官府下行文書記中的一類，主要用於上級官府因其下級官府所辦職事有過失而予以舉發責問，故又單獨把它稱舉、舉書。

中國簡牘集成編輯委員會（2001H，30 頁）：行塞舉，長吏在邊塞實地進行戰備巡視檢查時的檢舉文書，較一般舉劾嚴厲。

高恆（2001，292 頁）：舉，又稱舉白，即糾舉、檢舉。漢簡中所見「舉書」，一是邊塞基層機構的上級（主要是都尉府）派員檢查工作，所謂「行塞」時，對於違紀行為所寫的糾舉報告書。再就是有關機構對於下屬單位發生的事件，隨時糾舉文書。這些舉書，按其形制多屬行政文書。但常作為案驗、追訴的依據。簡中所見「舉書」主要有四類：卒兵舉、吏去署舉、烽火舉、行書舉。

李天虹（2003，2 頁）：上級官員巡視烽塞時，對違法瀆職的吏卒要進行檢舉彈劾，並形成書面材料，即所謂「舉書」。

安忠義（2004，174 頁）：漢簡中的舉書，按所舉的事項，可分為三類，一類為某種情況的記錄……第二類是對某些非法行為的舉報、糾正，與古籍中糾舉，舉白的含義有些關聯……第三類是向上級報告某些情況，與古籍中舉白、任舉等含義有關。

今按，諸說是。

〔5〕它如：邢義田（2011D，513 頁）：在許多依正常程序處理的文書中，並不需要一一引錄相關的法令、規定、條品或故事依據，而是用「如律令」「如府記律令」「如詔書律令」「如詔書」「如故事」等簡單化的語句來簡化一份文書。以上這些措詞的用意，原本應有不同，如「府記」和「詔書」當然不同。但這些一旦成為慣用語，原本嚴格的界限有時即可能趨於模糊。例如「律」和「令」原本不同，各有所指，可是一旦連用，成為慣用語，它的意義就變得十分寬泛，可以泛指一切法令規章。這時的「如律令」變成無非就是「依相關律令規定辦理」的意思。在個別的事件中，如果有不依程序，需要特別處理，或有調整改

變的部分，就會特別具體說明做了那些調整。而其他仍照慣常辦法處理的部分，則在文書末加上一句「它如律令」等等，表示「其他依相關的律令規定」。「它如爰書」「它如約束」的「它如」意義上都相同。

今按，說是。不過「它如某某」等似乎也是文書結尾的慣用語，並無特別的含義。

〔6〕漢昌：人名，為掾。

〔7〕屬：陳夢家（1980，111頁）：漢簡文書簽署，屬為第二級，在掾史之下，書佐之上……《漢書・王尊傳》曰「除補書佐，署守屬監獄……。復召署守屬治獄，為郡次曹史」。師古注云「署為守屬，令監獄主囚也。」是守屬低於曹史、高於書佐，在漢簡文書簽署中與屬之地位相當。《漢書・平紀》注引「如淳曰：諸官吏初除，皆試守一歲乃為真，食全奉」，故官職前往往多一「守」字。但《王尊傳》謂「署守屬」即試用為守屬，則「守屬」或為一固定職名。《隸釋》五「巴郡太守張納碑陰」題名有守屬八人，位在掾史之末，八人俱為守屬當為固定職名。

陳直（2009，121～122頁）：太守屬吏有屬，見《漢官儀》及《漢書・儒林傳》序。有守屬，見《漢書・王尊傳》云：「署守屬監獄」，與屬為二吏之名，守字不作署官解。

今按，諸說多是。《後漢書・百官志一》：「掾史屬二十四人。本注曰：《漢舊注》東西曹掾比四百石，餘掾比三百石，屬比二百石，故曰公府掾，比古元士三命者也。或曰，漢初掾史辟，皆上言之，故有秩比命士。其所不言，則為百石屬。其後皆自辟除，故通為百石云。」李賢注引《漢書音義》曰：「正曰掾，副曰屬。」該簡屬似為肩水都尉府屬吏。

〔8〕遷：人名，為屬。

〔9〕助府令史：邢義田（2012，186頁）：按漢代邊隧有所謂的「助吏」，陳夢家在論張掖部都尉組織時，曾提到助吏……疑「助府令史」當連讀，為一職。陳夢家曾列舉漢簡中曾出現的十五種令史，獨未列助府令史。現在我們知道除有助府令史，還有助府佐；佐應在令史之下……近日劉增貴兄提醒我，他在1998年出版《居延漢簡補編》時早已討論過。他聯繫「助吏」，認為帶有「助」字的吏，應是臨時協助或代理單位首長的副手。例如助吏即副隧長或助隧長，如此，所謂助府令史，應即令史副手或副令史，助府佐即佐之副手，依此類推。

　　今按，邢先生謂助府的「府」為何，尚缺證據。並引居延漢簡 10·32 為例，指出其中的「府」指張掖太守府。我們認為「府」非有定指，當依文書發出的部門來確定。因為「助府令史」等簽署於簡末，為文書起草人，自屬文書發出部門。就該簡來看，文書由肩水都尉發出，因此其助府之「府」當指肩水都尉府。

〔10〕充光：人名，為助府令史。

☑長常賢兼☑　　☑

☑☑☑☑☑　☑　　　　　　　　　　　　　　　　73EJT5：81

☑☑☑蓬菑　　　　　　　　　　　　　　　　　　　　　73EJT5：82

【校釋】

　　「菑」原作「薑」，何茂活（2014C）、（2016A）釋。

☑候所移轢得候所　　　　　　　　　　　　　　　　　73EJT5：83

☑酒甲申☑　　　　　　　　　　　　　　　　　　　　73EJT5：84

【校釋】

　　「申」原作「甲」，該字圖版作　形，當為「申」字。

☑　／尉史光〔1〕。　　　　　　　　　　　　　　　73EJT5：89

【集注】

〔1〕光：人名，為尉史。

☑如律令　　　　　　　　　　　　　　　　　　　　　73EJT5：91A
☑肩水城尉
☑……來　　　　　　　　　　　　　　　　　　　　　73EJT5：91B
☑甚……
☑☑謹……
☑賜……　　　　　　　　　　　　　　　　　　　　　73EJT5：94

九人酒二石百六十，肉十斤廿五，凡直百八十五，凡☑

……☑　　　　　　　　　　　　　　　　　　　73EJT5：95A

☑之請伏地再拜☑請受☑　　　　　　　　　　　　73EJT5：95B

【校釋】

　　A面「直」前「凡」原作「入」，馬智全（2012，108頁）、黃艷萍（2016B，128頁）釋。又簡末「凡」字圖版作 ，似亦非凡，當存疑待釋。

甲申　己巳☑（習字）　　　　　　　　　　　　　73EJT5：96A

狼狸狼☑（習字）　　　　　　　　　　　　　　　73EJT5：96B

☑奉嚴教寫　　　　　　　　　　　　　　　　　　73EJT5：97

☑甲午朔壬☑　　　　　　　　　　　　　　　　　73EJT5：101A

☑伏地再拜☑　　　　　　　　　　　　　　　　　73EJT5：101B

幸甚

進

程掾　　亅

☑卿（削衣）　　　　　　　　　　　　　　　　　73EJT5：104

賞水☐☐長☐☑（削衣）　　　　　　　　　　　　73EJT5：105

☑☐常戶籍在官者，爵大夫〔1〕，年（削衣）　　　73EJT5：106

【集注】

〔1〕大夫：秦漢二十等爵制的第五級。《漢書・百官公卿表上》：「爵：一級曰公士……五大夫。」顏師古注：「列位從大夫。」

本始元年三月☑（削衣）　　　　　　　　　　　　73EJT5：108

☑幸甚　　☑（削衣）　　　　　　　　　　　　　73EJT5：109

☑☐／掾安世〔1〕、佐親〔2〕　　☑（削衣）　　73EJT5：112

【集注】

〔1〕安世：人名，為掾。

〔2〕親：為佐。

☑　☑部候長長賓〔1〕敢言之☑
☑　兌具更實移吏卒被兵簿☑（削衣）　　　　　　　73EJT5：114

【校釋】

第一行「賓」原作「實」，該字圖版僅存左邊一點筆畫，據文義改。

【集注】

〔1〕長賓：人名，為候長。

☑長長長長　☑（削衣）　　　　　　　　　　　　　73EJT5：115
☑子☑☑☑☑☑（削衣）　　　　　　　　　　　　　73EJT5：116
☑唯請☑（削衣）　　　　　　　　　　　　　　　　73EJT5：117
☑厚⌐　　☑（削衣）　　　　　　　　　　　　　　73EJT5：118
☑☑☑☑（削衣）　　　　　　　　　　　　　　　　73EJT5：119
☑足下善☑
☑負責數千錢☑（削衣）　　　　　　　　　　　　　73EJT5：120

☑磨　☑（削衣）　　　　　　　　　　　　　　　　73EJT5：121

【校釋】

「磨」字張再興（2018，133 頁）認為應該是「曆」，其不應看作是訛字，而應處理成異體，在簡帛釋文中寫作「磨（曆）」。今按，其說是。

☑病尉不☑☑☑　☑（削衣）　　　　　　　　　　　73EJT5：122

【校釋】

「☑☑☑☑」任達（2014，79 頁）作「付☑寸☑」。今按，說或是，但簡文磨滅，多不可辨識，暫從整理者釋。

肩水金關 T6

☑令延印　☑

十一月乙卯驛北〔1〕卒穀〔2〕以來　☑　　　　　73EJT6：14A
槧一槧〔3〕，書到，出入，如律令。　　☑　　　　73EJT6：14B

【校釋】

　　B面「槥」原作「橐」，裘錫圭（1981B，2頁）指出「橐」實即「槥」字簡體。對「槥」字所從的「彗」稍加簡化，並將「木」旁移至下方，即成此體。張再興、黃艷萍（2017，74頁）從裘錫圭釋。

　　又A面「毅」何茂活（2014D）、（2016C）改釋「敦」。今按，該字圖版作 形，似非「敦」，暫從整理者釋。

【集注】

〔1〕驛北：侯旭東（2016，37頁）：從正反兩方面證據看，西漢時期肩水所轄的「郵亭」──驛北亭位於金關內側的塢內，北距橐他候官的莫當隧四漢里，南距沙頭亭十一漢里。

　　　　何茂活（2018B，132頁）：「驛北」大概是說在騎驛馬的匈奴部落以北的地方。

　　　　今按，諸說當是。驛北為亭名。

〔2〕毅：人名，為卒。

〔3〕槥一櫝：李天虹（2003，117頁）：槥，小棺。《說文》「槥，棺櫝也」，段玉裁注：「櫝，匱也，棺之小者。故謂之棺櫝。」《漢書‧高帝紀下》八年：「令士卒從軍死者為槥」，顏師古注引應劭曰：「小棺也，今謂之櫝。」

　　　　今按，說是。「槥」和「櫝」同義，《漢書‧成帝紀》：「其為水所流壓死，不能自葬，令郡國給槥櫝葬埋。」該簡「櫝」當為「槥」的量詞。

官居延都尉

穀時匈奴虜　　　　　　　　　　　　　　　　　　73EJT6：22A

掾□□□□　　　　　　　　　　　　　　　　　　73EJT6：22B

陽朔五年正月乙酉朔庚戌〔1〕，犂陽〔2〕丞臨〔3〕移過所：遣廚佐〔4〕

閻昌〔5〕為郡送遣戍卒張掖居延，當舍傳舍，從者如律令。　　73EJT6：23A

犂陽丞印。

／掾譚〔6〕、令史賞〔7〕。　　　　　　　　　　　　73EJT6：23B

【集注】

〔1〕陽朔五年正月乙酉朔庚戌：陽朔，漢成帝劉驁年號。陽朔五年也即鴻嘉元年，據徐錫祺（1997，1643頁），鴻嘉元年正月庚戌即公曆公元前20年3月20日。

〔2〕犁陽：即黎陽，漢魏郡屬縣。《漢書·地理志上》：「黎陽，莽曰黎蒸。」顏師古注引晉灼曰：「黎山在其南，河水經其東。其山上碑云縣取山之名，取水之陽以為名。」

〔3〕臨：人名，為犁陽丞。

〔4〕廚佐：廚為驛置傳舍中提供飲食的機構，《漢書·王莽傳》：「吏民出入，持布錢以副符傳，不持者，廚傳勿舍，關津苛留。」顏師古注：「廚，行道飲食處。傳，置驛之舍也。」廚佐即廚中的佐官小吏。

〔5〕閻昌：人名，為廚佐。

〔6〕掾譚：李均明、劉軍（1992，141 頁）：紀年簡所見掾譚活動的最早年代是地皇元年，此後雖然更換了至少 8 位候官候或守候，掾譚仍一直在甲渠候官供職。新莽末至東漢建武初，甲渠官所出文書，大多出自掾譚手筆。

邢義田（2012，187 頁）：此簡署名的掾譚可以說是居延簡中的「名人」，有關他的簡多達四十枚。李振宏和孫英民曾據四十枚簡指出甲溝（甲渠）掾譚從居攝到光武建武年間，任甲溝（甲渠）候官的掾最少二十五年。根據此簡，則知他任掾職更可上溯十餘年，到成帝陽朔五年或鴻嘉元年（前 20）。

今按，譚為掾名，胡永鵬（2016A，87 頁）認為其和甲渠掾譚並非同一人。說是。

〔7〕賞：邢義田（2012，187 頁）：令史賞則見於居延新簡「建武三年候粟君責恩爰書」（EPT22·35）。如果二「賞」確為同一人，有趣的是陽朔五年（前 20）賞已是令史，但建武三年（27 年）時，也就是四十七年後，他卻僅是尚待真除或代行職務的「守令史」。這是怎麼一回事？待考。不論如何，漢世地方吏佐不論掾或令史，可久任達三四十年，非常值得重視。這是特例或常態？如能匯集更多個案，值得進一步研究。

今按，賞為令史人名，胡永鵬（2016A，87 頁）認為其和建武三年的「賞」並非同一人。說是。

☑☑若方議不忍　☑　　　　　　　　　　　　　　　73EJT6：24
☑☑官丞事，移肩水候官☑　　　　　　　　　　　　73EJT6：26

陽朔元年九月己巳〔2〕，居延令博〔3〕為傳。　十二月丁☑
居延尉史梁襃〔1〕
　　　　　市上書具長安〔4〕　☑　　　　　　　　73EJT6：27A

　　　　　　陽朔□□九月　……☑

居延……

　　　　　　　……　☑　　　　　　　　　　　　　　　　73EJT6：27B

【校釋】

　　B面「陽朔」後兩未釋字胡永鵬（2016A，329頁）補作「元年」。今按，說當
是，但該兩字圖版殘泐，不能確知，暫從整理者釋。

【集注】

〔1〕梁襃：人名，為居延尉史。

〔2〕陽朔元年九月己巳：陽朔，漢成帝劉驁年號。據徐錫祺（1997，1636頁），陽
　　　朔元年九月己巳即公曆公元前24年10月26日。

〔3〕博：人名，為居延縣令。

〔4〕長安：漢京兆尹屬縣。《漢書·地理志上》：「長安，高帝五年置。惠帝元年初
　　　城，六年成。戶八萬八百，口二十四萬六千二百。王莽曰常安。」

☑七月丙戌，倉嗇夫□□□□　　　　　　　　　　　　　　73EJT6：32

☑四月壬辰，居延都尉宣〔1〕、丞禁〔2〕，對……　　　　73EJT6：33

【集注】

〔1〕宣：人名，為居延都尉。

〔2〕禁：人名，為丞。

□□□□□□□□□□今傳行賈販以出入關，可休遷補〔1〕，令所請傳☑
　　　　　　　　　　　　　　　　　　　　　　　　　　　73EJT6：34

【集注】

〔1〕休遷補：張英梅（2018，122頁）：「休」指休整、整頓之意……「遷」當指允
　　　許持「傳」的商販在當地轉運、販賣物品之意。「補」可能是指「傳」丟失後
　　　在當地補辦，亦可能指在津關處得到一定的補給。

　　　今按，簡文文義不明，說或是。

病野毋它，遠昆弟為吏，死生恐不與□□相見□　　　　　73EJT6：35

【校釋】

原釋文分作兩行，如下：

毋它昆弟　　與□□

病野，遠為吏，死生恐不相見□

從圖版來看，第一行文字是以小字補寫於第二行文字之間的，其中「毋它」位於「野」和「遠」之間，「昆弟」位於「遠」和「為」之間，「與□□」位於「不」和「相」之間。

☑□等名縣爵里年姓，車□☑　　　　　　　　　　　　　73EJT6：37

☑露三年九月壬午朔甲申，都鄉嗇夫〔1〕充國〔2〕以私印行小官事〔3〕敢言之：長秋〔4〕里尚光〔5〕自

☑□□□市居延。謹案：光年爵公乘、年六十，毋官獄事，當得取傳，謁移居延過所，毋苛留止。　　　　　　　　　　　　　　　73EJT6：38A

☑□□□令印。　　　　　　　　　　　　　　　　　　73EJT6：38B

【校釋】

A 面第三行「年爵」的「年」當為原簡書寫時衍。又該簡所屬年代，羅見今、關守義（2013），黃艷萍（2014A，118 頁）認為是甘露三年。今按，說當是。甘露為漢宣帝劉詢年號。據徐錫祺（1997，1582 頁），甘露三年九月甲申即公曆公元前 51 年 10 月 3 日。

【集注】

〔1〕鄉嗇夫：大庭脩（1983A，191 頁）：鄉嗇夫正如本文中所考證的那樣，是嗇夫的一個職種，它雖然處於官僚體系中的低級地位，但他們仍然是有品有級的官僚。

今按，說是。鄉嗇夫為鄉官之一，《後漢書·任光傳》：「少忠厚，為鄉里所愛。初為鄉嗇夫，郡縣吏。」李賢注引《續漢志》：「三老、游徼，郡所署也，秩百石，掌一鄉人。其鄉小者，縣署嗇夫一人，主知人善惡，為役先後；知人貧富，為賦多少。」

〔2〕充國：人名，為都鄉嗇夫。

〔3〕以私印行小官事：汪桂海（1997，88～89 頁）：塞尉秩二百石，相當於縣丞、尉；候秩比六百石，相當於縣令，都是長吏，他們應有隨身佩戴的通官印，為

何不用通官印，卻用私印封印文書呢？我們推測可能是邊郡情況特殊，新除任官員之後，刻鑄頒授官印不能及時，新官持任命牒書到任所，暫時未領到官印，只能以私印替代……關嗇夫或隧長以私印攝行關候或郵候事，皆未取用小官印。推測其緣由，殆候官雖有小官印，然因以私印行文書事亦可，少吏們為了方便省事，不白請用小官印，徑取私印印封文書。

宋艷萍（2014，139～141頁）：小官，又稱為稗官，顏師古在《漢書·藝文志》注中曰：「稗官，小官。《漢名臣奏》唐林請省置吏，公卿大夫至都官稗官各減什三，是也。」……以私印行事，分以私印行本職事和以私印行他官事兩種類型。以私印行本職事中，所見官秩最高為候。以私印行他官事中，被代行官秩級別最高為太守，其次為都尉，而候被代行的情況佔的比例最大。在所有以私印行事的例子中，下級以私印代行上級公務的情況所佔比重較大，或許如馬衡先生所說，下級以私印行上事，是因為情況緊迫，是臨時行為。但大量以私印行事簡牘的出現，特別是很多以私印行候事，似乎並非偶爾、臨時，而是一種經常性的行為。候可以以私印行本職事，候長、士吏等可以以私印行候事，嗇夫等可以以私印行候事、丞事或小官事。在來往書信中，可以以私印來封緘。大量以私印行事的事例，說明在當時，這種行為是被允許的，具有一定合法性……「暫時未領官印，只能以私印替代」的說法似乎欠妥。

今按，諸說多是。關於長吏以私印行事的原因，汪桂海認為是「暫時未領官印，只能以私印替代」，宋艷萍認為其說欠妥。宋說當是。無論長吏少吏，以私印行事的原因應當是為了方便省事。

〔4〕長秋：里名。

〔5〕尚光：人名。

□嘉二年七月丁丑朔丁丑，西鄉嗇夫政〔1〕敢言之：成漢〔2〕里男子孫多牛〔3〕，自言為家私市〔4〕居延☒

傳。謹案：多牛毋官獄徵事，當得取傳，謁移肩水金關、居延縣索，出入毋苛留止☒

七月戊寅觻得長守〔5〕、丞順〔6〕，移肩水金關、居延縣索，寫移，書到，如律令。／掾尊〔7〕、守□☒ 　　　　　　　　　　　　　　73EJT6：39A

觻得丞印　☒ 　　　　　　　　　　　　　　　　73EJT6：39B

【校釋】

該簡所屬年代羅見今、關守義（2013），黃艷萍（2014A，118 頁）認為是鴻嘉二年。今按，說當是。鴻嘉為漢成帝劉驁年號。據徐錫祺（1997，1646 頁），鴻嘉二年七月丁丑即公曆公元前 19 年 8 月 9 日。

【集注】

〔1〕政：人名，為西鄉嗇夫。

〔2〕成漢：里名，屬觻得縣。

〔3〕孫多牛：人名。

〔4〕為家私市：中國簡牘集成編輯委員會（2001G，272 頁）：市，赴市場購買所用物品。漢代市有固定地點和管理人員。

　　李振宏（2001，55 頁）：「為家私市」的語義是很明確的，即為自家利益而從事的私人貿易。居延漢簡中的「私市」簡，可大別為兩種類型。一是民間進行的、非屯戍吏卒身份的人（當地的百姓或內郡來邊的生意人）所進行的商品貿易活動；二是現役屯戍吏卒的「私市」貿易。

　　宋真（2010，489～490 頁）：「私市」與官廳購入物資不同，是根據個人的需要購入物資的情況……一般農民單純為了家計而去其他縣的市場買東西的可能性很小，因此雖然通行的目的是為了「私市」，但他們進行長距離移動首先是裝載着要賣的物資去賣，然後再買回當地的物品，從這些方面看，他們具有商人的性質。

　　今按，諸說是。漢簡所見為家私市是個人申請傳的主要原因。

〔5〕守：人名，當為觻得縣長。

〔6〕順：人名，為觻得丞。

〔7〕尊：人名，為掾。

▨請使奉詔伏地再拜　　　　　　　　　　　　　　　　　73EJT6：44A
▨子文〔1〕子文足下　　　　　　　　　　　　　　　　　73EJT6：44B

【集注】

〔1〕子文：人名。

▨□月己丑，昭武長譚〔1〕移肩水金關、居延縣索關，寫移▨　73EJT6：45A
▨　　屬尊〔2〕　　▨　　　　　　　　　　　　　　　　73EJT6：45B

【校釋】

　　張文建（2017G）綴合該簡和簡 73EJT6：79。今按，兩簡字體筆迹等不一致，文意也不連貫，似不能綴合。

【集注】

〔1〕譚：人名，為昭武縣長。

〔3〕尊：人名，為屬。

臨〔1〕叩頭言子其辨薛戀〔2〕負□六年曰毋□之□　　　　　　73EJT6：46A

橐佗候史薛戀叩　　　　　　　　　　　　　　　　　　　　　73EJT6：46B

【集注】

〔1〕臨：人名。

〔2〕薛戀：人名，為候史。

☑將□令史告部亭苑都，有得此馬者，報如律令　　　　　　73EJT6：61

・肩水候官言：請至藍盛〔1〕時過滿弩檠繩〔2〕齎采邑　　73EJT6：110A+62A

肩水候官言：請至藍盛時過滿弩檠繩齎采邑　　　　　　　　73EJT6：110B+62B

【校釋】

　　尉侯凱（2016C）、（2017B，349 頁）綴。

【集注】

〔1〕藍盛：義不明，待考。

〔2〕弩檠繩：初師賓（1984A，190 頁）：檠弩繩，例（6）作「檠繩」……每燧備十數至廿餘枚不等，約是檠弩時縛弓、檠的繩索。

　　　　中國簡牘集成編輯委員會（2001E，20 頁）：檠，校正弓弩的工具。檠弩繩，應是校正弓弩使用的繩索。或作檠繩。

　　　　永田英正（2007，100 頁）：檠是用於防止弓變形的矯正器。

　　　　今按，諸說是。初師賓所言例（6）即居延漢簡 82・1 簡。「檠」是正弓弩的器具。《漢書・蘇武傳》：「武能網紡繳，檠弓弩。」顏師古注：「檠，謂輔正弓弩也。」

☑關嗇夫持君視事〔1〕以來一從書出入聞事□　　　　　　73EJT6：64A

☑律令　　　　　　　　　　　　　　　　　　　　　　　73EJT6：64B

【校釋】

　　A面「聞」原未釋，李洪財（2012），何茂活（2014D）、（2016C）釋。

【集注】

〔1〕視事：趙沛、王寶萍（1994，59頁）：即任職治事之意，和不省官事意義正好
　　　相反，也就是現在所說的在職或在崗。《漢書·王尊傳》「今太守視事已一月矣」
　　　可證。

　　　　　李均明、劉軍（1999，235頁）：視事，在崗工作。《左傳·襄公二十五年》：
　　「崔子稱疾，不視事。」《漢書·王尊傳》：「今太守視事已一月矣。」《秦簡·
　　秦律十八種·置吏律》：「除吏、尉，已除之，乃陵視事及遣之；所不當除而敢
　　先見事，及相聽以遣之，以律論之。嗇夫之送見它官者，不得除其故官佐、吏
　　以之新官。」新任官吏必須在一定期限到達，並提交到任報告。又官吏任職期
　　間，凡遇傷病事假，假期滿後亦須銷假，故亦提交視事書。

　　　　　李天虹（2003，13頁）：「視事」即在崗理事，是漢代習語。

　　　　　今按，諸說是。視事即就職治事，史籍習見，如《漢書·薛宣傳》：「及宣
　　視事，詣府謁，宣設酒飯」

☑幸報翁卿府都吏二卿，欲過，不知有酒　　　　　　　　73EJT6：67A
☑又欲知濩……　　　　　　　　　　　　　　　　　　　73EJT6：67B

居庫　掾戎〔1〕　　　　　　　　　　　　　　　　　　　73EJT6：71A
……縣索
……名籍如牒……出入如律　　　　　　　　　　　　　　73EJT6：71B

【集注】

〔1〕戎：人名，為掾。

☑守令史壽〔1〕　☑　　　　　　　　　　　　　　　　　73EJT6：72A
☑……長安囂陵〔2〕里☑　　　　　　　　　　　　　　　73EJT6：72B

【校釋】

　　張文建（2017G）綴合73EJT6：71和73EJT6：72兩簡。今按，兩簡文字殘損，
或可綴合，但兩簡茬口不能密合。

又「囂」字原釋文作「鄉」，該字圖版作 形，當為「囂」字。金關漢簡「囂」字作 （73EJT37：1076）形，可以參看，又其辭例正作「囂陵里」，亦可為證。里名「囂陵里」金關漢簡常見，另見於 73EJT37：997、73EJT37：1081 等，其屬長安縣。而該簡「長安」原釋文作「山西」，圖版字形磨滅，從殘存筆畫來看，亦當是「長安」二字，此據以改釋。

【集注】

〔1〕壽：人名，為守令史。

〔2〕囂陵：里名，屬長安。

☑君都取循直卅☑　　　　　　　　　　　　　　　　　73EJT6：73A

☑禁姦〔1〕卒取十斤，少☑☑

☑□候史五十斤，直☑

☑候長十斤　　☑　　　　　　　　　　　　　　　　73EJT6：109+73B

【校釋】

張文建（2017J）綴，並認為「候史」前一字為「部」字。今按，原綴合作 73EJT6：73B+109，當作 73EJT6：109+73B，據改。又所釋「部」字不能確知，暫從整理者釋。

【集注】

〔1〕禁姦：何茂活（2018B，129 頁）：居延漢簡所見燧名中的「禁姦」「止姦」，亦即「禦姦」之意。「姦」當指自外作亂。

　　今按，其說當是，禁姦為隧名。

永始二年十月壬午朔庚寅〔1〕，□□尉史世〔2〕使移郡大守、屬國都尉〔3〕、農

□□□□□□□□□□黨及胡虜第□□

□出驚□昭武備迹候望□守摸□□集所主羌胡為務　　　　73EJT6：74

【校釋】

第一行「永始」原未釋，羅見今、關守義（2013），黃艷萍（2014A，120 頁）補釋。胡永鵬（2016A，346 頁）亦定該簡年號為永始。

【集注】

〔1〕永始二年十月壬午朔庚寅：永始，漢成帝劉驁年號。據徐錫祺（1997，1654頁），永始二年十月庚寅即公曆公元前 15 年 11 月 29 日。

〔2〕世：人名，為尉史。

〔3〕屬國都尉：陳夢家（1980，131 頁）：凡一郡而有一以上都尉者，其單稱都尉者應是郡都尉，如武威郡休屠下曰「都尉治熊水障，北部都尉治休屠城」。但張掖郡除農都尉外，尚有「居延，都尉治；日勒，都尉治澤索谷」，二者中何者為郡都尉？《郡國志》以居延屬國為故郡都尉，是不對的。因為西漢簡中，已有「張掖居延都尉」「居延屬國都尉」和「張掖都尉」，則張掖都尉應是治於日勒縣澤索谷的郡都尉，不是居延都尉。

藤枝晃（1983，162 頁）：所謂屬國，是用匈奴等歸降的人組織的外族部隊。據《後漢書·地理志》，居延都尉到東漢成了張掖居延屬國都尉。

市川任三（1987，232～233 頁）：張掖屬國及其都尉在張掖郡持續存在。在居延、肩水兩個地區雖曾發現屬國活動的痕迹，但不能肯定在當地設有屬國都尉府，更大的可能是當地駐有屬國的派出部隊，這些部隊成為當地都尉府所轄部隊難以分割的組成部分。屬國胡騎以其善騎的特長，就像配合太守指揮下的騎士那樣，在當地都尉的指揮下緊密配合騎士，共同作戰，而且作為當地部隊的一部分而行動。但胡騎和騎士在人數比例上可能保持著相當大的距離，儘管關係密切，仍被視為「屬國胡騎」，因而在各方面都受到不同的待遇。因而張掖屬國都尉與自己派到管轄範圍以外的居延、肩水地區的分遣部隊，仍然保持一線聯繫。

永田英正（1987B，359 頁）：根據《續漢書·郡國志》，漢武帝時已經有張掖屬國都尉，到後漢時，張掖郡都尉叫張掖居延屬國都尉。

中國簡牘集成編輯委員會（2001F，155 頁）：漢政府為單獨安置歸附的匈奴人而置屬國，使其各長其長。

紀安諾（2002，197 頁）：張掖屬國都尉一個人，置於郡的南部。《續漢書·郡國志》所見的張掖居延屬國都尉應屬於後漢時代。

今按，居延漢簡 65·18 有「□下領武校居延屬國部農都尉縣官承書□」一句話，陳夢家（1980，40 頁）斷句作「居延屬國、部、農都尉」，認為是指居延的屬國都尉，部都尉和農都尉。且據此認為武帝時已置居延屬國都尉。但

這句簡文斷句當如市川任三（1987，200 頁）所說：「作者認為不當作『居延屬國』解，而應訓作『居延』『屬國』。」

又紀安諾（2002，174 頁）說「陳氏顯然把這理解為『居延屬國都尉』的例證。但我比較讚成市川氏的說法，把此段斷成『領武校居延、屬國、部、農都尉』。這就是說，因簡殘斷而不見其名的張掖太守把該詔書寄給居延都尉、張掖屬國都尉、諸部都尉和農都尉。『領武校』應是該居延都尉的加銜。」該句話的斷句應當如市川任三和紀安諾所說作在「居延」和「屬國」之間當斷開，他們是並列的關係，則西漢不應有「居延屬國都尉」。因此，該簡中的「屬國都尉」當指張掖屬國都尉。

永光五☐
謂關☐☐　　　　　　　　　　　　　　　　　　　73EJT6：76

【校釋】

末行未釋字曹方向（2011）補「嗇」。今按，補釋可從，但該字僅存一點墨迹，此從整理者釋。

☐乙酉朔壬☐
☐當舍傳☐　　　　　　　　　　　　　　　　　　73EJT6：78A
☐自占☐
☐見日未☐　　　　　　　　　　　　　　　　　　73EJT6：78B

☐毋苟留，如☐　　　　　　　　　　　　　　　　73EJT6：79

【校釋】

張文建（2017G）綴合簡 73EJT6：45 和該簡。今按，兩簡字體筆迹等不一致，文意也不連貫，似不能綴合。

☐☐自言為家☐
☐☐／掾通☐　　　　　　　　　　　　　　　　　73EJT6：80

……☐
車一乘，謁移縣道河津關，毋苟留止，如律☐
四月己巳，居延令弘〔1〕、庫嗇夫定〔2〕行丞事☐　　　73EJT6：81A

居令延印〔3〕　　☑

四月己巳，佐明〔4〕以來　　☑　　　　　　　　　　　73EJT6：81B

【校釋】

從殘存墨迹來看，A 面右側還有一行文字，該行文字中胡永鵬（2015，27 頁）、
（2016A，94 頁）於簡首補「甘露」二字。今按，補釋或可從，但該行文字僅剩一
點墨迹，此僅據以補「……」號。

【集注】

〔1〕弘：人名，為居延縣令。

〔2〕定：人名，為庫嗇夫。

〔3〕居令延印：陳直（2009，201 頁）：背面原文為「居令延印」四字，當日治文書
　　　者，按照封泥印文寫錄，印文形式為居延二字在上排，令印二字在下排，漢印
　　　中亦間見此章法。

　　　　邢義田（2012，190 頁）：在居延和金關簡中有極多這類登記來文封泥印
　　　文的記錄，其中有很多「居延令印」被記錄成「居令延印」……如果考察傳世
　　　和出土的漢印實物，漢官印上的四或五個字排列確實有不同。或自右至左，先
　　　右上而下，再左上而下；或自右上而左上，再右下而左下。有些自右上順時針，
　　　繞圈而讀，也有少數左右上下交叉而讀的例子。如果一個小吏不是真通文墨，
　　　只知依同一方式照錄文字，就會出現上述的登記情況。

　　　　田炳炳（2014B）：「居延令印」的錯寫。

　　　　今按，諸說多是。「居令延印」為對簡牘封印的錄寫，「居延令印」常被錄
　　　作「居令延印」。

〔4〕明：人名，為佐。

☑□身不忠毋德不憂職，叩頭，死罪死罪〔1〕。漢視□□□□二月誠有母，年
六十，常□□復　　　　　　　　　　　　　　　　　　　　73EJT6：82

【集注】

〔1〕死罪：陳槃（2009，28 頁）：「死罪」之稱，蓋原於戰國以來奏疏之所謂「昧
　　　死」。《史記・趙世家》，左師公謂趙太后曰：「老臣賤息舒祺……願得補黑衣之
　　　缺，以衛王宮。昧死以聞」；《始皇本紀》：「丞相臣斯昧死言」；《漢書・高帝紀》：
　　　「於是諸侯上疏曰：楚王韓信……昧死再拜言」。按君人操生殺之權，臣下不

敢自專，故曰「昧死」。漢人書疏或曰「昧死」，或曰「死罪」，知二辭一事異稱，不可分輕重。然其在漢氏早年，此二稱止限於對尊上而已，且用意亦甚嚴肅。

中國簡牘集成編輯委員會（2001G，17頁）：漢時公文書信中的文牘語，表示罪過很重。《漢書・衛綰傳》：上問曰：「吾為太子時召君，君不肯來，何也？」對曰：「死罪，病。」許沖《上說文解字表》：「臣沖誠惶誠恐，頓首頓首，死罪死罪。」漢簡中用「死罪」和「死罪死罪」疊用者亦十分普遍。

今按，諸說是。

☑……敢言之　　　　　　　　　　　　　　　　　　　73EJT6：88
嘉言陽卿坐前：善毋恙　☑　　　　　　　　　　　　73EJT6：89A
☑……　☑　　　　　　　　　　　　　　　　　　　　73EJT6：89B

河上〔1〕候史褒〔2〕叩頭白：唯……☑　　　　　　73EJT6：90

【集注】
〔1〕河上：據其有候史來看，河上或當為候部名稱。但也可能為候官名。
〔2〕褒：人名，為河上候史。

☑之，移居延卅井縣索關門，遣從史〔1〕憲〔2〕歸取衣用居延，乘軺
　　　　　　　　　　　　　　　　　　　　　　　　　73EJT6：91

【集注】
〔1〕從史：高恆（1998，415頁）：散吏名。《漢書・兒寬傳》：「而寬以儒生在其間，見謂不習事，不署曹，除為從史。」師古曰：「從史者，但只隨官僚，不主文書。」即不列入郡縣諸曹的散吏。

張英梅（2014，124頁）：漢代，高級官僚的從屬官，類似隨從之類、或稱從史，是主官增設的官職，不列正式官序。《史記・袁盎列傳》：「嘗有從史盜愛盎侍兒。」《漢書・兒寬傳》「除為從史」。注：「從史者，但只隨官僚，不主文書。」

今按，諸說是。
〔2〕憲：人名，為從史。

☑□□守候塞尉□□   73EJT6：108

刺史〔1〕度月十七日到大守府，叩頭，死罪死罪，敢言之   73EJT6：140+95

【校釋】

　　張文建（2017G）綴。「度」字劉倩倩（2015B，87 頁）釋作「桼」。今按，該
字圖版作 形，釋「桼」恐非，暫從整理者釋。

【集注】

〔1〕刺史：勞榦（1960，14 頁）：是刺史平反冤獄，仍以屬郡，郡當再決。若仍不
　　問，刺史得以舉劾太守也。然刺史以其可以舉劾太守，故亦浸假而與郡縣之
　　事。《漢書·薛宣傳》：「成帝初，上疏曰：『政教煩碎，大率咎在部刺史，或不
　　循條職，舉錯各以其意，多與郡縣事。』」蓋監察與執行，其間本難界畫顯然。
　　監察之權不彰，則監察之職為虛設，監察之權既重，演進既久，未有不成為更
　　高級之執行者。漢之刺史權寄較重，故西漢末年減與郡縣之事，東漢州牧由重
　　臣為之，其積漸當溯於元成之季矣。
　　　　今按，說是。刺史官名，漢武帝時，分全國為十三部（州），部置刺史。
　　《漢書·百官公卿表上》：「武帝元封五年初置部刺史，掌奉詔條察州，秩六百
　　石，員十三人。成帝綏和元年更名牧，秩二千石。哀帝建平二年復為刺史，元
　　壽二年復為牧。」

陽朔四年八月丙子☑   73EJT6：113A
陽朔四年十月☑   73EJT6：113B

【校釋】

　　羅見今、關守義（2013），黃艷萍（2014A，118 頁）、（2014C，81 頁），胡永鵬
（2016A，335 頁）均指出漢成帝陽朔四年（前 21）八月戊子朔，該月無丙子，原
簡干支有誤。今按，說是。當為原簡書誤。

☑報若計未定它☑   73EJT6：118A
☑□史……☑   73EJT6：118B

☑望，通蓬火〔1〕☑   73EJT6：119

【集注】

〔1〕通蓬火：劉光華（2004，193 頁）：也稱「備烽火」「明烽火」，即將偵伺觀察到的敵情及時準確的利用烽火信號傳遞出去。

今按，說是。「烽」漢簡常寫作「蓬」，通烽火即傳遞烽火信號，為戍卒基本職責之一。

☐☐索關，謹☐	73EJT6：129
☐汝☐☐汝致不肯☐	73EJT6：131
肩水駅北☐☐	73EJT6：132A
可為☐☐☐☐☐	
食之定入☐	73EJT6：132B
☐乙子丑☐（習字）	73EJT6：133

☐里董東郡張清〔1〕、小奴滿廚〔2〕，輼車三乘、馬四匹	
☐☐☐☐☐☐☐	73EJT6：134

【集注】

〔1〕張清：人名。

〔2〕滿廚：人名，為小奴。

☐使者涼州刺史案：上書當除〔1〕者☐	73EJT6：135A
☐宜民〔2〕里上造〔3〕召成〔4〕，年卌五、長七尺二寸、黑色　☐	
	73EJT6：135B

【集注】

〔1〕除：李天虹（2003，5 頁）：除，《漢書・景帝紀》中二年「列侯薨及諸侯太傅初除之官，大行奏謚、誄、策」，顏師古注引如淳曰：「凡言除者，除故官就新官也。」但是從簡文來看，吏員升遷或平民初任為吏，均可稱「除」。

今按，說是。任命官職曰除，又如《史記・平準書》：「諸買武功爵官首者試補吏，先除。」司馬貞《索隱》曰：「官首，武功爵第五也，位稍高，故得試為吏，先除用也。」

〔2〕宜民：里名。

〔3〕上造：秦漢二十等爵制的第二級。《漢書‧百官公卿表上》：「爵：一級曰公士，
　　二上造。」顏師古注：「造，成也，言有成命於上也。」

〔4〕召成：人名。

☑／掾相〔1〕、令史利世〔2〕☑　　　　　　　　　　　　　73EJT6：145

【集注】

〔1〕相：人名，為掾。

〔2〕利世：人名，為令史。

☑□告尉史：平都〔1〕里大夫王方〔2〕自言取傳☑　　　73EJT6：151

【集注】

〔1〕平都：里名。

〔2〕王方：人名。

☑　今調守尉□☑　　　　　　　　　　　　　　　　　73EJT6：160
☑□□使受事唯□☑　　　　　　　　　　　　　　　　73EJT6：162

猛〔1〕伏地言　☑
少孟子□御者足下：聞者□□諸事□賜書……☑　　　73EJT6：163A
都吏宋卿　☑　　　　　　　　　　　　　　　　　　73EJT6：163B

【集注】

〔1〕猛：人名，致信者。

☑　子仲敞之自□☑
☑　□□傳謁☑（削衣）　　　　　　　　　　　　　73EJT6：164

甘露二年六月己未朔壬□☑　　　　　　　　　　　　73EJT6：169

【校釋】

　　未釋字何茂活（2014C）、（2016A）補釋「申」。今按，補釋或可從，但該字右
半殘斷，僅存一點墨迹，不能確知，暫從整理者釋。

▨▨▨▨▨▨▨謹具　▨

氐池安定謹使吏奉　▨（削衣）　73EJT6：170

【校釋】

　　第二行「安定謹使吏奉」原作「□定里使□奉」，何茂活（2014C）、（2016A）釋。又第一行第四字何茂活（2014C）、（2016A）補「幸」字。今按，補釋或可從，但該行文字右半殘斷，不能辨識，此從整理者釋。

君足下　▨（削衣）　73EJT6：172

▨尉史賀〔1〕敢言之▨

▨馬一匹。謹案，寬〔2〕自▨

▨津，勿苛留，以律▨（削衣）　73EJT6：173

【校釋】

　　張文建（2017A）綴合該簡和簡73EJT6：175。今按，兩簡茬口不能直接拼合，不能復原文字，文意也不通順，似不能綴合。

【集注】

〔1〕賀：人名，為尉史。

〔2〕寬：人名，為申請傳者。

▨將軍□▨（削衣）　73EJT6：174

▨▨▨▨▨▨

▨出遠子男譚▨（削衣）　73EJT6：175

【校釋】

　　張文建（2017A）綴合簡73EJT6：173和該簡。今按，兩簡茬口不能直接拼合，不能復原文字，文意也不通順，似不能綴合。

□再拜言　▨

君足下：宜伏前□□□▨

□　▨（削衣）　73EJT6：176

▨□□再拜再拜▨▨

☑安星長孫　☑（削衣）　　　　　　　　　　　　　　73EJT6：177
☑☑☑☑☑☑☑☑
☑軍出之也成☑遣騎報伏地再拜☑（削衣）　　　　　73EJT6：178
☑臣明等再拜☑（削衣）　　　　　　　　　　　　　　73EJT6：179

☑☑☑☑☑☑☑☑
☑長所不當得為候聽蘭〔1〕出關法☑
☑☑☑☑☑☑（削衣）　　　　　　　　　　　　　　73EJT6：180

【校釋】

　　張文建（2017C）遙綴該簡和簡 73EJT6：183。今按，兩簡字體筆迹似較一致，或存同屬一簡的可能，但不能直接拼合。

【集注】

〔1〕蘭：中國簡牘集成編輯委員會（2001G，36 頁）：蘭，通闌。無憑證而擅自出
　　入邊關為闌，如闌入、闌出等。《史記·汲鄭列傳》：「愚民安知市買長安中物
　　而文吏繩以為闌出財物於邊關乎？」注曰：「無符傳出入為闌。」蘭越謂無符
　　傳而擅自偷越。

　　　　今按，說是。《漢書·成帝紀》：「走入橫城門，闌入尚方掖門，至未央宮
　　鈎盾中。」顏師古注引應劭曰：「無符籍妄入宮門曰闌。」

☑☑☑☑☑☑
☑甚將軍言使☑
☑……☑（削衣）　　　　　　　　　　　　　　　　　73EJT6：183

【校釋】

　　張文建（2017C）遙綴簡 73EJT6：180 和該簡。今按，兩簡字體筆迹似較一致，或存同屬一簡的可能，但不能直接拼合。

☑足下書已御削去之毋泄成語☑（削衣）　　　　　　73EJT6：187

……毋官獄徵☑
□月乙酉，緤氏丞調〔1〕移☑（削衣）　　　　　　73EJT6：189

【集注】

〔1〕調：人名，為緱氏丞。

☑都尉誼〔1〕、丞　☑（削衣）　　　　　　　　　　73EJT6：190

【集注】

〔1〕誼：人名，為都尉。簡73EJT7：140有「居延都尉誼」，該簡「誼」或也是居延都尉。

☑嫁為緱得☑（削衣）　　　　　　　　　　　　73EJT6：191

☑□□敢言☑

☑當得取傳，謁□☑（削衣）　　　　　　　　　73EJT6：192

☑……長□☑

☑□□□□□☑（削衣）　　　　　　　　　　　73EJT6：195

☑　□武□（削衣）　　　　　　　　　　　　　73EJT6：196

□□□□□□□□□幸記再拜再拜受教　　　　　73EJT6：197

肩水金關 T7

河東〔1〕安邑〔2〕下葉〔3〕里家慶〔4〕到居延延水〔5〕，常為官山薪，今年二月甲申去署亡，亡時齋〔6〕孰飯數斗　　　　　　　　73EJT7：3

【集注】

〔1〕河東：漢郡名。《漢書・地理志上》：「河東郡，秦置。莽曰兆陽。有根倉、溼倉。」

〔2〕安邑：漢河東郡屬縣，為郡治所在。《漢書・地理志上》：「安邑，巫咸山在南，鹽池在西南。魏絳自魏徙此，至惠王徙大梁。有鐵官、鹽官。莽曰河東。」

〔3〕下葉：里名，屬安邑。

〔4〕家慶：當為人名。

〔5〕延水：吉村昌之（1996，192頁）：「延水」是居延都尉管轄下的管理治水的官署。

裘錫圭（2012B，221頁）：延水所轄有水工，頗疑是設在居延地區的一個都水官。這也是跟農業有關的機構。

今按，諸說當是。

〔5〕齎：黃浩波（2017B）：「齎」讀為「齎」。

今按，說是。「齎」義為攜帶，《史記‧李斯列傳》：「秦王乃拜斯為長史，聽其計，陰遣謀士，齎持金玉以游說諸侯。」簡文是說逃亡時攜帶了幾斗熟飯。

收杏〔1〕恩澤甚深厚，成〔2〕殺身昩命〔3〕，毋已復德，叩頭叩頭，因言前☒

73EJT7：13A

……塞吏……☒

叩頭叩頭，再拜白，唯遣使……☒ 　　　　　　　73EJT7：13B

【校釋】

張文建（2017G）綴合該簡和簡 73EJT7：100。今按，兩簡似可綴合，但尚有疑問之處，綴合後 B 面兩簡文字並不在同一列上。

【集注】

〔1〕杏：劉倩倩（2015B，89 頁）：杏，通「鞜」，皮靴。

今按，說或是，但文義不明。

〔2〕成：當為致信者人名。

〔3〕殺身昩命：「昩」字義不明，其作 形，左邊或非「日」，而是「女」。「殺身昩命」史籍可見類似說法，如《史記‧魯仲連傳》：「以為殺身亡軀。」《漢書‧元后傳》：「當殺身靡骨死輦轂下。」

六月丙申，橐他候昌〔1〕移肩水候，寫移，書到 　　73EJT7：106+20

【校釋】

姚磊（2017A5）綴。

【集注】

〔1〕昌：人名，為橐他候。

永光元年八月丙申朔庚子〔1〕，北部〔2〕候長明友〔3〕等敢言☒

……☒ 　　　　　　　　　　　　　　　　　　　73EJT7：21

【集注】

〔1〕永光元年八月丙申朔庚子：永光，漢元帝劉奭年號。據徐錫祺（1997，1598頁），永光元年八月庚子即公曆公元前 43 年 9 月 7 日。

〔2〕北部：候部名，當屬肩水候官。

〔3〕明友：人名，為北部候長。

十月丁未，居延賓、丞忠〔1〕移卅井縣索、肩水金關，書到☑

如律令　　☑　　　　　　　　　　　　　　　　　73EJT7：22A

居延丞印　　☑　　　　　　　　　　　　　　　　73EJT7：22B

【校釋】

　　「賓」字胡永鵬（2016A，670頁）釋作「實」。今按，該字作實形，從字形來看，當非「賓」或「實」。該字漢簡中屢見，基本用作人名，有過多種釋法，如「賓」「實」「賽」「寶」等。由於其一般作人名用，且漢簡中人名用字常見有寫法獨特者，因此尚難以斷定此字究竟為何字。就字形看，更近於「賽」字。

【集注】

〔1〕忠：人名，為居延丞。

陽朔五年三月甲申朔己亥〔1〕，句陽〔2〕長立〔3〕移過所縣邑☑

為國迎四年罷戍卒〔4〕，當舍傳舍郵亭，從者☑　　　　　73EJT7：23

【集注】

〔1〕陽朔五年三月甲申朔己亥：陽朔，漢成帝劉驁年號。陽朔五年即鴻嘉元年。據徐錫祺（1997，1643頁），鴻嘉元年三月己亥即公曆公元前20年5月8日。

〔2〕句陽：漢濟陰郡屬縣。《漢書・地理志上》「句陽」，顏師古注引應劭曰：「《左氏傳》『句瀆之丘』也。」

〔3〕立：人名，為句陽長。

〔4〕為國迎四年罷戍卒：邢義田（2012，188頁）：第一，因為有明確紀年，第二，陽朔五年迎回四年罷戍卒，完全證明傳世文獻所載，漢世戍卒戍邊一歲而更的制度。《漢書・地理志》濟陰郡有句陽縣。按景帝中六年，分梁為濟陰國，封孝王子為哀王。哀王卒，無子，國除，地入於漢為濟陰郡。宣帝甘露二年以濟陰郡為定陶國。黃龍元年，定陶王徙楚，國除為郡。成帝河平四年，復置定陶國。此簡謂「為國迎四年罷戍卒」云云，乃迎定陶國之戍卒回鄉無疑。懸泉簡也有涉及宣帝神爵四年、六年迎送郡國罷卒和戍卒的文書，但神爵四年的文書卻提到送六年的戍卒到敦煌和酒泉郡去，為何如此？我雖曾試作解說，仍感未能解透。

　　今按，說是。

☑……□□佐豐〔1〕移肩水候官□□□□來時長初來時，登山〔2〕隧長孫君房
〔3〕從萬〔4〕賖買〔5〕，執適〔6〕隧長丁☑

☑任府書曰：卒賖賣〔7〕予吏及有吏任者〔8〕為收責有比，書到，願令史以時
收責，迫卒且罷，亟報如律令☑   73EJT7：25

【集注】

〔1〕豐：人名，為佐。

〔2〕登山：隧名。

〔3〕孫君房：人名，為登山隧長。

〔4〕萬：人名。

〔5〕賖買：「賖」義為賒欠。《史記・汲鄭列傳》：「縣官無錢，從民賖馬。」司馬貞
　　《索隱》：「賖，賒也。」賖買即賒買。

〔6〕執適：何茂活（2017C，134 頁）：「執適（敵）」亦即擒獲匈奴之意。
　　　　　今按，說是。「適」通「敵」，執敵，隧名。

〔7〕賖賣：薛英群（1991，451 頁）：《說文》「賖，貸也。」猶言賒也。段注：「《泉
　　府》以凡賒者與凡民之貸者並言，然則賒與貸有別。賒，賖也，若今人云賒是
　　也；貸，借也，若今人云借是也。」所謂賖賣，就是賒賣。
　　　　　李均明（2004C，32 頁）：即債權人先行付貨，債務人日後才交款的買賣
　　關係。
　　　　　今按，諸說是。

〔8〕任者：陳直（2009，291 頁）：旁人為後代中人之稱……任者為保證人，即旁
　　人之變名。
　　　　　徐樂堯（1988，55 頁）：即後世契約中的保人。從漢簡資料看，漢代的買
　　賣契約，不僅買賣者雙方的姓名、住址需寫明，而且還得註明保人、中人的姓
　　名。
　　　　　中國簡牘集成編輯委員會（2001D，191 頁）：任者，即交易活動中的保
　　人。
　　　　　今按，諸說是。「任」有「保舉，擔保」義，如《漢書・趙充國傳》：「臣
　　任其計可必用也。」顏師古注：「任，保也。」任者即擔保人。

八月癸卯，□張□□長□、丞□移□☑
如律令。　　☑   73EJT7：26A

張掖水章丞〔1〕　　　　　　　　　驛北〔2〕亭長章〔3〕發　　▨

四月辛酉，茂陵男子張霸〔4〕以來　　君前〔5〕。　　　　▨　　　　　73EJT7：26B

【校釋】

　　A 面第一行「移」前一字何茂活（2014D）、（2016C）補「府」。今按，該字圖版作「彩」，似不為「府」字，暫從整理者釋。又「□張」似當為「張掖」。

【集注】

〔1〕張掖水章丞：為「張掖水丞章」的錯誤錄寫。

〔2〕驛北：亭名。

〔3〕章：人名，為驛北亭長。

〔4〕張霸：人名。

〔5〕發君前：汪桂海（1998，325 頁）：一般的官府文書在收到後，皆由令史、尉史等小吏負責打開，然後呈送本官署主管官吏，而特殊的文書則需要在主管官吏面前拆封，甚至由其親手拆封。此類的啟封記錄多是直接書於文書簡的背面，位於收文記錄之下。

　　　　李均明、劉軍（1999，52 頁）：漢景帝以後的簡文避「啟」字，故漢封檢所見啟封皆稱「發」而不稱「啟」。

　　　　中國簡牘集成編輯委員會（2001E，198 頁）：發，同封相對，意為打開文書。漢代封書、發書有制。

　　　　藤田勝久（2012B，245 頁）：文書中標記有「發」的情況，與其說表示日常中開封的意思，不如看做是開封以後關於文書處理的用詞。其處理的程式，是向下一個部門發送文書，或者在傳遞過程中的對應工作。

　　　　今按，諸說是。「發」義為「開啟，打開」。如《史記·刺客列傳》：「秦王發圖，圖窮而匕首見。」發君前即在長君面前打開文書。

▨壬申朔丁丑，肩水候宗〔1〕謂▨　　　　　　　　　　　73EJT7：29

【集注】

〔1〕宗：人名，為肩水候。

▨橐佗守候守〔1〕、塞尉慶〔1〕移肩水金關：遣候

▨入出，如律令　　　　　　　　　　　　　　　　　73EJT7：30

【集注】

〔1〕守：似為橐佗守候人名。

〔2〕慶：人名，為塞尉。

始建國三年正月癸亥〔1〕，執　東望〔2〕隧卒成☒　　　　　　3EJT7：50

【校釋】

　　姚磊（2017A3）、（2018E，38 頁）綴合該簡和簡 73EJF3：557。今按，兩簡出土於不同地點，茬口處不能拼接，不能復原「成」字，似不能綴合。

【集注】

〔1〕始建國三年正月癸亥：羅見今、關守義（2013）：始建國四年（12）正月丙戌朔，不得有癸亥。二月乙卯朔，癸亥初九日。新莽改國號始建國，改「寅正」為「丑正」，即以十二月為歲首。此簡表明，改曆第 4 年，還有戍邊軍旅一仍舊習，將本應改為二月的日期，仍然寫成正月，即所用曆譜仍拒不以丑為正。

　　　　胡永鵬（2014B，278～279 頁）：本為書誤。研究者據簡文認為王莽改「寅正」為「丑正」的第四年，還有戍邊軍旅拒不以丑為正。在新朝建立三年之後，邊塞地區仍有不奉行其正朔者，是很難想像的。

　　　　黃艷萍（2014C，81 頁）：新莽時期以十二月為正月，故始建國三年正月實為陳、饒、徐三家朔閏表中的始建國三年十二月丙戌朔，癸亥為第三十八日，故該月不存在癸亥日。此處或書寫錯誤。

　　　　今按，當為原簡書誤，認為改曆第四年還有戍邊軍旅一仍舊習的說法不妥。

〔2〕東望：隧名。

始建國元年三月壬申戊子朔，橐佗☒　　　　　　　　　　　73EJT7：56A

……☒　　　　　　　　　　　　　　　　　　　　　　　　73EJT7：56B

【校釋】

　　羅見今、關守義（2013）認為當為「壬申朔」，原簡書誤。今按，說是，「朔」字當位於「壬申」之後，原簡書誤。

☑　給事佐延壽☑（削衣）　　　　　　　　　　　　　73EJT7：58

☑居延，敢言之☑　　　　　　　　　　　　　　　　73EJT7：62

☑亭隧吏卒駑皆多辟□☑　　　　　　　　　　　　　73EJT7：65

黃龍元年九月丙子朔丙子，肩水候□☑

……☑　　　　　　　　　　　　　　　　　　　　73EJT7：67+157A

□☑　　　　　　　　　　　　　　　　　　　　　73EJT7：157B

【校釋】

　　姚磊（2017A3）綴。又羅見今、關守義（2013），黃艷萍（2014A，118 頁）、（2014C，82 頁）指出黃龍元年（前 49）九月庚子朔，九月無丙子。「丙子」的「丙」當為「庚」，原簡書誤。胡永鵬（2016A，258 頁）則徑改「丙」為「庚」。今按，諸說是，當為原簡書誤。

☑事昧死言　　☑　　　　　　　　　　　　　　　73EJT7：69

神爵元年九月乙卯〔1〕，令史☑　　　　　　　　　73EJT7：70A

九月己未，佐常〔2〕以來☑　　　　　　　　　　　73EJT7：70B

【校釋】

　　B 面「己未」二字原漏釋，該二字圖版分別作▨、▨形，墨迹較淡，但依然能看出是「己未」二字。該簡「九月乙卯」為文書發出日期，而「己未」為收到文書的日期，據徐錫祺（1997，1562 頁），神爵元年九月「己未」為「乙卯」後 4 日，可證釋「己未」不誤。

【集注】

〔1〕神爵元年九月己卯：神爵，漢宣帝劉詢年號。據徐錫祺（1997，1562 頁），神爵元年九月己酉朔，該年九月乙卯即公曆公元前 61 年 10 月 26 日。

〔2〕常：人名，為佐。

金關卅井☑　　　　　　　　　　　　　　　　　73EJT7：71A

郭登〔1〕印☑　　　　　　　　　　　　　　　　73EJT7：71B

【集注】

〔1〕郭登：人名。

初元二年九月☑   73EJT7：74

闌犯法，今南部〔1〕守候☑   73EJT7：75

【集注】

〔1〕南部：候部名，當屬肩水候官。

☑戊寅朔丁酉，居延都尉德〔1〕☑   73EJT7：77

【集注】

〔1〕德，人名，為居延都尉。

☑最以其夫庚移之財令足以飲此   73EJT7：81

【校釋】

「其」原作「付令」，張俊民（2012）釋。

☑居延令印　☑（削衣）   73EJT7：83

鴻嘉二年六月丁未〔1〕☑
家屬俱客□□□☑   73EJT7：92

【校釋】

「未」原作「丑」，羅見今、關守義（2013），黃艷萍（2014A，118 頁）、（2014C，82 頁）釋。

【集注】

〔1〕鴻嘉二年六月丁未：鴻嘉，漢成帝劉驁年號。據徐錫祺（1997，1645 頁），鴻
　　嘉二年六月丁未朔，該日為公曆公元前 19 年 7 月 10 日。

河平二年五月□☑
居延富里〔1〕任昌〔2〕俱為□☑   73EJT7：97

【校釋】

第一行未釋字何茂活（2014C）、（2016A）補「甲」，第二行補「騎士」。今按，
簡末殘斷，未釋字僅存一點墨迹，不能辨識，當從整理者釋。

【集注】

〔1〕富里：里名，屬居延縣。

〔3〕任昌：人名。

☑可取一石麥〔1〕未　　　　　　　　　　　　　　　73EJT7：100A

☑／視起居〔2〕無恙　　　　　　　　　　　　　　　73EJT7：100B

【校釋】

　　　　張文建（2017G）綴合簡73EJT7：13和該簡。今按，兩簡似可綴合，但尚有疑問之處，綴合後B面兩簡文字並不在同一列上。

【集注】

〔1〕麥：勞榦（1960，61頁）：簡中所記之麥即今之大麥，胡豆但知為菽類，其詳未敢斷言也。

　　　　何雙全（1986，253頁）：《說文》云：「芒穀，秋種厚薶，故謂之麥，麥，金也，金王而生，火王而死，有穗者也。」《夏小正》云「九月樹麥。」《月令》云「仲秋之月，乃勸種麥。」《漢書・武帝紀》謂之宿麥。這種麥在破城子遺址中亦有出土，顆粒短而飽滿，皮厚，與現在冬小麥相同。

　　　　今按，簡中所記麥應為冬小麥，何雙全說是。

〔2〕起居：薛英群、何雙全、李永良（1988，42頁）：謂日常生活之作息、舉止。《素問・上古天真論》云：「食飲有節，起居有常。」注曰：「起居者，動止之綱紀。」

　　　　中國簡牘集成編輯委員會（2001G，279頁）：指日常活動，書信中常用語。《漢書・哀帝紀》：「臣愿且得留國邸，旦夕奉問起居。」

　　　　郇文玲（2012B，231頁）：起居，指飲食起居等一切日常生活狀況。

　　　　今按，諸說是。又如《漢書・兩龔傳》：「使者五日壹與太守俱問起居。」

☑水候官獄至九月己卯，肩水都☑　　　　　　　　　73EJT7：102

☑自索北　　　　　　　　　　　　　　　　　　　　73EJT7：105A

☑願近衣彊

☑並叩頭叩頭，謹　　　　　　　　　　　　　　　　73EJT7：105B

☑□視廣漢如二千石狗壽　　　　　　　　　　　　　　73EJT7：109

數皆畢已〔1〕，書到，遣如律令。　　☑　　　　　　　73EJT7：112

【集注】

〔1〕畢已：為完成，終了之義。《漢書‧王莽傳》：「今攝皇帝背依踐祚，宜異於宰
　　　國之時，制作雖未畢已，宜進二子爵皆為公。」顏師古注：「已，止也。」

☑遷補〔1〕肩水候官塞〔2〕有秩☑　　　　　　　　　73EJT7：114

【集注】

〔1〕遷補：李天虹（1996，67 頁）：「補」是特指因職位有缺而授職，正因為如此，
　　　它幾乎可以和各類任命用語連用。

　　　　冨谷至（2018，199 頁）：「遷」主要為表示人事晉升的用語，「徙」主要
　　　為表示同級的官職間的調動。

　　　　今按，諸說是。該簡作「遷補」，指升遷而補缺職。

〔2〕候官塞：陳夢家（1980，210 頁）：西漢時，以候名塞，如殄北塞、居延塞等；
　　　王莽是以候官名塞，如殄北候官塞、甲溝候官塞等。每一段百里左右的塞牆，
　　　設一候，其治所為候官，其輔佐為塞尉。候或稱塞候，或稱障候；然則塞與障
　　　又可通用，因此障塞也即是塞。西漢時的塞尉，王莽時改竟尉，東漢初又稱障
　　　尉……在建立了都尉制度以後，所謂百里左右置一塞尉，就是百里左右為一個
　　　候官所治的邊塞。這些不同候官所治各段邊塞，可以稱為某某塞或候官塞。

　　　　今按，說是。

☑閏月丙辰朔戊子☑
☑入襄豐車兩載穀石斗☑　　　　　　　　　　　　　　73EJT7：115

【校釋】

　　　第一行「戊子」羅見今、關守義（2013，103 頁）認為當釋「丙子」，黃艷萍
（2014C，82 頁）、胡永鵬（2016A，336 頁）亦認為「戊子」有誤，但其字形模糊，
無法準確判斷。今按，說是。「朔」後一字幾乎磨滅不存，不能確知，當存疑。

　　　又該簡年代，羅見今、關守義（2013，103 頁），黃艷萍（2014C，82 頁），胡
永鵬（2016A，336 頁）均認為是漢成帝陽朔四年（前 21）。

☑將令賞身☑

☑□報，叩頭叩頭☑☑   73EJT7：116A

☑過大公☑☑

☑今叩頭叩頭，前☑   73EJT7：116B

☑言欲取

☑事，當得

☑□移張掖

☑□義   73EJT7：117

☑白事〔1〕當坐罪當☑   73EJT7：119

【集注】

〔1〕白事：陳槃（2009，214 頁）：謂以書面有所陳述，漢晉人恆詞。

今按，說是。白事即陳說事情，《漢書・楚元王傳》：「堪希得見，常因顯

白事，事決顯口。」

☑□所移書召博□   73EJT7：120

【校釋】

「博」後一字何茂活（2014D）、（2016C）補「詣」。今按，該字作 **詛** 形，似非

「詣」字，暫從整理者釋。

☑時卿記何時　　☑   73EJT7：121

鴻嘉四年三月丁未〔1〕，　張掖肩水都尉……☑   73EJT7：126

【集注】

〔1〕鴻嘉四年三月丁未：鴻嘉，漢成帝劉驁年號。據徐錫祺（1997，1649 頁），鴻

嘉四年三月丁未即公曆公元前 17 年 4 月 30 日。

☑□陽邑長印　　☑   73EJT7：129A

☑元……　　☑

☑縣爵里年姓長，各如牒　　☑   73EJT7：129B

元康元年六月甲辰朔丙寅〔1〕，肩水司馬……☑   73EJT7：132

【集注】

〔1〕元康元年六月甲辰朔丙寅：元康，漢宣帝劉詢年號。據徐錫祺（1997，1553
　　頁），元康元年六月丙寅即公曆公元前 65 年 7 月 30 日。

☑幸甚幸甚，謹因使為☑　　　　　　　　　　　　　73EJT7：133
☑為家私市張掖
☑唯廷移過所（削衣）　　　　　　　　　　　　　　73EJT7：136

☑謹案：譚等非亡人命者☑
☑□□□□□□□☑（削衣）　　　　　　　　　　73EJT7：137

【校釋】

　　　　第二行末尾四字何茂活（2014C）、（2016A）補「右丞謁移」。今按，補釋或可
從，但該行文字左半殘缺，不可辨識，暫從整理者釋。

☑攻至府，願少翁☑（削衣）　　　　　　　　　　　73EJT7：139

河平二年五月乙未〔1〕，居延都尉誼〔2〕、庫丞☑（削衣）　　73EJT7：140

【集注】

〔1〕河平二年五月乙未：河平，漢成帝劉驁年號。據徐錫祺（1997，1629 頁），河
　　平二年五月乙未即公曆公元前 27 年 6 月 10 日。

〔2〕誼：李均明、劉軍（1992，128 頁）：居延都尉承任期見河平三年紀年，故都
　　尉誼任期下限不超過此時。

　　　　今按，說是。誼為居延都尉名，該簡顯示誼和平二年任居延都尉。

☑叩頭所言越職〔1〕不☑（削衣）　　　　　　　　73EJT7：141

【集注】

〔1〕越職：劉倩倩（2015B，92 頁）：超越職權，此處是書信中的謙敬語。

　　　　今按，說或是。「越職」史籍習見，如《漢書・宣帝紀》：「越職踰法，以
取名譽。」

☑如律令☑（削衣）　　　　　　　　　　　　　　　73EJT7：142

玄敢言之□☑　　　　　　　　　　　　　　　　　　73EJT7：146

毋尊錢〔1〕六百五十，□鄣門亭□董子歲錢六百五☑

　　　　　　　　　　　　　　　　　　73EJT7：183A+155A+193A

□□叩頭叩頭□□不見卿身迫府不得□□卿前□不得□☑

　　　　　　　　　　　　　　　　　　73EJT7：183B+155B+193B

【校釋】

　　姚磊（2017A5）綴，綴合後茬□處補釋「毋尊錢」的「錢」字。

【集注】

〔1〕毋尊錢：漢簡屢見「毋尊布」，中國簡牘集成編輯委員會（2001H，113 頁）認
　　　為是五緵布，為一種質地較粗的麻布。該簡「毋尊」似為人名，和「毋尊布」
　　　無關。

☑敢言之：陽里〔1〕女子王雲弟〔2〕自☑
☑取傳，謁移過所縣道☑
☑……☑　　　　　　　　　　　　　　　73EJT7：159

【校釋】

　　第一行「弟」黃艷萍（2016B，123 頁）、（2018，136 頁）作「第」。今按，該
字作弟形，據字形當為「第」。但漢簡中「第」「弟」的使用常存在混同的情況，暫
從整理者釋。

【集注】

〔1〕陽里：里名。
〔2〕王雲弟：人名，為申請傳者。

☑案：忠〔1〕年卅五，復繇，毋官☑　　　73EJT7：164

【集注】

〔1〕忠：人名，為申請傳者。

九月甲寅，居延令勝之〔1〕□☑　　　　　73EJT7：166A
印曰居延令印　　　　　　　　　　　　　73EJT7：166B

【集注】

〔1〕勝之：人名，為居延令。

☑未朔☑   73EJT7：167

☑稚君   73EJT7：171A

☑□詣前

☑甚甚   73EJT7：171B

☑□一編〔1〕，敢言☑   73EJT7：173

【集注】

〔1〕一編：中國簡牘集成編輯委員會（2001F，124 頁）：猶言一份文書。漢簡多由
書繩編為冊，故稱一份文書為一編。

今按，說是。簡文中「一編」多指簿冊名籍而言。

二月十七日癸丑〔1〕 ☑   73EJT7：175

【校釋】

該簡年代黃艷萍（2014A，120 頁）認為可定為甘露元年（前 53）。今按，其說
當是。

願請□ ☑   73EJT7：180A

丞☑   73EJT7：180B

☑……謂官，寫移，書到，毋   73EJT7：181

☑□居延☑   73EJT7：185A

☑……☑   73EJT7：185B

鴻嘉四年☑   73EJT7：202

☑再拜 ☑   73EJT7：204

☑甘露二年七月戊子朔□☑   73EJT7：208

【校釋】

「二」原作「元」，「子」原未釋，何茂活（2014C）、（2016A），羅見今、關守
義（2013），黃艷萍（2014A，118 頁）、（2014C，82 頁）釋。

肩水金關 T8

☑用穀簿　　　　　　　　　　　　　　　　　　　73EJT8：2A
☑府所移　　　　　　　　　　　　　　　　　　　73EJT8：2B

五鳳元年十一月乙卯朔辛酉〔1〕，肩水候福〔2〕謂
關嗇夫光〔3〕：候行塞，光兼行候事，真官〔4〕到　　　73EJT8：8

【校釋】

　　侯旭東（2014A，193 頁）認為該簡與簡 73EJT8：13 可復原為一件文書。參簡
73EJT8：13 校釋。

【集注】

〔1〕五鳳元年十一月乙卯朔辛酉：五鳳，漢宣帝劉詢年號。據徐錫祺（1997，1570
　　頁），五鳳元年十一月辛酉即公曆公元前 57 年 12 月 10 日。

〔2〕福：人名，為肩水候。

〔3〕光：人名，為關嗇夫。

〔4〕真官：真官即正式任命的職官。《漢書・胡建傳》：「孝武天漢中，守軍正丞。」
　　顏師古注：「南北軍各有正，正有置丞，而建未得真官，兼守之。」

竟寧元年七月戊辰朔己卯〔1〕，守令史德〔2〕敢言之：遣亭長王敞〔3〕候史□
籍落肩水都☑
案，所占用馬〔4〕軺車一乘，謁移過所縣道□關，毋苛留止，如律令。／……☑
　　　　　　　　　　　　　　　　　　　　　　　　73EJT8：9

【集注】

〔1〕竟寧元年七月戊辰朔己卯：竟寧，漢元帝劉奭年號。據徐錫祺（1997，1618 頁），
　　竟寧元年七月己卯即公曆公元前 33 年 8 月 24 日。

〔2〕德：人名，為守令史。

〔3〕王敞：人名，為亭長。

〔4〕占用馬：李均明（1983，30 頁）：「占用馬」是向政府登過記的馬匹。《漢書・
　　昭帝紀》「其令郡國毋斂今年馬口錢」，文穎曰：「往時有馬口出斂錢，今省。」
　　如淳曰：「所謂租及六畜也。」登過記的馬即要交稅。

張英梅（2014，124 頁）：「占馬」是在官府登記過的馬，需要向官府納稅。《史記・平準書》：「雖無市籍，各以其物自占，率緡錢二千而一筭。」《漢書・食貨志下》：「諸賈人末作貰貸賣買，居邑貯積諸物，及商以取利者，雖無市籍，各以其物自占。」顏師古注：「占，隱度也，各隱度其財物多少，而為名簿送之於官也。」

今按，諸說是。「占」義為「評估，申報登記」，《漢書・昭帝紀》：「秋七月，罷榷酤官，令民得以律占租。」顏師古注引如淳曰：「律，諸當占租者家長身各以其物占，占不以實，家長不身自書，皆罰金二斤，沒人所不自占物及賈錢縣官也。」顏師古注：「占謂自隱度其實，定其辭也。」漢政府要求對應當納稅的東西自己評估上報，占用馬即向政府上報過的馬。

罷，如律令。／佐輔〔1〕 　　　　　　　　　　　　73EJT8：13A

肩候〔2〕

□月辛酉，佐輔以來 　　　　　　　　　　　　　　73EJT8：13B

【校釋】

侯旭東（2014A，193 頁）認為簡 73EJT8：8 和該簡可復原為一件文書，該簡上端所缺字當為「若代」「印曰」和「十一」。今按，從圖版來看，該簡上部完整，A 面「罷」字頂頭，其上部並不能再容二字。B 面「肩候」上部似能容二字，但圖版模糊，看不出有字。「月」字上部似能容一到二字，尚存一點筆畫，是否為「十一」不能確定。因此，侯旭東先生認為該簡上端缺字的看法似還有疑問，而簡 73EJT8：8 和該簡可復原為一件文書的說法亦不能確定。

【集注】

〔1〕輔：人名，為佐。

〔2〕肩候：陳夢家（1980，47 頁）：甲渠候、肩水候於簡又省稱為甲候、肩候；王莽時則稱甲渠為甲溝。

今按，說是。「肩候」即肩水候官的簡稱。

□朔乙巳，臨利〔1〕隧長辟兵〔2〕受會水未央〔3〕里王閭〔4〕 　　麥見積

□當復入今簿 　　　　　　　　　　　　　　　　　73EJT8：16

【集注】

〔1〕臨利：隧名。

〔2〕辟兵：人名，為臨利隧長。《急就篇》可見人名「高辟兵」，顏師古注：「辟兵，
　　　言能弭止兵戎也。」

〔3〕未央：里名，屬會水縣。

〔4〕王閭：人名。

☑吏過府謁，毋致者，輒令城尉☑☑　　　　　　　　　　　73EJT8：21

☑□猥劾☑　　　　　　　　　　　　　　　　　　　　　　73EJT8：26A

☑　拜☑　　　　　　　　　　　　　　　　　　　　　　　73EJT8：26B

☑槀他界中☑　　　　　　　　　　　　　　　　　　　　　73EJT8：28A

☑□再☑　　　　　　　　　　　　　　　　　　　　　　　73EJT8：28B

☑月己巳，肩水關嗇夫　以小官印兼行〔1〕候☑　　　　　73EJT8：31

【集注】

〔1〕以小官印兼行：勞榦（1960，9 頁）：嗇夫兼行候事之候，即候官之候，候與
　　候官簡中常通用。嗇夫之小官印即《法言》「半通之銅」。臨淄出土封泥，凡鄉
　　官皆半通，鄉以嗇夫治之，故嗇夫印用半通，即小官印矣……小官印者，對大
　　官印而言，嗇夫半通之印於方印僅得其半，故曰小官印也。漢世官印隨人而
　　易，凡兼攝守領者仍用本官之印，故庫嗇夫行丞事，仍自用嗇夫印，不用丞印。
　　居延簡「閏月庚子，肩水關嗇夫成以私印行候事」（10・6）亦此類。惟此簡之
　　庫嗇夫已假有半通印，而庚子簡之關嗇夫未假有半通印，其居嗇夫職當僅以私
　　印行之。故其更由關嗇夫行候事亦用私印。此漢制之疏闊處也。

　　　　陳直（2009，137～138 頁）：小官印者，謂半通官印。嗇夫本為鄉官，後
　　演變為內自九卿各令丞，外自守相，屬吏皆設有嗇夫。傳舍之印，僅有虎圈嗇
　　夫一枚，確為半印。

　　　　汪桂海（1997，86 頁）：漢代官印可分兩大類，一為吏員印，一為官署印。
　　吏員印是二百石以上官吏佩戴使用的官印，專官專印。官署印則是各個官署所
　　有掾史等百石以下少吏共同使用的官印，這種印應是由專門的監官官吏監管，
　　使用時需白請，用畢交回。二百石以上長吏是國家統一選舉除調的，故有專門
　　頒授的官印；百石以下少吏由各官署自行辟除，非國家任命，故無專授官印。
　　漢初吏員印與官署印在形制上無嚴格區別，皆為方寸印。武帝元狩四年，為嚴
　　格百官印的等級劃分，對官印制度作了改革，其中規定吏員印為方寸印，即通

官印，官署印大小為通官印之半，名半通印，又名小官印。自此，官印有了通官印與半通印之別。

　　今按，諸說是。小官印即半通印，低級官吏所使用的長方形官印，其形制約為正方形官印的一半。《後漢書·仲長統傳》：「身無半通青綸之名，而竊三辰龍章之服。」李賢注引《十三周志》曰：「有秩、嗇夫，得假半印章。」該簡關嗇夫兼行候事，用小官印，又關嗇夫後空白處當為故意留出，待關嗇夫本人簽名。

永光四年六月己酉朔☑	
入關如牒，書到如☑	73EJT8：36A
金關□陰□☑	73EJT8：36B

【校釋】

　　張文建（2017F）綴合該簡和簡 73EJT8：55。今按，兩簡可遙綴，不能直接拼合。

甲子☑	73EJT8：43
☑□因白☑（削衣）	73EJT8：44
☑　鱳得獄☑	73EJT8：45A
☑獄獄☑	73EJT8：45B
□□□文君□□□☑	
☑記奏　子都　　☑	
李文君☑（削衣）	73EJT8：46
從長安還未☑	73EJT8：47
☑□案令史☑	73EJT8：50

居攝二年三月甲申朔癸卯〔1〕，居延庫守丞仁〔2〕，移卅井縣索、肩水金關：都尉史曹解〔3〕、掾

葆〔4〕、與官大奴〔5〕杜同〔6〕，俱移簿大守府，名如牒〔7〕，書到，出入如律令。　　　　　　　　　　　　　　　　　　　　　　73EJT8：51A

居延庫丞印　　嗇夫常〔8〕發

　　君門下〔9〕　　　掾戎〔10〕佐鳳〔11〕　　　73EJT8：51B

【校釋】

　　B面第一行「常」原作「當」，馬智全（2017B，261頁）、袁雅潔（2018，88頁）釋。

官大奴杜同，年廿三　三月辛亥☐　　　　　　　　73EJT8：52A

……☐　　　　　　　　　　　　　　　　　　　73EJT8：52B

【校釋】

　　邢義田（2012，189頁）指出以上兩簡質地相同。上欄各有部分編繩，下欄仍見編繩痕迹，原曾有兩道編繩，並從官大奴杜同的筆迹看，兩簡原為一編冊無疑。此簡文書格式像許多其他居延簡，一面為正式文書內容，背面左側下端有文書製作者掾和佐或書佐的簽署。背面上端則有收到文書的金關吏的收文記錄，記下來文以「居延庫丞印」為封，金關嗇夫當在金關長官治所或辦公室打開原封好的來文。今按，其說是。以上兩簡當屬同一簡冊。有兩道編繩，今尚見上欄編繩。其中簡73EJT8：51為書於木牘的官府文書，而簡73EJT8：52為其附件，即所謂牒書，書於單札上。

【集注】

〔1〕居攝二年三月甲申朔癸卯：居攝，漢孺子嬰年號。據徐錫祺（1997，1695頁），居攝二年三月甲申朔，二十日癸卯，為公元前7年4月26日。

〔2〕仁：人名，為居延庫守丞。

〔3〕曹解：人名，為都尉史。

〔4〕葆：人名，為掾。

〔5〕官大奴：即官府的大奴，「大奴」應和大男、大女等所指類同，為年齡在15周歲以上的奴隸。

〔6〕杜同：人名，為官大奴。

〔7〕牒：李均明、劉軍（1999，7頁）：以「簡」訓「牒」、訓「札」、訓「牘」，則簡之含義最廣泛。以簡訓「牘」，猶今人之以「敦煌漢簡」「居延漢簡」稱謂敦煌、居延出土的包括簡、牘、柧在內的文字材料一樣，實為引申義。札、牒、簡三者，廣義而言為一物，而稱牒者多為已編聯成簡冊之簡札。

　　邢義田（2012，189頁）：文書為居攝二年三月癸卯（3月20日）發出，附有居延都尉史曹解、掾葆與和官大奴杜同的身份、姓名和年齡名單如牒書。8：52「官大奴杜同年廿三　三月辛亥」簡應即是文書中提到的牒書。同冊應

還有都尉史和掾的同式簡牒。8：52 的「官大奴杜同年廿三」筆迹和 73EJT8：51A 筆迹相同，「三月辛亥（3 月 28 日）」筆迹不同，應是金關吏收到後所登記的日期。

劉欣寧（2016）：「牒」指簡牘，「如牒」應指旅行者之名、縣、爵、里、年、姓、長、物色等資料，記載於傳文本以外的另一枚簡牘上。

郭偉濤（2017A，253 頁）：記載杜同信息的簡應為原附牒書的一部分，惜其餘不存。

今按，諸說是。「牒」即簡札，《論衡·量知》：「截竹為筒，破以為牒，加筆墨之迹，乃成文字，大者為經，小者為傳記。」該簡「名如牒」是說都尉史曹解等人的姓名年齡等另記錄在所附的簡牒上，記官大奴杜同信息的簡 73EJT8：52 即是所謂牒。參簡 73EJT10：311+260「牒書」集注。

〔8〕常：人名，為嗇夫。

〔9〕發君門下：郭偉濤（2017A，253 頁）：「嗇夫常發君門下」表示關嗇夫常在肩水候面前開封。

今按，說是。

〔10〕戎：人名，為掾。

〔11〕鳳：人名，為佐。

竟寧元年二月庚子朔壬子〔1〕☑

得取傳，謁言居延☑   73EJT8：53A

觻得丞印☑   73EJT8：53B

【校釋】

A 面第二行「居延」張俊民（2012）改釋「案王」。今按，此兩字殘斷，從文義來看，似以整理者所釋為是。又第一行簡末「壬」後尚有筆畫，似為「子」字，原整理者漏釋，此據以補釋。

又 B 面「觻」「印」原未釋，張俊民（2012）補釋。

【集注】

〔1〕竟寧元年二月庚子朔壬子：竟寧，漢元帝劉奭年號。據徐錫祺（1997，1617 頁），竟寧元年二月壬子即公曆公元前 33 年 3 月 30 日。

☑□尉安移金關罷戍卒，當

☑□　　　　　　　　　　　　　　　　　　　　73EJT8：55A

☑……　　　　　　　　　　　　　　　　　　73EJT8：55B

【校釋】

　　張文建（2017F）綴合簡 73EJT8：36 和該簡。今按，兩簡可遙綴，不能直接拼合。

☑會月廿日〔1〕‧謹驗問憙〔2〕☑　　　　　　　　73EJT8：56

【集注】

〔1〕會月廿日：勞榦（1960，18 頁）：漢自朝廷至郡吏並有期會，《漢書‧賈誼傳》所言：「大臣特以簿書不報，期會之間以為大故」是也。

　　裘錫圭（1974，60 頁）：從居延等地出土的漢簡來看，如果上級限定日期讓下級送去某種東西，或者要下級當面去報告情況、答覆問題或接受命令，往往在文書裏用「會」字（即所謂「期會」）。

　　中國簡牘集成編輯委員會（2001G，30 頁）：指上級官府規定的有關期會的日期。《漢書‧伍被傳》：「益發甲卒，急其會日。」

　　李均明（2011B，130 頁）：行政實踐中之召會主要用於限定辦事的時間與空間，是實現行政管理的重要手段。由於時間是召會中不可或缺的要素，故漢代人亦稱之為「期會」，意即按預定時間相會。

　　今按，諸說是。「會」即期會，《史記‧司馬穰苴列傳》：「穰苴既辭，與莊賈約曰：『旦日日中會於軍門。』」司馬貞《索隱》：「按：旦日謂明日。日中時期會於軍門也。」

〔2〕憙：人名。

……（習字）　　　　　　　　　　　　　　　　73EJT8：60A

……（習字）　　　　　　　　　　　　　　　　73EJT8：60B

橐他候官，名縣爵里〔1〕各□☑　　　　　　　73EJT8：74+113

【校釋】

　　伊強（2015H）綴。

【集注】

〔1〕名縣爵里：即姓名爵稱及所屬縣里名等，《漢書·宣帝紀》：「其令郡國歲上繫囚以掠笞若瘐死者所坐名縣爵里，丞相御史課殿最以聞。」顏師古：「名，其人名也。縣，所屬縣也。爵，其身之官爵也。里，所居邑里也。」

初元三年正月丙☑　　　　　　　　　　　　　　　73EJT8：75

☑部候☑　　　　　　　　　　　　　　　　　　　73EJT8：77

☑敢言之：遣氐池大昌〔1〕里鮑順〔2〕等□□☑　　73EJT8：78

【集注】

〔1〕大昌：里名，屬氐池縣。

〔2〕鮑順：人名。

☑……寫移，書到，如律令

☑……移移移（習字）　　　　　　　　　　　　73EJT8：102B+82A

☑……王長□伏地長宗宗宗之

☑午□午成成伏舉再拜拜

☑編，敢言（習字）　　　　　　　　　　　　　73EJT8：82B+102A

【校釋】

姚磊（2017A5）綴，A面第一行「寫移書到」原作「□毋忽」，第二行「移」前原有「長長」二字；B面第一行「王長□」「長」原分別作「雜雜」「張」，第二行「午□午成成伏舉」原作「之長」，均綴合後釋。

又B面第一行原簡73EJT8：82B脫一「宗」字，李燁、張顯成（2015）補。

☑使伏地再拜　第莊佢　　　　　　　　　　　　73EJT8：85

☑／令史☑　　　　　　　　　　　　　　　　　73EJT8：86

☑律令。／掾嘉〔1〕、守令史□□☑　　　　　　73EJT8：87

【集注】

〔1〕嘉：人名，為掾。

☑廣地〔1〕令史丁殷〔2〕　　☑　　　　　　　　　　　　73EJT8：88

【集注】

〔1〕廣地：郭偉濤（2017D，218頁）：廣地塞設有南部，因其與橐他塞相類，均沿
　　　弱水而設，主要負責維護交通線的順暢及警戒候望，故很可能亦設有北部、中
　　　部。因資料限制，僅考見新莽天鳳時守林隧轄於南部塞，永元年間南部塞轄破
　　　胡、澗上兩隧。此外，尚有18所亭隧亦屬廣地塞，惜不詳何部。
　　　　　　今按，說是。廣地為候官名，屬肩水都尉。

〔2〕丁殷：人名，為令史。

☑天下使☐☐☐☑　　　　　　　　　　　　　　　　　　　73EJT8：94

酒泉郡中。案，毋官獄徵事，當取傳☑
……毋官獄徵☑　　　　　　　　　　　　　　　　　　　　73EJT8：96

【校釋】

　　　末行未釋字何茂活（2014C）、（2016A）補「爵案如書」。今按，補釋或可從，
但此未釋字殘斷磨滅，多不可辨識，當從整理者釋。

☑☐☐已☐☐☐☐☐☑　　　　　　　　　　　　　　　　　73EJT8：99A
☑☐張掖肩水☑　　　　　　　　　　　　　　　　　　　　73EJT8：99B

角得角得得得　　☑（習字）　　　　　　　　　　　　　73EJT8：105A
長不☐元☐牛黨……☑（習字）　　　　　　　　　　　　73EJT8：105B

【校釋】

　　　A面第一個「角」原作「觲」，張俊民（2012）釋。

觲得成漢〔1〕里薛☐☐年卅，四年七月中，與同縣男子趙
廣〔2〕同傳，今廣以八月中持傳出入……
欲復故傳前入　　　　　　　　　　　　　　　　　　　　　73EJT8：106A
李君兄兄次君
田巨君
☐☐君都
吳子真　　　　　　　　　　　　　　　　　　　　　　　　73EJT8：106B

【集注】

〔1〕成漢：里名，屬觻得縣。

〔2〕趙廣：人名。

……行事……☑

候騎馬十匹，六斗六升大〔1〕……　　☑　　　　　　　　　73EJT8：108A

王當九月　☑　　　　　　　　　　　　　　　　　　　　　73EJT8：108B

【集注】

〔1〕升大：陳公柔、徐蘋芳（1960，50頁）：「少」指少半，大約是三分之一，大半
　　則為三分之二。

　　　　陳直（1960，38頁）：少即小字，非如本文理解指少半而言。

　　　　作銘（1960，53頁）：「大」和「小」二字，確是如一般的解釋，應作為
　　「三分之二」和「三分之一」的意義來解釋。

　　　　曹懷玉（1981，42頁）：可見居延漢簡計量斗升後之「大」「少」二字，
　　仍為習俗語，即過半升者升下墜「大」字，不足半升者升下墜「少」字，再無
　　其他意義。

　　　　永田英正（2007，125頁）：斗、升容量後面的「大」是大半即三分之二，
　　「少」是少半即三分之一。

　　　　今按，諸說多是。升後面的「大」字指大半，大約為三分之二，少半則為
　　三分之一。陳直以為「少」即「小」字，是指小石則非是。曹懷玉謂過半升、
　　不足半升亦不妥。

☑傳。謹案，戶籍藏鄉官〔1〕者☑☑☑☑☑☑

☑言之　☑　　　　　　　　　　　　　　　　　　　　　　73EJT8：110

【校釋】

　　第一行「鄉」原未釋，邢義田（2012，181頁）釋。

【集注】

〔1〕戶籍藏鄉官：李均明（1983，30頁）：「戶籍藏鄉」，鄉是漢代封建政權的基層
　　機構，一九七三年在湖北江陵鳳凰山十號漢墓出土的簡牘中詳細記載了「西
　　鄉」所屬幾個里的戶口、勞動力、田畝、貸種、交納芻稿及算賦的情況，可見
　　鄉政權對它所管轄的人戶了如指掌，所以辦理通行憑證必須經鄉政權審核。

今按，說是。「戶籍藏鄉官」即是說戶籍收藏在鄉級官府。

☑嗇夫事☑ 73EJT8：112

☑□酒甲☑ 73EJT8：115

肩水金關 T9

☑三年二月乙卯朔癸亥 73EJT9：4

【校釋】

「乙」原作「己」，馬智全（2012，108 頁），羅見今、關守義（2013），黃艷萍（2014A，120 頁）釋。

又該簡年代羅見今、關守義（2013），黃艷萍（2014A，120 頁）均認為是甘露三年。今按，說是，甘露三年為公元前 51 年。

六月癸卯，觻得丞勳〔1〕移肩水金☑

如律令。／掾守〔2〕、令史奉光〔3〕☑ 73EJT9：5+15

【校釋】

姚磊（2017A4），張顯成、張文建（2017A）、（2017B，338 頁）綴，綴合後補釋「移」字。

【集注】

〔1〕勳：人名，為觻得丞。

〔2〕守：人名，為掾。

〔3〕奉光：人名，為令史。

☑□千秋譚宗名縣爵里年姓，官所……☑

☑□行右尉事，守游徼〔1〕武〔2〕、亭長偃〔2〕送致過所觻得□☑

73EJT9：7

【集注】

〔1〕游徼：秦漢時鄉官名，負責巡察盜賊。《漢書・百官公卿表上》：「十亭一鄉，鄉有三老，有秩、嗇夫、游徼……游徼徼循禁賊盜。」參簡 73EJT3：115「游徼」集注。

〔2〕武：人名，為守游徼。

〔3〕偃：人名，為亭長。

到嚴教官屬，務稱厚恩☑ 　　　　　　　　　　　　　　73EJT9：8

案，延壽〔1〕年爵如書，毌官獄徵事，期往來百廿日，謁移過所縣邑，敢言之。

尉史

……　　　　　　　　　　　　　　　　　　　　　　　　73EJT9：12A

河南〔2〕長印　　　　　　　　　　　　　　　　　　　73EJT9：12B

【集注】

〔1〕延壽：人名。

〔2〕河南：漢河南郡屬縣。《漢書·地理志上》：「河南，故郟鄏地。周武王遷九鼎，
周公致太平，營以為都，是為王城，至平王居之。」

☑二年八月己未朔，□鰈□☑ 　　　　　　　　　　　73EJT9：17

【校釋】

該簡年代羅見今、關守義（2013，102頁），黃艷萍（2014A，120頁），胡永鵬
（2016A，277頁）均認為是永光二年。今按，諸說是。

傳章平長印☑ 　　　　　　　　　　　　　　　　　　73EJT9：19A

□露二年六月己未朔辛☑

謹案，毌官徵事，當☑

六月壬戌，廚嗇夫〔1〕□☑

□□□□□☑ 　　　　　　　　　　　　　　　　　　73EJT9：19B

【校釋】

該簡年代羅見今、關守義（2013，100頁），黃艷萍（2014A，119頁）均認為
是甘露二年。「辛」後缺字羅見今、關守義（2013，100頁）認為是「酉」。今按，諸
說是。

【集注】

〔1〕廚嗇夫：大庭脩（1991，406頁）：廚嗇夫就是主管縣廚的嗇夫。

　　　　　今按，說是。廚嗇夫為廚的嗇夫。

☑過所，毋苛留　　　　　　　　　　　　　　　73EJT9：22

☑元年二月甲戌，除為肩水驛☑　　　　　　　　73EJT9：23

・右除及病、視事書　　☑　　　　　　　　　　73EJT9：25

甘露元年閏月乙未朔乙卯〔1〕，中鄉守嗇夫輔〔2〕敢告☑☑

案，去疾〔3〕非亡人命者，毋官獄徵，遣☑☑

敢告尉史主　　☑

閏月丙辰，尉史武〔4〕敢言之：謹案，去疾☑☑

閏月丙午，長陵〔5〕令　獄守丞建〔6〕行丞事☑　　73EJT9：29A

長丞陵印　　☑

☑☑己卯，男子呂去疾☑☑　　　　　　　　　　73EJT9：29B

【集注】

〔1〕甘露元年閏月乙未朔乙卯：甘露，漢宣帝劉詢年號。據徐錫祺（1997，1577
　　頁），甘露元年閏月乙卯即公曆公元前53年7月16日。

〔2〕輔：人名，為中鄉守嗇夫。

〔3〕去疾：人名，姓呂，為申請傳者。

〔4〕武：人名，為尉史。

〔5〕長陵：漢左馮翊屬縣。《漢書・地理志上》：「長陵，高帝置。戶五萬五十七，
　　口十七萬九千四百六十九。莽曰長平。」

〔6〕建：人名，為長陵獄守丞。

六月癸未，倉嗇夫〔1〕成〔2〕以小官印兼☑

謁移張掖郡中，過所縣邑毋苛☑

☑☑☑☑☑☑☑☑☑☑☑☑　　　　　　　　　　73EJT9：30

【集注】

〔1〕倉嗇夫：主管糧倉的嗇夫，為官嗇夫之一種。

〔2〕成：人名，為倉嗇夫。

☑郡治牛官懷　　　　　　　　　　　　　　　　73EJT9：33

☑猛伏地再☑☑　　　　　　　　　　　　　　　73EJT9：34A

甘露三年九月壬午朔甲午〔1〕，南鄉有秩黑〔2〕敢言☑

過所邑縣，勿苛留，敢言之　☑

九月丙申，□陽丞利〔3〕謹移過所縣邑，勿苛☑　　　　　73EJT9：34B

【校釋】

B 面中間一行「勿」原作「毋」，李燁、張顯成（2015）釋。又中間行「敢言之」的「敢」字姚磊（2017D4）認為當是「止」字。今按，該字圖版作「止」，似不為「止」字，暫從整理者釋。

【集注】

〔1〕甘露三年九月壬午朔甲午：甘露，漢宣帝劉詢年號。據徐錫祺（1997，1582 頁），甘露三年九月甲午即公曆公元前 51 年 10 月 13 日。

〔2〕黑：人名，為南鄉有秩嗇夫。

〔3〕利：人名，為丞。

☑□戌朔甲午，西鄉嗇夫漢光〔1〕敢言之：直廷〔2〕里許方〔3〕自言☑

☑□謹案，戶籍臧鄉官者，方毋官獄徵事，非亡人命☑

☑長廣〔4〕移肩水金關，往來毋苛留止，如律令☑　　　　73EJT9：35

【集注】

〔1〕漢光：人名，為西鄉嗇夫。

〔2〕直廷：里名。

〔3〕許方：人名，為申請傳者。

〔4〕廣：當為人名。

☑甘露四年九月乙巳朔☑

☑□□長樂□☑（削衣）　　　　　　　　　　　　　　73EJT9：36

☑敢言之：北曲陽〔1〕里男子靳宗〔2〕與大奴宜君〔3〕為家私使

　　　　　　　　　　　　　　　　　　　　　　　　73EJT9：44

【集注】

〔1〕北曲陽：似當為里名。

〔2〕靳宗：人名，為申請傳者。

〔3〕宜君：人名，為大奴。

☑☑肩水候官，寫移，如律　　　　　　　　　　　　　　73EJT9：47A

☑……　　　　　　　　　　　　　　　　　　　　　　　73EJT9：47B

【校釋】

　　第一行未釋字姚磊（2019G1）作「移」。今按，該字殘斷不可知，暫從整理者釋。

☑界如出界定國☑以毋人律告不得如出　　　　　　　　73EJT9：310+51

【校釋】

　　尉侯凱（2016C）、（2017B，351頁）綴。又據文義來看，「人」或是「入」。

☑☑史湯自言為家私市居延。案，毋官獄事，當為　　　73EJT9：52A

☑☑　　　　　　　　　　　　　　　　　　　　　　　　73EJT9：52B

營陽丞印　　☑　　　　　　　　　　　　　　　　　　73EJT9：56A

孔伏　　☑　　　　　　　　　　　　　　　　　　　　73EJT9：56B

印曰張肩塞尉

四月庚寅，就家李幼君〔1〕以來　丁　☑　　　　　　73EJT9：59A

以致籍〔2〕入，敢言之　☑　　　　　　　　　　　　73EJT9：59B

【集注】

〔1〕李幼君：人名，為僦家。

〔2〕致籍：裘錫圭（1981B，24頁）：傳是出入關門所用的一種憑證，與傳並提的致應該是同類性質的東西。

　　　薛英群（1991，428頁）：「致籍」就是各關塞河津上報太守府的出入關者之名籍。名籍按規定要按時逐級匯總上報，使太守府能隨時了解各關津人員出入情況，故曰「致籍」。

　　　唐曉軍（1994，88頁）：吏民出入關道河津所持關傳，按規定為一式二份。一份由關津吏員定期彙編成簿籍上報給上級主管部門曰「致籍」；一份留關備查曰「副卷」。

　　　李均明、劉軍（1999，276～277頁）：致，通知書……其格式與用途與「傳」相類，陳請手續亦同。二者區別在於「傳」通用於沿途各關卡，故署「移過所縣道河津關」，適用地域廣；而「出入關致」只適用於文書中指定的關卡……

「致」是可籍以將己方的意圖送達他方，他方作為辦事依據的文書形式，其性質猶今公文之「通知書」一類。

中國簡牘集成編輯委員會（2001C，143頁）：致，通知類文書，有致達之義。

中國簡牘集成編輯委員會（2001H，83頁）：傳的一種，為官府發給行者沿路各地關卡請予放行的文書，由官府直接發送。出入關隘，或以符，或以致傳，後者往往附行路者名籍。而傳，由行路人本人持有。

大庭脩（2001，147～148頁）：所謂致，不正是與用於長距離的傳相對的，即用於短距離外出者的證明嗎？……變換角度來看，也許它僅用於通過一關。

李均明（2002，31頁）：通知書形式的憑證稱「致」，亦用於出入關津……「致」的應用廣泛，此例所見專用於出入關，格式與傳相類，區別在於「傳」適用地區廣，而「致」通常只適用於指定地點，並附有詳細的人、馬及物品清單。

李天虹（2003，158頁）：出入關致籍的特徵是記錄出行人的籍貫、爵位、姓名、年齡、身長、膚色，所乘車別及所用牛馬數量、所攜帶物品、出入關日期，有時還注明「已入」「已出」等。從致籍的內容看，簽牌、標題所謂「出入籍」「出入關致籍」，應該是同一種文書的不同稱謂，「出入籍」是「出入關致籍」的簡稱，又或簡稱作「致籍」。致籍記載人與其他名籍的顯著不同就是有時記錄身長和膚色，所以我們認為凡記錄身長和膚色的簡都應屬於致籍……致籍應該是預先送達關口的，它由關吏所持，主要用以案驗出入關者並附記出入情形。致籍由關吏持有，供當事人隨身攜帶的出入關憑證是傳和符。

李天虹（2004，36頁）：從《津關令》「為致告津關」等語看，致應該就是預先移送至關口的文書，它由關吏持有，主要用以案驗出入關人員及車馬等物，不是專門的出入關登記文書。

藤田勝久（2007，451～452頁）：「致」是與通過長距離的「傳」相對的，給短距離移動者的證明書。還有一個需要注意的特徵是，其物件如所說的私牛，輸送中必要的車子，妻子和隨從、奴婢，只限於隨行的人和物。把這個與持有《傳馬名籍》那樣的記載的「致」「書」結合起來考慮，這個「致」也許是記錄隨行人和物的證明書。也就是說，人在通行關所時，無論公私，必須有官府（公家機關）發行的「傳」。但是可以推測，在公用的往來中攜帶私物的情況下，和私用的往來中攜帶隨從品的情況下，要追加被稱作「致」「書」那

樣的證明書。因此與「傳」「符」相對，「致」「書」是記錄隨行人和車馬、物品等的文書，其功用是有所不同的。

楊建（2010，92頁）：若將「致」與「傳」的文本仔細比較，二者格式似乎還是有一定區別，相應呈請手續也有不同，如「致」似乎並不需要縣以下的鄉級嗇夫出具證明，而且根據「致」的這種傳送、通告的特點，它應比「傳」具有更說明的內容，因此「致」的使用與「傳」也應有不同。

裘錫圭（2012C，81頁）：致籍當指記載出入關人員、車輛、馬牛等情況的那種簡，這種簡在居延和敦煌都有大量出土……有關官府把需要出人關的人員等情況記下來移送所出人的關口，跟輸物給人用致書有相似之處，所以稱這種情況的文書為致或致籍。

藤田勝久（2012A，205～207頁）：金關漢簡中更值得注意的，是與傳的形制稍有不同，在傳之外附上「牒」，並在「牒」上記有「出入如律令」用語的資料……所以呈此種文書形式的牒，有可能即是隨行人或物品的證明文書（致）。

安忠義（2012）：致與符、傳、過所是同一系統中不同的兩個方面，符、傳、過所用於出人津關的人員，是他們出人津關的憑證；致和致籍用於津關方面，是津關檢驗、放行的憑證，致、傳相輔並用，案省均相應無差，方得出人。所以致傳密不可分單獨使用的情況很少，只是在出人人員有符傳，且攜帶的東西不多、不重要的時候，津關就不用製作致書。

冨谷至（2012，237頁）：「傳」「致」「傳致」都是指通行證。「致」果真是這一意思的話，所謂「致籍」以及「傳致籍」，就應當認為是攜帶通行證通關者的名簿……「出入籍」和「出入致傳籍」無疑是意思相同。致籍是通關者的名籍，並以此作為標題寫在楬的表面上，它似乎表明關所每到一定時期就集中整理每天通關的文件。即，將原始記錄——關出入記錄進行整理的二次記錄——就是致籍。像這樣匯集整理原始名簿的工作，不外乎是為了向上級官署報告之用。

杜鵬姣（2013，53頁）：致與傳都是出入關用到的文書，根據已出土的漢簡，我們可以看到「傳致」經常連用，致與傳相輔使用通過津關。而「致籍」是對出入關名籍的記錄是毫無疑問的，至於是出入關津記錄基礎上的二次整理還是預先送達金關，需要更多簡牘的出土來研究和證實。

冨谷至（2013，260頁）：「致」是出行者攜帶的傳之外的記錄了額外說明及額外許可事項的文書。「傳」上記載了旅行者的姓名，出行事務以及向沿途機關提出的放行照會，「致」則記載的是若干追加事項，例如，津關令中提到的致，實際上是詳細記載馬的標誌、年齡、身高、購買場所、匹數等內容的證明文件，之所以需要此類證明，是因為漢王朝對於馬的買賣和出關入關十分敏感。

田家溧（2014A，113頁）：一種輔助通關的文書，內容含有通關者的姓名爵里年歲狀貌等的描述，由傳發放機構提前送至關口，以供關吏核查持傳、符者是否本人。

田家溧（2014A，116頁）：現在看來出入名籍應該分為：在有致籍的情況下，附記在致籍基礎上而成的出入名籍以及在沒有致籍的情況下，現場記錄的出入名籍。前一種出入記錄是由於兩次書寫而成，故筆迹應有不一致。後一種由關吏現場記錄，筆迹一致，格式體例應該較前一種更加規範。但無論這兩類的哪一種，筆者認為，都應該含有明確的出入情形的記載，以用來區別致籍名籍……所以金關中出土的沒有完整記載出入情形的名籍簡，一般情形下應是致籍名籍，但如果登記人身份是吏卒，那它也很有可能屬於多人出入關名籍的一部分……筆者認為「致籍」與「出入名籍」分屬兩種文書，不能混為一談。雖有許多「出入名籍」是在致籍基礎上加工而成，但金關簡文中確實存在關吏現場記錄而成的出入名籍。是否含有出入記錄應是劃分二者的重要依據。

藤田勝久（2014，614頁）：公用旅行和私用旅行，除了傳所記錄的條件，在另有馬車、牛車、馬匹、隨行人通過關所的情況下，另需添附其他文書。這種文書稱「如牒」。就是說在關所通行時，本人除了攜帶自身通行的傳以外，還要辦理隨行物品同行的證明，這種證明叫「致」。在肩水金關，與傳的記錄同時，要準備這種附加文書的備件，製成出入的記錄……總而言之，傳是能夠跨越發放郡縣、可以在多個關所出入往來的旅行證明，也包括長距離的旅行。致，作為傳的補充，是隨行物品通過的證明，也可以出入多個關所。在肩水金關，除確認了傳和致，並移寫內容以後，還另外製成一份出入記錄。

郭偉濤（2017F，39頁）：通關「致」的本意，是記錄個人信息的名籍簡，並非特定的通關證件，傳及通知書的附件均可稱為「致」。一定意義上，傳亦可稱為「致」。過去，學界將「致」作為獨立的通關證件進行討論，如此處理

未見其可。目前可見的通關致書，絕大多數都局限在張掖郡內使用，軍政、民政等機構皆可發出。其使用群體儘管多樣，但基本上均與官吏有關。一般而言，通關致書當由出行者本人攜帶通關，但亦不乏例外者，端視具體事務而定。與公傳、私傳不同，留在關口的多為通關致書的原件而非錄副。關吏在原件上登記出入信息。絕大多數僅限於出入雙程，部分明確記載了一定的期限，一年者有之，其他時段或亦有之。綜合看來，通關致書類似於傳，但其形式更為靈活，適合臨時性的外出，或者一段時間內頻繁多次的外出，如送客、行郵書等。此外，大規模人員也採用這種形式通關，較為方便。

藤田勝久（2018，243 頁）：進行長距離或短距離旅行的人員根據其通關事務的性質攜帶公用傳或私用傳，作為往返行程的證件。此位旅行者，如果攜帶了與「傳」所記載一致的車馬、隨行人員時，無需提出額外申請。但當其攜帶了超出「傳」所規定範圍之外的私人馬匹或其他物品，亦或者是有同行者以外的隨行人員一同過關時，就需要出示其他證明。針對私人馬匹以及其他物品，需要出示被稱為「致」的證明文書，而其相當於名籍的部分稱為「致籍」。另外，當有隨行的其他人員或是委派的代行人員攜帶有物品的情況下，也必須要出示此類證件。這就是「出入」通行證，而其中附加的「牒」就相當於「致籍」的效用。

青木俊介（2019，55 頁）：致是向關所報告旅行者身世及攜帶物品的通行證明文書，相當於現在的海關申報單。

今按，關於「致」和「致籍」有諸多學者予以討論，觀點不盡一致。隨著金關漢簡中有關「致」和「致籍」更多材料的公佈，現在可以確知的是，「致」或「致籍」就是出入關卡的一種通行證。漢簡最常見的通行證「傳」文書中，往往有「願以令取傳」這樣一句話，如簡 73EJT4：42A 等，其例甚多。而「致」或「致籍」亦常出現在其中「傳」字這個位置上，作「願以令取致」（73EJT37：529）、「願以律取致籍」（73EJT37：530）等，可知「致」或「致籍」和「傳」一樣為通行證。又金關漢簡 73EJC：590 中說「過塞津關，獨以傳、致籍出入」，亦可為證。其稱「致籍」者，大概是因為致這種通行證往往會附有出入關人員及所攜持物品等的名籍，如所謂的致中常說「毋官獄徵事，謁疏書嬰齊等年長物色，謁移肩水金關，以致籍出，來復傳入」（73EJT37：4+1172），當即將嬰齊等的年長物色分條書寫並附在致上。

因此，「致」或「致籍」應當是指一種附有通關人員名籍的通行證文書。附有過關人員名籍應該是致或致籍的一個特徵，但需要注意的是「傳」和另外一種所謂「出入」通行證有時也會附有過關人員名籍，如「出入」通行證的簡73EJT37：522中說「今疎書宜年長物色」，其在通行證文書之前即附有「宜」這個人的名籍。此外，「致籍」除和「致」一樣表示通行證明這個意義之外，確實也指一種名籍，這種名籍應當是使用致出入關口人員的名籍。至於同樣作為通行證，「致」和「傳」以及另外一種所謂「出入」通行證還有所不同，關於其用途藤田勝久所論較詳。從現有材料來看，其應當如大庭脩、李均明和藤田勝久等人所說，傳適用地區廣，是用於長距離外出者的證明，而致用於較小區域，為短距離移動者的通行證。

叩頭幸甚，謹請使再拜　　☑

白　　☑ 　　　　　　　　　　　　　　　　　　　　　73EJT9：61A

常〔1〕再拜請　　☑

長賓〔2〕前所幸許者未得蒙恩，謹以遣使請，今□☑ 　　73EJT9：61B

【集注】

〔1〕常：人名，為致信者。

〔2〕長賓：人名。

甘露四年四月□□朔……自言為家私市張掖、酒泉郡中，與子男猛〔1〕持牛車一兩。

……毋官獄徵事，當得取傳。寫移縣道河津關，毋苛留止，如律令，敢言之。

……之移……令。／掾安世〔2〕、佐親〔3〕。 　　　　　73EJT9：62A

居令延印　印　子□印 　　　　　　　　　　　　　　　73EJT9：62B

【校釋】

A面第一行「□□朔……」胡永鵬（2016A，253頁）、（2016B，156頁）補作「戊寅朔丁酉□□敢言……」，第三行釋作「……令弘□□赦（？）之移過所如律令／掾安世佐親」。其中第一行「戊寅」二字黃浩波（2011A），羅見今、關守義（2013）亦有補釋。

今按，補釋可從，但簡文剝蝕嚴重，多不可辨識，暫從整理者釋。又B面「居令延印」和「子□印」之間尚有一「印」字，整理者漏釋，此據以補釋。

【集注】

〔1〕猛：人名。

〔2〕安世：人名，為掾。

〔3〕親：人名，為佐。

正月甲寅，居延丞江移□☑　　　　　　　　　　73EJT9：63A

居延丞印　　☑　　　　　　　　　　　　　　　　73EJT9：63B

【校釋】

A面「丞江移」原作「都尉穬」，胡永鵬（2016A，523頁）釋。

☑□誼自言欲取偃檢，客田〔1〕　　　　　　　　73EJT9：65

【集注】

〔1〕客田：張俊民（1998，133～134頁）：客田是對在本人籍貫之外的地方耕種農田的稱呼。客田的取得，不但要用錢購買，而且在不欠政府更賦的情況下才能用錢購買。

中國簡牘集成編輯委員會（2001F，130頁）：客田，指在原籍之外耕種之地，要交一定酬金，即有買客田之謂。

王子今（2005，105頁）：居延漢簡506・37的內容可見「買客田」的說法。這裏所謂「買」，是取得了土地所有權還是只取得了若干時段的土地使用權，我們還並不清楚。

裘錫圭（2012B，243頁）：《後漢書・鄭玄傳》：「玄自遊學，十餘年迺歸鄉里，家貧客耕東萊。」據此傳下文所錄鄭玄戒子益恩書，「客耕」即「假田播殖」。上引簡文中的「客田」當與「客耕」同義……元帝以後居延地區的屯田事業可能已經衰落。如果真是這樣，那些不再役使田卒等人耕種的田地，除了用來「賦民」外，大概還會保留一部分作為官田。把田租給外來平民，可能就是官府經營這種官田的重要方法。

肖從禮（2012B，293頁）：客田行為很可能是舉家遷徙到外地進行耕作活動。至於是否是一種「移民」活動則不得而知。

姚磊（2016C7）：肩水金關漢簡中的這些客田簡明顯屬於民間租田耕種，與軍事屯田性質不同。「客田」的勞作者也非「田卒」，而是自由民。

姚磊（2017J3）：「客田者」他們居住在耕作地，仍保留原籍信息以備查核。據相關簡文，「客田」外地需要原籍的官員提供相關證明用以查核……故「客田」外地者需要保留其原籍信息不能變動。

今按，諸說多是。客田就是在原籍之外以外來平民的身份租田耕種。

☑出櫪得界中。謹案，萬年〔1〕　　　　　　　　　　　　73EJT9：68A

☑□元永永（習字）　　　　　　　　　　　　　　　　　73EJT9：68B

【集注】

〔1〕萬年：人名。

☑將卒館陶〔1〕安樂長

☑葆深上〔2〕里范安世〔3〕

☑國，毋留，如律令。　　　　　　　　　　　　　　　　73EJT9：69

【集注】

〔1〕館陶：漢魏郡屬縣。《漢書·地理志上》：「館陶，河水別出為屯氏河，東北至章武入海，過郡四，行千五百里。」

〔2〕深上：里名。

〔3〕范安世：人名。

☑居延雜里〔1〕丁聽天〔2〕俱乘☑　　　　　　　　　　73EJT9：73

【集注】

〔1〕雜里：晏昌貴（2012，254 頁）：當即「褋里」。今按，說是。「褋里」見於73EJT10：159 簡，「雜」和「褋」為一字異體。「雜里」屬居延縣。

〔2〕丁聽天：人名。

☑即日病脛雍☑　　　　　　　　　　　　　　　　　　　73EJT9：76

☑居延司馬謹以私印行

☑如律令（削衣）　　　　　　　　　　　　　　　　　　73EJT9：77

☑□☑

☑□謹遣元君等……☑　　　　　　　　　　　　　　　　73EJT9：80

五鳳二年五月壬子朔乙亥〔1〕，南鄉嗇夫武〔2〕、佐宗〔3〕敢言之：北陽曲〔4〕里男子☑

謹案，弘〔5〕年廿二，毋官獄徵事，當得取傳，里父老〔6〕丁禹〔7〕證。謁言廷，移過所☐☑

六月庚寅，長安守右丞湯〔8〕移過所縣邑，如律令。掾充〔9〕、令史宗〔10〕☑

73EJT9：92A

三月壬辰〔11〕，不弘以來☑

章曰長安右丞　☑

三月壬辰　　☑

73EJT9：92B

【集注】

〔1〕五鳳二年五月壬子朔乙亥：五鳳，漢宣帝劉詢年號。據徐錫祺（1997，1571頁），五鳳二年五月乙亥即公曆公元前 56 年 6 月 22 日。

〔2〕武：人名，為南鄉嗇夫。

〔3〕宗：人名，為佐。

〔4〕北陽曲：趙海龍（2014A）：由此條簡文可知，長安縣轄有南鄉北陽曲里。今按，說是，北陽曲當為里名，屬長安縣。

〔5〕弘：人名，為申請傳者。

〔6〕里父老：張英梅（2014，123 頁）：一般地區的庶民外出申請「傳」的程式為：庶民向鄉級提出申請，然後鄉級負責人審核，符合出關條件的話，由鄉級向縣級提出申請，最終發放「傳」。而長安地區庶民出關時，除需要向鄉級提出申請外，還需要申請人的「父老」為其做出擔保，然後鄉級負責人員審核，符合條件的話再向縣級提出申請，最終縣令（丞）蓋章，發放過關「傳」。

今按，應非申請人的「父老」，而是里父老。《漢書・食貨志》：「二千石遣令長、三老、力田及里父老善田者受田器，學耕種養苗狀。」《漢書・陳平傳》：「里中社，平為宰，分肉甚均。里父老曰：『善，陳孺子之為宰！』」

〔7〕丁禹：人名，為里父老。

〔8〕湯：人名，為長安守右丞。

〔9〕充：人名，為掾。

〔10〕宗：人名，為令史。

〔11〕三月壬辰：黃艷萍（2014C，83 頁）：根據此簡正反兩面內容的相關性，及書寫的風格、字體相近，此簡文字應為同一人同時書寫，年代應都為五鳳二年。

五鳳二年三月為癸丑朔，壬辰為第四十日，故五鳳二年三月不可能有壬辰日。此處或為「壬戌」之訛寫。

今按，B 面時間應為五鳳三年。A 面為長安守右丞出具的過所文書抄件，B 面是經過金關時的記錄，五鳳二年五月從長安出發，到達肩水金關時只能是第二年三月，即五鳳三年三月。該簡顯示從長安到金關需用時九個多月。

二月甲午，候史賢〔1〕訊問騰　　　　　　　　　　　　　73EJT9：96A

本始四年八月　　　　　　　　　　　　　　　　　　　　73EJT9：96B

【校釋】

該簡側面似有刻齒。

【集注】

〔1〕賢：人名，為候史。

月己未朔，爰利親〔1〕會月廿六日不到，甚毋狀　　　　　73EJT9：102A

枑〔1〕七枚入十八　　　　　　　　　　　　　　　　　　73EJT9：102B

【集注】

〔1〕爰利親：當為人名。

〔2〕枑：指器物的足。《說文·木部》：「枑，闌足也。」《急就篇》：「鍛鑄鉛錫鐙錠鐎。」顏師古注：「有枑者曰鐙，無枑者曰錠。枑，謂下施足也。」

外人〔1〕叩頭郭長卿，君遣外人送槥，外人失不喪橄，叩頭唯長卿長卿厚恩　　　　　　　　　　　　　　　　　　　　　　　73EJT9：103A

在長卿所□　　　　　　　　　　　　　　　　　　　　　73EJT9：103B

【校釋】

A 面第一個「叩」原未釋，第一個「頭」原作「親」，第二個「長卿」之「卿」後重文號缺釋，何茂活（2014D）、（2016C）釋。「叩頭」黃艷萍（2016B，130 頁）、（2018，140 頁）亦釋，其中「叩」字黃艷萍（2013）亦釋。姚磊（2017E4）認為第一個「頭」字當存疑。

又 A 面「槥」原作蒹，裘錫圭（1981B，2 頁）指出「蒹」實即「槥」字簡體。何茂活（2014D）、（2016C），張再興、黃艷萍（2017，74 頁）從裘錫圭釋。

B面「在」姚磊（2017E4）釋「左」。今按，該字圖版作形，釋「左」似非，暫從整理者釋。

【集注】

〔1〕外人：陳直（2009，431頁）：《漢書‧胡建傳》云：「與蓋主私夫丁外人相善。」此外《漢書》中又有劉外人二人，一為齊孝王後，一為中山靖王後，均見《王子侯表》。又《漢印文字徵》第七，七頁，有董外人、尹外人、賈外人三印。四二九頁簡，又有戍卒名外人。據此外人之名在西漢極為普遍，當作關外人之解，丁外人為河間人，是其明證。

尉侯凱（2017C，113頁）：「外人」應與「他（它）人」含義相近，是別人或眾人的意思，漢人以此為名，隱含有謙虛的成分在裏面。

今按，外人恐不當作關外人之解，尉侯凱說是。該簡外人為致信者。

五鳳四年八月己亥朔己亥〔1〕，守令史安世〔2〕敢言之：遣行左尉事亭長安世〔3〕逐命〔4〕張掖、酒泉、敦、武威、金城〔5〕郡
中，與從者陽里〔6〕鄭常富〔7〕俱，乘占用馬軺車一乘，謁移過縣道，毋苛留，敢言之。
八月己亥，居延令弘〔8〕、丞江〔9〕，移過所縣道，如律令。／掾忠〔10〕、守令史安世。　　　　　　　　　　　　　73EJT9：104

【校釋】

第二行「敦」字後原簡當漏寫一「煌」字。

【集注】

〔1〕五鳳四年八月己亥朔己亥：五鳳，漢宣帝劉詢年號。據徐錫祺（1997，1576頁），五鳳四年八月己亥即公曆公元前公元前54年9月4日。

〔2〕安世：人名，為守令史。

〔3〕安世：人名，為亭長。

〔4〕逐命：當指追逐亡命之人。

〔5〕金城：周振鶴（2017，186頁）：《漢書‧昭帝紀》云，始元六年「以邊塞闊遠，取天水、隴西、張掖各二縣置金城郡」。金城郡之置，是為了加強邊塞的防務，以防備羌人北上為主。始置之時只有六縣，《漢志》金城郡領縣十三，比始置增加一倍。增置新縣的原因，一則以人口增加，一則以對羌用兵的勝利，使郡境有所擴大。

今按，說是。《漢書‧地理志下》：「金城郡，昭帝始元六年置。莽曰西海。」顏師古注引應劭曰：「初築城得金，故曰金城。」注引臣瓚曰：「稱金，取其堅固也，故《墨子》曰『雖金城湯池』。」顏師古曰：「瓚說是也。一云，以郡在京師之西，故謂金城。金，西方之行。」

〔6〕陽里：里名。

〔7〕鄭常富：人名，為從者。

〔8〕弘：人名，為居延令。

〔9〕江：人名，為居延丞。

〔10〕忠：人名，為掾。

☑□行候長事，宗毋以書移過所曰：致記□棻來　　　　73EJT9：107

□□月甲申，居延令史□□□□□行丞事，移過所縣道河津……
　　　　　　　　　　　　　　　　　　　　73EJT9：111A

居令延印　　　　　　　　　　　73EJT9：111B

【校釋】

A面「月」前未釋二字胡永鵬（2015，28頁）、（2016A，100頁）釋「閏」，「史□□□□□」補釋「弘庫嗇夫定」。今按，補釋或可從，但A面左半缺失，字多不可辨識，暫從整理者釋。

守丞宗〔1〕移過所縣邑□□☑　　　　　　　73EJT9：124

【集注】

〔1〕宗：人名，為守丞。

☑□移過所，如律令／□☑　　　　　　　73EJT9：133

☑武亭長禁〔1〕敢言之：就人　　　　　　73EJT9：138

【集注】

〔1〕禁：人名，為亭長。

☑五月辛卯，尉史陽〔1〕敢言之：謹案，高勢〔2〕年爵如書，毋徵事☑
　　　　　　　　　　　　　　　　　　　73EJT9：139

【集注】

〔1〕陽：人名，為尉史。

〔2〕高勢：人名，為申請傳者。

☑成從俱，乘所占   73EJT9：140

正月辛卯，溫〔1〕令敝〔2〕移過所☑   73EJT9：144A

□   ☑   73EJT9：144B

【集注】

〔1〕溫：漢河內郡屬縣。《漢書・地理志上》：「溫，故國，己姓，蘇忿生所封也。」

〔2〕敝：人名，為溫縣令。

☑章曰溫之丞印   ☑   73EJT9：145A

☑官獄徵事，當取傳☑   73EJT9：145B

十一月戊申，鮮得丞☑

十月丁巳，居延守丞□☑   73EJT9：151A

印曰居延右尉   73EJT9：151B

……移☑

十一月丁巳，居延令弘〔1〕☑   73EJT9：152A

印曰居令延印   ☑   73EJT9：152B

【集注】

〔1〕弘：人名，為居延令。

占用馬二匹，當舍郡邸〔1〕，從者☑   73EJT9：153

【集注】

〔1〕郡邸：胡平生、張德芳（2001，109 頁）：郡的官衙及館舍。《漢書・朱買臣傳》：
「拜為太守，買臣衣故衣，懷其印綬，步歸郡邸。」

今按，說當是。又郡邸可指諸郡設在京師的辦事處。《漢書・宣帝紀》：
「邴吉為廷尉監，治巫蠱於郡邸。」該簡中的「郡邸」當指設在郡中的傳
舍等。

☑敢告尉史

☑縣邑，毋苛

☑年爵如書

☑如律令。／掾定〔1〕　　　　　　　　　　　　　　73EJT9：223+154

【校釋】

　　張顯成、張文建（2017A）、（2018B，339 頁）綴，第四行「如」原作「姓」，綴合後釋。「如」字姚磊（2017D2）亦釋。

【集注】

〔1〕定：人名，為掾。

☑山里張掖〔1〕俱，乘☑　　　　　　　　　　　　　　73EJT9：157

【集注】

〔1〕張掖：當為人名，「掖」字作　　形，或釋讀有誤。

☑／掾廣宗〔1〕、令史贛〔2〕☑　　　　　　　　　　　73EJT9：159

【集注】

〔1〕廣宗：人名，為掾。

〔2〕贛：人名，為令史。

三月甲子□☑　　　　　　　　　　　　　　　　　　　73EJT9：161A

□□丞□☑　　　　　　　　　　　　　　　　　　　　73EJT9：161B

☑黑色，正福〔1〕占，五鳳四年七月己丑〔2〕……☑

☑徵事，當為傳，謁言廷，移過所縣道，敢告尉……☑

☑□□□□□□□□□……☑　　　　　　　　　　　　73EJT9：162A

☑……☑　　　　　　　　　　　　　　　　　　　　73EJT9：162B

【校釋】

　　「己丑」原作「己未」，黃艷萍（2014A，119 頁）、（2014C，83 頁）釋。羅見今、關守義（2013）認為五鳳四年（前 54）七月庚午朔，無己未，原簡書誤。今按，原簡不誤，整理者釋讀有誤。又「七月」胡永鵬（2016A，229 頁）作「八月」。今按，說恐非是。

【集注】

〔1〕福：人名，當為里正。

〔2〕五鳳四年七月己丑：五鳳，漢宣帝劉詢年號。據徐錫祺（1997，1576頁），五鳳四年七月己丑即公曆公元前公元前54年8月25日。

☑掾誼〔1〕、佐護〔2〕　　　　　　　　　　　　　　73EJT9：163

【集注】

〔1〕誼：人名，為掾。

〔2〕護：人名，為佐。

☑□□入關致
☑官　　　　　　　　　　　　　　　　　　　　　73EJT9：165

☑令。／掾□、守屬安樂、書佐宗〔1〕　　　　　　　73EJT9：167

【校釋】

　　「安」字何茂活（2014C）、（2016A）認為實為某字之左偏旁「女」。整字應為「姚」「姬」等從「女」之字。今按，何說可從，該簡右半缺失，「安」字可疑，但不能確知為何字。

【集注】

〔1〕宗：人名，為書佐。

甘露三年三月甲申朔〔1〕☑
……☑　　　　　　　　　　　　　　　　　　　73EJT9：384+170

【校釋】

　　許名瑲（2016J）綴。

【集注】

〔1〕甘露三年三月甲申朔：甘露，漢宣帝劉詢年號。據徐錫祺（1997，1581頁），甘露三年三月甲申朔即公曆公元前51年4月6日。

睢陽〔1〕長印　　☑　　　　　　　　　　　　　　73EJT9：172

【集注】

〔1〕睢陽：漢梁國屬縣。《漢書·地理志下》：「睢陽。故宋國，微子所封。《禹貢》
　　　盟諸澤在東北。」

☑令。／掾博〔1〕、令史☑　　☑　　　　　　　　　73EJT9：173

【集注】

〔1〕博：人名，為掾。

☑律令。／掾勳〔2〕　　　　　　　　　　　　　　73EJT9：175A
☑……　　　　　　　　　　　　　　　　　　　　73EJT9：175B

【集注】

〔1〕勳：人名，為掾。

鴻嘉四年正月……毋官獄徵事，當得☑
正月庚戌，昭武丞奉親〔1〕移過所肩水金關□□☑　　73EJT9：177A
昭武丞印　　☑　　　　　　　　　　　　　　　　73EJT9：177B

【集注】

〔1〕奉親：人名，為昭武丞。

☑林子賀幸　　　　　　　　　　　　　　　　　　73EJT9：178A
☑……　　　　　　　　　　　　　　　　　　　　73EJT9：178B
當為……　　☑
正月甲申，溫丞謹移☑　　　　　　　　　　　　　73EJT9：181A
□□☑　　　　　　　　　　　　　　　　　　　　73EJT9：181B

□壽伏地再拜伏伏伏地☑（習字）　　　　73EJT9：202A+183A
……☑
……守……☑（習字）　　　　　　　　73EJT9：202B+183B

【校釋】

　　張文建（2017D）綴，A面「拜伏伏伏地」原簡183A作「□大大大」，綴合後
釋。

教伏地☑   73EJT9：186

☑□得傳，如律令   73EJT9：189

☑男俱，書到□☑   73EJT9：198

☑言之

☑國   73EJT9：205

☑威卿奉千

☑奉錢徒   73EJT9：207A

☑□□□□

☑田子文   73EJT9：207B

【校釋】

　　姚磊（2019A2）遙綴簡 73EJT9：212 和該簡。今按，兩簡或可遙綴，但不能直接拼合。

☑□□□

☑舍傳舍，長安，乘所占用馬□兵財物□☑（削衣）   73EJT9：208

【校釋】

　　從圖版來看，該簡由三枚削衣拼綴而成，分別為「舍傳舍」「長安乘所占用馬」「兵財物」三段。但該綴合似屬誤綴。「傳舍」的「舍」字僅存上部筆畫「人」，可以看出該簡將其和「長」字拼在了一起，明顯有誤。而「馬」和「兵」之間存在很大的空缺，完全不能密合。

　　又從文義來講，三段文義並不能連讀，該簡屬過所文書，相關簡文漢簡常見，如簡 73EJT37：1097A：「乘家所占用馬當舍傳舍從者如律令」。而從該簡的形制及字體筆跡等來看，三段文字當屬同一簡，因此我們認為前面兩段拼合的順序應該顛倒過來。而「兵財物」一語並不常見於過所文書，或亦存不屬於該簡的可能。

☑……☑

☑敢言之：謹以鄉書案，樂〔1〕毋官獄徵事，當☑（削衣）   73EJT9：210

【校釋】

　　張文建（2017A）綴合簡 73EJT9：214 和該簡。今按，綴合可從，但文義上似難以通讀。該簡屬過所文書，「敢言之」之後需先說明申請傳的人物和事由，然

後才由出具傳的官吏對申請人「無官獄徵事」等情況作出判斷。而簡 73EJT9：214 和該簡綴合之後則缺乏申請傳的人和事由。從圖版來看，該簡「敢言之」似為單獨一碎片和其他文字拼接在一起，因此或該簡本身即屬誤綴。不過從簡牘形制及字體筆迹等來看，簡 73EJT9：214 和該簡應當屬同一簡，但能否直接綴合尚存疑問。

【集注】

〔1〕樂：人名，為申請傳者。

……□善臨事〔1〕塞□☑（削衣）　　　　　　　　　　73EJT9：211

【集注】

〔1〕臨事：胡平生、張德芳（2001，185 頁）：臨事，視事，辦事。「臨」為居上視下之意，因用以表敬。

　　今按，說是。臨事亦有遇事或處事意，如《漢書·雋不疑傳》：「雋不疑學以從政，臨事不惑，遂立名迹，終始可述。」

　　就卿所☑

奏

　　徐卿☑　　　　　　　　　　　　　　　　　　　73EJT9：212A

教者獨府大☑

後一、二日弊☑　　　　　　　　　　　　　　　　73EJT9：212B

【校釋】

　　B 面「弊」原作「辤」，黃艷萍（2016B，130 頁）、（2018，137 頁）釋。姚磊（2019A2）遙綴該簡和簡 73EJT9：207。今按，兩簡或可遙綴，但不能直接拼合。

……亭府橛□□□□□☑（削衣）　　　　　　　　73EJT9：213

☑□甲午，尉史安☑（削衣）　　　　　　　　　　73EJT9：214

【校釋】

　　張文建（2017A）綴和該簡和簡 73EJT9：210，詳參簡 73EJT9：210 校釋。

☑之：叩頭死罪，初元大　☑（削衣）　　　　　　73EJT9：217

☑張父足下□張張☑　　　　　　　　　　　　　　73EJT9：218A

☑丞印……☑　　　　　　　　　　　　　　　　73EJT9：218B

【校釋】

　　　A 面未釋字秦鳳鶴（2018A，88 頁）補釋作「入」，並將簡文釋讀作「張父足下入張（帳），張」。今按，該字圖版作 ▨，釋「入」可從。但其對簡文的釋讀恐有不妥之處，從圖版來看，A 面三個「張」字書寫粗拙，和同簡其他文字明顯不同，當為習字之作。因此未釋字補釋作「入」，於簡文文義不是十分通順，故暫從整理者作未釋字處理。

事函谷關〔1〕□□□食五□□□□□☑　　　　　　73EJT9：221A

居令延印　　☑　　　　　　　　　　　　　　　73EJT9：221B

【集注】

〔1〕函谷關：關名。因其路在谷中，深險如函，故名。《史記・項羽本紀》：「行略定秦地。函谷關有兵守關，不得入。」裴駰《集解》引文穎曰：「時關在弘農郡衡山嶺，今移在河南穀成縣。」司馬貞《索隱》：「顏師古云：『今桃林縣南有洪滔澗水，即古之函關。』按：山形如函，故稱函關。」張守節《正義》引《括地志》云：「函谷關在陝州桃林縣西南十二里，秦函谷關也。《圖記》云西去長安四百餘里，路在谷中，故以為名。」

☑□授指毌冠習傷，大始二年六月戊辰〔1〕☑　　73EJT9：227

【集注】

〔1〕大始二年六月戊辰：大始即太始，漢武帝劉徹年號。據徐錫祺（1997，1493頁），太始二年六月戊辰朔，為公曆公元前 95 年 7 月 10 日。

☑家市張掖居延，謁移過所縣邑

☑得傳，謁移過所縣邑，敢言之　　　　　　　　73EJT9：231

三月己未，雒陽守丞□□☑

掾霸〔1〕　令史信〔2〕　☑　　　　　　　　　73EJT9：232A

雒陽丞　☑　　　　　　　　　　　　　　　　　73EJT9：232B

【集注】

〔1〕霸：人名，為掾。

〔2〕信：人名，為令史。

乞鞫，戍魏郡鄗〔1〕文里〔2〕☑　　　　　　　　　　　73EJT9：235

【集注】

〔1〕鄗：黃浩波（2011C）：鄗，《地理志》《郡國志》皆屬河清郡（國）……由簡文可知鄗屬魏郡。《地理志》武安屬魏郡。鄗縣為武安侯食邑，鄗縣或因此而歸屬魏郡。然其年代仍不得而知。

馬孟龍（2012，61～63）：通過對貝丘縣建制沿革的分析，再輔之以清河王子侯國分封情況，我們可以明確漢宣帝在位時期，貝丘、鄗、厝、靈等縣不屬清河國（郡）管轄，而隸屬魏郡。查閱史籍，未見清河國在武帝、昭帝時期有削地之事，則武帝元鼎三年（前114年）設置清河國後，貝丘、鄗、厝、靈等縣即已歸屬魏郡管轄……筆者以為破城子漢簡、肩水金關漢簡有關貝丘、鄗、厝三縣隸屬魏郡的記載，反映的是漢武帝元鼎三年（前114年）至漢元帝初元五年（前44年）之間的行政建制。

今按，諸說是。鄗縣《漢書・地理志》屬清河郡，據漢簡則其曾屬魏郡。

〔2〕文里：里名，屬鄗縣。

☑　　陳游君
☑　　皇少卿（削衣）　　　　　　　　　　　　　　　73EJT9：239
過所縣邑侯國門亭河津，毋苛留☑　　　　　　　　　73EJT9：247
☑言為家私市居延☑
☑肩水　☑（削衣）　　　　　　　　　　　　　　　73EJT9：248

☑朔壬辰，如意〔1〕隧長☑
☑編，敢言之　☑（削衣）　　　　　　　　　　　　73EJT9：250

【校釋】

〔1〕如意：隧名。

☑□□□□牛利親，謹謁移武威郡，期十月歸所受封言之　　73EJT9：251

【校釋】

「親」字圖版作 ![字], 右半缺失，似非親，或當存疑待釋。

☑史立以時付功曹〔1〕書☑　　　　　　　　　　　　　　73EJT9：255

【集注】

〔1〕功曹：陳夢家（1980，120 頁）：諸曹以功曹最尊，東漢碑記習見「歷諸曹掾
　　史、主簿、督郵、五官掾、功曹」，而碑陰題名多以功曹、五官掾、督郵、主
　　簿居首。《論衡·遭虎篇》曰「其意以為功曹，眾吏之率」，《後漢書·張酺傳》
　　注引《漢官儀》曰「督郵、功曹，郡之機位」。其職事，《百官志》本注曰「主
　　選署功勞」。
　　　　中國簡牘集成編輯委員會（2001H，15 頁）：官府諸曹之一，職掌選舉，
　　兼參諸曹事務。郡稱功曹，縣稱功曹掾。
　　　　胡平生、張德芳（2001，99 頁）：郡縣官府職事機構，主選署功勞和兼參
　　諸曹事，為縣主吏。
　　　　今按，諸說是。

☑□緩氏丞印　　　　　　　　　　　　　　　　　　　73EJT9：263A
☑□　　　　　　　　　　　　　　　　　　　　　　　73EJT9：263B

☑不願召對……久□不食，未耐任衣，有罪。輔〔1〕不肖〔2〕，為郵治馬官，
輔有疾，不敢望見，早想召部中
☑□□願詣輔，得毋有失，過而不自省，願聞其說。□幸甚幸甚，部中事何
以教，使輔即有　　　　　　　　　　　　　　　　　73EJT9：268B+264A
☑為輔請侯事平君使欲以諸□□□輔叩頭重，幸甚幸甚
　　　　　　　　　　　　　　　　　　　　　　　　　73EJT9：268A+264B

【校釋】

　　何茂活（2015E）、姚磊（2017A4）綴。A 面第一行「久□」原缺釋，「不食」
原作「不使」，「未耐任衣」原作「未轉□□」，「不肖」原作「不□」，「為郵」原作
「為部」，「輔有疾」原作「縣有疾」，「不敢」原作「不願」，「部中事」原作「部中
予」；第二行「使輔」原作「使□」。B 面「請侯事」原作「請侯予」，「輔」原作「報」。
均何茂活（2015E）改釋。

【集注】

〔1〕輔：人名，當為致信者。

〔2〕不肖：中國簡牘集成編輯委員會（2001E，176 頁）：書信人對自己的謙稱。

今按，說是，不肖為自謙之稱。《史記·范雎列傳》：「夫秦國辟遠，寡人愚不肖，先生乃幸辱至於此。」

☑律令。／掾☑   73EJT9：265

元康三年九月辛卯朔〔1〕☑
大奴☐☐☐☐輻車☑
九月☐☐☐☐☐☐☐☑   73EJT9：266A
印曰居延後農長印☑☑
☐月辛亥，犂工〔2〕彊〔3〕以來☑   73EJT9：266B

【校釋】

B 面末行原釋文「彊」前衍「關卒」二字，馬智全（2012，109 頁）、黃艷萍（2016B，130 頁）釋。又「犂」原作「犁」，犁即犂，該字金關漢簡中多作「犂」，現統一作「犂」。

【集注】

〔1〕元康三年九月辛卯朔：元康，漢宣帝劉詢年號。據徐錫祺（1997，1558 頁），元康三年九月辛卯朔，為公曆公元前 63 年 10 月 13 日。

〔2〕犂工：韓華（2014，379 頁）：「犁工」身份也是卒，主要從事農具「犁」的製作、保養和維修。

今按，說或是。

〔3〕彊：人名，為犂工。

居延尉章☑   73EJT9：271A
乘所占用☑   73EJT9：271B
☑☐☐伏地再拜伏地（習字簡）   73EJT9：272A
☑二寸黑色　卩   73EJT9：272B

☑令。／掾仁〔1〕、屬☐   73EJT9：273

【集注】

〔1〕仁：人名，為掾。

四月丁酉，居延令☐ 73EJT9：278

☐尉通〔1〕移肩水金關，寫移
☐史尊 73EJT9：283

【集注】

〔1〕通：人名。簡73EJT10：350有「肩水塞尉通」，或為同一人。

☐今　☐ 73EJT9：284
☐　朔庚寅　☐ 73EJT9：285
☐☐肩水候長移☐ 73EJT9：286

☐……縣里年姓☐ 73EJT9：287
……水候☐兼行丞☐☐ 73EJT9：288

【校釋】

　　未釋字何茂活（2014C）、（2016A）分別補「官」「事」。姚磊（2017E4）認為「事」字可從，「官」字當存疑。今按，據文義，丞後當為「事」字，但圖版僅存一點墨迹，不能確知，當從整理者釋。「候」下未釋字作█形，字形殘缺，似非「官」字。

　　又張文建（2017B）綴合簡73EJT9：287和該簡。姚磊（2017E4）認為兩簡可綴合，但整理者綴合在兩簡上的削衣有誤，兩簡綴合後釋文當為空，綴合在兩簡上的削衣也當重新編號。

　　今按，兩簡均為整理者將削衣附著在另外的簡上，可能所用為空白無字簡，削衣附於其上或是為了整理出版的需要。簡73EJT9：287和73EJT9：288的削衣所附的空白簡為同一支簡斷成兩片，因此可以綴合。但上附削衣不能綴合，因此姚磊（2017E4）認為當剝離削衣重新編號，可從。

☐……☐
☐☐☐如律令……☐ 73EJT9：293
正月己巳，尉史☐☐☐☐☐☐
……移過所縣邑侯國，如律令☐ 73EJT9：297A

章曰居延□印　☑　　　　　　　　　　　　　　　73EJT9：297B

甘露四年□月……☑

□□□□長周年□□毋官獄徵事，當得☑　　　　　　73EJT9：299

☑□□□□□□近衣強酒食，察官　　　　　　　　　73EJT9：300

☑長楊猛〔1〕妻券君☑　　　　　　　　　　　　　73EJT9：304

【校釋】

　　「券」字張俊民（2014B）改釋「春」。今按，該字圖版作 形，當非「春」字，整理者釋讀不誤。

【集注】

〔1〕楊猛：人名。

☑得為傳　丿　☑　　　　　　　　　　　　　　　　73EJT9：312

（圖畫）☑　　　　　　　　　　　　　　　　　　　73EJT9：313A

（圖畫）☑　　　　　　　　　　　　　　　　　　　73EJT9：313B

☑□□元年十月☑　　　　　　　　　　　　　　　　73EJT9：317A

☑□地再拜☑　　　　　　　　　　　　　　　　　　73EJT9：317B

【校釋】

　　A 面未釋字胡永鵬（2015，27 頁）補釋「永光」，胡永鵬（2016A，93 頁）補釋「光」字。今按，補釋或可從，但圖版磨滅不可辨識，暫從整理者作未釋字處理。

□再拜言☑

游卿足下屬☑　　　　　　　　　　　　　　　　　　73EJT9：319A

□□□□☑

進　　☑

卿☑　　　　　　　　　　　　　　　　　　　　　　73EJT9：319B

☑自言為家　□始□□□長☑

☑令史護☑　　　　　　　　　　　　　　　　　　　73EJT9：320

甘露四年六月丁丑朔壬午〔1〕，所移軍司馬仁〔2〕☑

□龍起〔3〕里王信〔4〕，以詔書穿渠敦煌〔5〕，軍☑　　73EJT9：322A

軍司馬仁印　　☑　　　　　　　　　　　　　　　　73EJT9：322B

【集注】

〔1〕甘露四年六月丁丑朔壬午：甘露，漢宣帝劉詢年號。據徐錫祺（1997，1583
　　頁），甘露四年六月壬午即公曆公元前 50 年 7 月 28 日。

〔2〕仁：人名，為軍司馬。

〔3〕龍起：里名。

〔4〕王信：人名。

〔5〕敦煌：《漢書・地理志下》：「敦煌郡，武帝後元年分酒泉置。正西關外有白龍
　　堆沙，有蒲昌海。莽曰敦德。」顏師古注引應劭曰：「敦，大也。煌，盛也。」

☑定國以行☐☐事，敢言之　　　　　　　　　　　　73EJT9：324

【校釋】

　　　原釋文「定國」後衍「掾」字，何茂活（2014C）、（2016A）釋。「以行☐☐事」
何茂活（2014C）、（2016A）釋作「以☐☐行事」，姚磊（2017E4）認為「以☐☐行事」
難以釋讀，當暫存疑。今按，該簡右半缺失，字多不可辨識確知，暫從整理者釋。

☑☐之☐☑　　　　　　　　　　　　　　　　　　73EJT9：326A

☑☐☐菫☑　　　　　　　　　　　　　　　　　　73EJT9：326B

☑遣☐陽☐☐☐　　☑　　　　　　　　　　　　　73EJT9：327

☑☐籌賦給，毋官獄徵事☑　　　　　　　　　　　73EJT9：328

初元年☑

霸從追☑　　　　　　　　　　　　　　　　　　73EJT9：333

☑☐☐朔丙辰，掾行守☐☐☐　　　　　　　　　　73EJT9：334

正月丁亥，臨菑〔1〕守右丞鄰〔2〕移過所縣邑☐☐☑　　73EJT9：335

【集注】

〔1〕臨菑：漢齊郡屬縣。《漢書・地理志上》：「臨淄，師尚父所封。如水西北至梁
　　鄒入泲。有服官、鐵官。莽曰齊陵。」漢簡「菑」《地理志》作「淄」。

〔2〕鄰：人名，為臨菑守右丞。

☑丙午，肩水令史拓☑　　　　　　　　　　　　　73EJT9：336

甘露四年正月☑

正□占，案，毋官☑　　　　　　　　　　　　　　73EJT9：341A

雒陽守丞□□□☑　　　　　　　　　　　　　　　73EJT9：341B

【校釋】

　　A面第二行「占」字原未釋，姚磊（2019G3）補釋。又「正」字原未釋，該字作 ▨ 形，當釋「正」，「正□占」漢簡習見，「正」指里正。

☑□可寄衣者　　　　　　　　　　　　　　　　　73EJT9：342

☑敢言之。／九月辛☑　　　　　　　　　　　　　73EJT9：343A

☑丞印　　☑　　　　　　　　　　　　　　　　　73EJT9：343B

☑自言為　　☑

☑乙亥徐□　　☑　　　　　　　　　　　　　　　73EJT9：348

辛丑朔己巳，東鄉嗇☑　　　　　　　　　　　　　73EJT9：349

☑毋苟留止，如☑

☑如律令☑　　　　　　　　　　　　　　　　　　73EJT9：351

□尉史彊〔1〕　　☑　　　　　　　　　　　　　73EJT9：353

【集注】

　　〔1〕彊：人名，為尉史。

甘露二年……☑　　　　　　　　　　　　　　　　73EJT9：357

……居延……　　　　　　　　　　　　　　　　　73EJT9：359

☑□□掾……☑　　　　　　　　　　　　　　　　73EJT9：367

☑□□為傳，謹移過所□□　　　　　　　　　　　73EJT9：369

居延都尉……☑　　　　　　　　　　　　　　　　73EJT9：374

☑……自言為家☑　　　　　　　　　　　　　　　73EJT9：375

……☑（削衣）　　　　　　　　　　　　　　　　73EJT9：376

章曰□☑　　　　　　　　　　　　　　　　　　　73EJT9：377A

三月□□□嗇夫□☑　　　　　　　　　　　　　　73EJT9：377B

☑拜騂北　　　　　　　　　　　　　　　　　　　73EJT9：379A

☑卿　　　　　　　　　　　　　　　　　　　　　73EJT9：379B

☑☑☑☑☑☑☑

☑匹，輶車一乘，謁☑　　　　　　　　　　73EJT9：382

☑鄉嗇夫　　　　　　　　　　　　　　　　73EJT9：383A

☑☑　　　　　　　　　　　　　　　　　　73EJT9：383B

☑毋苛留，如律令。／掾□☑（削衣）　　　73EJT9：387

充伏地再拜請□☑

唯　……錢七□□☑（削衣）　　　　　　　73EJT9：388

☑亥丞嚴□□☑（削衣）　　　　　　　　　73EJT9：389

【校釋】

　　「嚴」字李洪財（2012）釋作「自取」。今按，該字圖版作 ![字形] 形，當非兩字，整理者釋讀似不誤。

☑占田居延（削衣）　　　　　　　　　　　73EJT9：390

☑斄得長印☑（削衣）　　　　　　　　　　73EJT9：391

☑□錢不□☑（削衣）　　　　　　　　　　73EJT9：392

☑案，毋官徵事☑　　　　　　　　　　　　73EJT9：393

☑謁　☑（削衣）　　　　　　　　　　　　73EJT9：394

☑□伏地再拜　　　　　　　　　　　　　　73EJT9：395